Desenvolvimento local e o papel das pequenas e médias empresas

Desenvolvimento local e o papel das pequenas e médias empresas

Dante Pinheiro Martinelli
Economista e administrador de empresas, mestre, doutor e livre-docente em Administração pela FEA–USP, professor associado do Departamento de Administração da Fearp–USP

André Joyal
Doutor em Economia, professor titular e membro do Instituto de Pesquisas sobre PME (Pequenas e médias empresas) da Universidade do Quebec em Trois Rivières, no Canadá.

Manole

Editoração Eletrônica: Grupo de Criação S/C Ltda.

Capa: Nelson Mielnik e Sylvia Mielnik

CIP-BRASIL. CATALOGAÇÃO-NA-FONTE
SINDICATO NACIONAL DOS EDITORES DE LIVROS, RJ

M335d

Martinelli, Dante P. (Dante Pinheiro)
Desenvolvimento local e o papel das pequenas e médias empresas / Dante Pinheiro Martinelli, André Joyal. – Barueri, SP : Manole, 2004.

Inclui bibliografia
ISBN 85-204-1666-7

1. Planejamento regional. 2. Planejamento regional – Aspectos econômicos. 3. Administração local. 4. Desenvolvimento sustentável. I. Joyal, André. II. Título.

03-1321. CDD 338.981
CDU 338.1(81)

1ª edição brasileira – 2004

Direitos adquiridos pela:
Editora Manole Ltda.
Avenida Ceci, 672 – Tamboré
06460-120 – Barueri – SP – Brasil
Fone: (0__11) 4196-6000 – Fax: (0__11) 4196-6021
www.manole.com.br
info@manole.com.br

Impresso no Brasil
Printed in Brazil

Sumário

Prólogo

O Canadá, em função de sua dimensão geográfica, de suas riquezas naturais, de sua estrutura econômica e de seu sistema político-administrativo, tem muito em comum com o Brasil. Porém, os dois países se diferenciam em dois aspectos bem relevantes. O primeiro não surpreenderá nenhum brasileiro, pois trata-se da temperatura. Seria perda de tempo insistir falando sobre as particularidades do inverno canadense. É mais interessante se deter sobre a outra grande diferença, que é de ordem lingüística. O Canadá tem duas línguas oficiais, o inglês e o francês, que são os idiomas dos dois povos fundadores do país. Ambas as partes do país eram povoadas pelos ameríndios.

Assim, 23% da população canadense tem como língua materna o francês, sendo que sua maioria, em torno de 6 milhões de pessoas, habitam a província do Quebec (as províncias, no Canadá, são o equivalente aos estados, no Brasil). Esta acaba se constituindo na pátria dos canadenses de origem francesa, já que eles representam 83% da população da província. O Quebec é a segunda província mais importante do Canadá, depois de Ontário. Dessa forma, poder-se-ia comparar Ontário ao estado de São Paulo e Quebec a Minas Gerais.

A exemplo do Brasil, o Canadá é uma federação com seu governo central também dito federal e cada uma das suas dez províncias tem o seu próprio governo, dito provincial, porém com um nível de autonomia e poder maior do que no caso dos estados brasileiros. É por isso que o Canadá aparece como uma das federações mais descentralizadas do mundo.

Sendo André Joyal um quebequense, o leitor não deverá se surpreender ao encontrar nesta obra numerosas referências às iniciativas ou aos programas colocados em prática no Quebec. Mas, como ele teve a oportunidade de viajar muito pelo Brasil, foi possível trazer as principais práticas quebequenses a fim de mostrar as semelhanças com as práticas brasileiras ou para tirar lições úteis. Em alguns casos, haverá inclusive algumas alusões a experiências fora do Quebec.

Em cada uma das regiões brasileiras que André Joyal teve a oportunidade de visitar, desde 1992, foi possível levar, por diversas vezes, através das suas conferências, as experiências canadenses em matéria de desenvolvimento local. Dessa forma, serão encontrados, nas páginas seguintes, programas relevantes de autoridades federais, provinciais e municipais. Os três níveis de governo existentes no Brasil poderão, com certeza, perceber a pertinência para o país da utilização das experiências que, para muitos, remontam a meados da década de 1980.

Foi na sua quarta viagem ao Canadá, em janeiro de 1998, que Dante Martinelli conheceu André Joyal. A partir daí, já se iniciou o primeiro trabalho de colaboração entre ambos, que acabou se constituindo numa boa integração e em vários trabalhos conjuntos já desenvolvidos. Em 2002, tendo ambos a oportunidade de se beneficiar de anos sabáticos, realizados em Montreal por Dante Martinelli e parcialmente no Brasil por André Joyal, surgiu a idéia de publicar esta obra. Tratava-se, em primeiro lugar, de tirar proveito da publicação, no início de 2002, da obra de André Joyal intitulada *Le développement local: comment stimuler l'économie des régions en difficulté* [O Desenvolvimento Local: como estimular a economia das regiões em dificuldade], para conceber uma versão brasileira e ampliada do texto acima citado, graças à contribuição de Dante

Martinelli e das visões de autores e atores brasileiros de desenvolvimento local. Em segundo lugar, tratava-se da oportunidade de deixar uma contribuição destes dois autores sobre as suas experiências, tanto no Canadá quanto no Brasil, no que se refere às questões de desenvolvimento local e, principalmente trazendo resultados concretos de suas pesquisas, realizadas individualmente ou em conjunto, sobre as realidades das pequenas e médias empresas nos dois países e do importante papel desempenhado por elas para estimular o desenvolvimento local, não só sob o ponto de vista econômico, mas principalmente em termos sociais.

Figuras e tabelas

Agradecimentos

Os acadêmicos não podem escrever livros sobre a vida econômica de diferentes regiões sem a valiosa contribuição de diferentes atores. É sobre eles que nós pensamos e deixamos aqui os nossos mais profundos agradecimentos por toda a contribuição dada, de diferentes maneiras, para que esta obra pudesse se tornar realidade.

Agradecimentos muito particulares devem ser dirigidos à sra. Rosemary Gomes, assessora do Programa Nacional Trabalho e Socioeconomia Solidária da Fase (Federação de Órgãos para Assistência Social e Educacional, mais conhecida como Fase – Solidariedade e Educação), por meio de quem pudemos conhecer a indispensável obra *Desenvolvimento local: as dinâmicas e as estratégias da rede Dlis*. Foi a sra. Gomes que apresentou André Joyal a Roberto Monzo, consultor do Sebrae em Piraí, que lhe permitiu fazer três viagens a essa cidade, onde pôde encontrar o prefeito, além de visitar algumas realizações advindas do plano de desenvolvimento local da cidade. Por sua vez, o sr. Monzo apresentou André Joyal a José Luiz de Souza Lima, do Sebrae do Rio de Janeiro, que, por duas vezes, serviu de guia (e de protetor) no interior da Favela da Rocinha, onde os contatos foram feitos junto aos atores locais que atuam dentro da favela. Foi também a sra. Gomes que apresentou André Joyal ao professor Franklin Coelho, da Universidade Federal Fluminense, cofundador do Viva Rio, que, por sua vez, apresentou André Joyal a Ana Asti, coordenadora desse Órgão, lhe permitindo, assim, obter preciosas informações.

André Joyal é também muito grato ao professor Carlos Rebelo Junior, da Universidade Federal do Sergipe, que por duas vezes lhe deu a oportunidade de se familiarizar com a realidade do desenvolvimento local no estado de Sergipe.

Da mesma forma, André Joyal gostaria de agradecer aos professores Cleber Cristiano Prodanov e André Maurício, do Centro Universitário Feevale, de Novo Hamburgo, que também o receberam por duas vezes, oportunidades em que foi possível trocar importantes experiências sobre desenvolvimento local.

Finalmente, André Joyal não poderia se esquecer de Gledson Luiz Coutinho, professor aposentado da Universidade Federal de Minas Gerais, que foi o primeiro a recebê-lo no Brasil, nos anos de 1992, 1993 e 1994, para animar os seminários sobre formação em empreendedorismo, graças ao apoio do Sebrae-MG.

Ficam aqui também os nossos sinceros agradecimentos à tradutora Maria Luiza Nery e à professora Cleonice Le Bourlegat, da Universidade Católica Dom Bosco, em Campo Grande, pela importante ajuda na tradução e revisão dos textos em francês de André Joyal.

Às pessoas que contribuíram para nossas pesquisas, não poderíamos deixar de manifestar o nosso agradecimento carinhoso. Assim, nas pesquisas no Canadá, a nossa gratidão ao amigo Laurent Deshaies, professor titular da Universidade do Quebec em Trois Rivières, hoje já gozando dos benefícios da sua aposentadoria, porém sempre muito ativo e dedicado aos trabalhos de pesquisa e análise estatística e interpretação dos dados coletados. Também aos seus orientandos, Patrick Guérard e Nathalie Lavallée, que participaram das entrevistas, acompanhando André Joyal e Laurent Deshaies, por suas importantes participações nas visitas e na coleta de dados. Nas pesquisas realizadas no Brasil, fica aqui a nossa gratidão pela sua participação e empenho em todas as visitas realizadas, à professora Fernanda Menezes Ferrari, à professora Flavia Angeli Ghisi, Matheus Alberto Cônsoli e Nathalia Gandolphi Figueiredo, assim como pela preparação dos dados de cada região. Em especial à Flavia, também o nosso agradecimento pelo processamento dos dados das empresas brasileiras no SPSS (Statistical Package for the Social Sciences).

Às empresas visitadas, seja no Brasil, seja no Canadá, a nossa gratidão aos seus empresários e colaboradores, por terem nos recebido, aceitado colaborar em nossas pesquisas e pelas experiências trocadas, que nos foram muito úteis.

Finalmente, Dante Martinelli deixa aqui um agradecimento muito especial à sua dedicada orientanda Marina Sicchieri de Carvalho, que não mediu esforços na ajuda na revisão de todo o manuscrito, da bibliografia, além da sua valiosa contribuição em vários quadros e figuras desta obra.

Concluindo, não poderíamos deixar de agradecer às nossas famílias, que durante muitos momentos tiveram de compreender a nossa ausência, em todo o tempo que foi dedicado por nós à preparação deste livro.

Relação de siglas

Abecan	Associação Brasileira de Estudos Canadenses	
ABIT	Associação Brasileira da Indústria Têxtil	
Adeo	Agência de Desenvolvimento Econômico de Ourinhos	
ADL	Agências de Desenvolvimento Local	
ADR	Agência de Desenvolvimento Regional	
Alca	Área de Livre Comércio das Américas	
Arda	Aménagement Régional et Développement Agricole	Organização Regional e Desenvolvimento Agrícola
ASRDLF	Association de Science Régionale de Langue Française	Associação de Ciência Regional de Língua Francesa
Baeq	Bureau d'aménagement de l'Est du Canadá	Escritório de Organização do Leste do Canadá
BID	Banco Interamericano de Desenvolvimento	
BNB	Banco do Nordeste do Brasil	
BNDES	Banco Nacional de Desenvolvimento Econômico e Social	

CAA	Centro de Agricultura Alternativa do Norte de Minas	
CADC	Comités d'Aide au Développement des Collectivités	Comitês de Auxílio ao Desenvolvimento das Coletividades
CDCBF	Corporation de Développement Communautaire des Bois-Francs	Corporação de Desenvolvimento Comunitário de Bois-Francs
CDEC	Corporations de Développement Communautaire	Corporação de Desenvolvimento Econômico e Comunitário
CDEST	Corporation de Développement de l'Est	Corporação de Desenvolvimento do Leste
Ceape	Centros de Apoio a Pequenos Empreendedores	
Cepal	Commission Économique Pour l'Amérique Latine	Comissão Econômica para a América Latina
Ciel	Centres d'Investissement pour l'Emploi Local	Centros de Investimento para o Emprego Local
CLD	Centres de Développement Locaux	Centros de Desenvolvimento Local
CLE	Centre Local d'Emploi	Centro Local de Empregos
Creem	Comité pour la Relance de l'Économie et de l'Emploi de l'Est de Montréal	Comitê para Revitalização da Economia e do Emprego do Leste de Montreal
Creesom	Comité de Relance Économique et de l'Emploi du Sud-Ouest de Montréal	Comitê de Revitalização Econômica e do Emprego do Sudoeste de Montreal
Cris	Centre de Relèvement et d'Information Sociale	Centro de Reestruturação e Informações Sociais
CSN	Confederação dos Sindicatos Nacionais	
Datar	Délégation à l'Aménagement du Territoire et l'Action Régionale	Delegação para a Organização do Território e a Ação Regional

Dees	Divisão de Economia e Engenharia de Sistemas	
Dlis	Desenvolvimento Local Integrado e Sustentável	
Ecof	Economia Comunitária de Francheville	
Emater	Empresa de Assistência e Extensão Rural do Estado	
Embratur	Instituto Brasileiro de Turismo	
FAO	Organização das Nações Unidas para Agricultura e Alimentação	
Fase	Federação de Órgãos para Assistência Social e Educacional	
FDEM	Fonds de Développement Emploi-Montréal	Fundo de Desenvolvimento do Emprego em Montreal
Feevale	Federação de Estabelecimento de Ensino Superior em Novo Hamburgo	
Fenape	Federação Nacional de Apoio aos Pequenos Empreendimentos	
Finame	Agência Especial de Financiamento Industrial	
Fiperj	Fundação Instituto de Pesca do Rio de Janeiro	
FLI	Fonds Local d'Investissement	Fundo Local de Investimento
FRI	Fonds Régional d'Investissement	Fundo Regional de Investimento
FTQ	Fédération des Travailleurs et Travailleuses du Québec	Federação dos Trabalhadores do Quebec
Gespar	Gestão Participativa	
Gremi	Groupe de Recherche Européen sur les Milieux Innovateurs	Grupo Europeu de Pesquisa sobre os Meios Inovadores
HEC	École des Hautes Études Commerciales	Escola de Altos Estudos Comerciais de Montreal
HMR	Higgins-Martin-Raynault	
IBGE	Fundação Instituto Brasileiro de Geografia e Estatística	

IDH	Índice de Desenvolvimento Humano	
Ifat	International Federation for Alternative Trade	
IFDEC	Institut de Formation en Développement Économique Communautaire	Instituto de Formação em Desenvolvimento Econômico Comunitário
IPC	Internationale Projekt Consult	
IPT	Instituto de Pesquisas Tecnológicas	
IPTU	Imposto Predial e Territorial Urbano	
IRPME	Institut de Recherche sur les PME de I'UQTR	Instituto de Pesquisa sobre as Pequenas e Médias Empresas da UQTR
ISO	International Organization for Standardization	Organização Internacional de Normatização
JAL	Saint-Juste-du-lac, Auclair e Lejeune	Três aldeias do vale do Témiscouata
Leader	Liaisons Entre Actions de Développement de l'Économie Rurale	Ligações Entre Ações de Desenvolvimento da Economia Rural
Lifo	Life Orientation	Orientação para a Vida
Meer	Ministère Fédéral de l'Expansion Économique Régionale	Ministério Federal da Expansão Econômica Regional
Mercosul	Mercado Comum do Sul	
MRC	Municipalités Régionales de Comtés	Municipalidades Regionais de Condados
NTCI	Novas Tecnologias de Comunicação e de Informação	
NTIC	Novas Tecnologias da Informação e das Comunicações	
OCDE	Organisation de Coopération et de Développement Economiques	Organização para a Cooperação e Desenvolvimento Econômico
ONG	Organizações não-Governamentais	
ONU	Organização das Nações Unidas	

OPDQ	Office de Planification et de Développement du Québec	Escritório de Planejamento e Desenvolvimento do Quebec
OSBL	Organism Sans But Lucratif	Organismos Sem Fins Lucrativos
OSE	Opération Solidarité Économie	Operação Solidariedade Econômica
P&D	Pesquisa e Desenvolvimento	
PDC	Programme de Développement des Collectivités	Programa de Desenvolvimento das Coletividades
Pecec	Politique de Soutien au Développement Local et Régional	Política de Apoio ao Desenvolvimento Local e Regional
PEM	Perfil Econômico do Município	
PEP	Projet Économique de Pointe-Saint-Charles	Projeto Econômico de Pointe-Saint-Charles
PIB	Produto Interno Bruto	
Placee	Plan Local d'Action Concerté pour l'Économie et l'Emploi	Plano Local de Ação Organizada para a Economia e o Emprego
PME	Pequenas e médias empresas	
PNUD	Programa das Nações Unidas para o Desenvolvimento	
PRO-EST	Société de Promotion et de Concertation Socio-Économique de l'Est de Montreal	Sociedade de Promoção e Acordo Socioeconômico do Leste de Montreal
Pronaf	Programa Nacional de Fortalecimento da Agricultura Familiar	
Reso	Relance Économique et Sociale du Sud-Ouest	Revitalização Econômica e Social do Sudoeste
RH	Recursos Humanos	
SADC	Sociétés d'Aide au Développement des Collectivités	Sociedades de Auxílio ao Desenvolvimento das Coletividades
SCTDE	Secretaria de Ciência, Tecnologia e Desenvolvimento Econômico	

SDA	Société de Développement Angus	Sociedade de Desenvolvimento Angus
SDER	Société de Diversification Économique des Régions	Sociedade de Diversificação Econômica das Regiões
Sebrae	Serviço Brasileiro de Apoio às Micro e Pequenas Empresas	
Senac	Serviço Nacional de Aprendizagem Comercial	
Sere	Serviços e Estudos de Realização Empresarial Social (Fundação Friedrich Ebert)	
Sidac	Société d'Initiatives et de Développement des Artères Commerciales	Sociedade de Iniciativas de Desenvolvimento das Avenidas Comerciais
Sinditêxtil	Sindicato da Indústria Têxtil	
SLP	Sistemas Locais de Produção	
SMTb	Secretaria Municipal do Trabalho da Cidade do Rio de Janeiro	
Solide	Sociétés Locales d'Investissement dans le Développement de l'Emploi	Sociedades Locais de Investimento no Desenvolvimento do Emprego
Solideq	Sociétés Locales d'Investissement Dans le Développement de l'Emploi du Québec	Sociedades Locais de Investimento no Desenvolvimento do Emprego do Quebec
SPSS	Statistical Package for the Social Sciences	
Sudam	Superintendência do Desenvolvimento da Amazônia	
Sudeco	Superintendência de Desenvolvimento do Centro-Oeste	
Sudene	Superintendência do Desenvolvimento do Nordeste	
Unadel	Union Nationale des Acteurs et des Structures et des Structures du Développement Local	União Nacional dos Atores das Estruturas do Desenvolvimento Local

UNCTAD	Conferência das Nações Unidas sobre Comércio e Desenvolvimento	
Unicef	Fundo das Nações Unidas para a Infância	
UNO	Programa União Nordestina de Assistência a Pequenas Organizações	
UQAC	Université du Québec à Chicoutimi	Universidade do Quebec em Chicoutimi
UQAM	Université du Québec à Montréal	Universidade do Quebec em Montreal
UQAR	Université du Québec à Rimouski	Universidade do Quebec em Rimouski
UQAT	Université du Québec en Abitibi-Témiscamingue	Universidade do Quebec em Abitibi-Témiscamingue
UQTR	Université du Québec à Trois-Rivières	Universidade do Quebec em Trois-Rivières
WCA	Wireless Communications Association International	Associação Internacional de Comunicação por Rádio
ZIM	Zona de Influência Metropolitana	

Introdução

É preciso ousar, ou resignar-se a tudo.
Tito Lívio

O desenvolvimento local se impôs no Quebec, na linguagem popular, desde o início dos anos de 1980, em parte sob influência do uso desse termo, então em voga na França. Até então, usava-se a expressão desenvolvimento comunitário (*community-based economic development*) em relação às iniciativas adotadas no âmbito de uma intervenção de parceria, com o objetivo de solucionar o problema do subemprego.

No Brasil, apenas há alguns anos começou-se a falar de maneira mais intensa em desenvolvimento local. Ver-se-á que a expressão "desenvolvimento econômico local integrado e sustentável" é utilizada por alguns especialistas ou organizações. Infelizmente, a expressão é às vezes utilizada, sem muito critério, para evocar tudo o que se relacione ao desenvolvimento econômico, como se faz com a expressão "desenvolvimento regional". Se os exegetas não deixarem de debater sobre o que é uma região, o conceito de desenvolvimento local, graças à experiência vivida em várias partes do mundo, pode se tornar cada vez mais familiar a todos aqueles que se interessam pelas iniciativas implantadas para estimular as economias de coletividades locais.

Compreende-se que se trata, antes de mais nada, de um trabalho ou de uma prática que, ao contrário do desenvolvimento regional, não se baseia em um quadro teórico rigorosamente definido. Aqui, a opinião de Greffe (1988), de que o desenvolvimento local seja um método de abordagem, por não ser um modelo articulado, continua pertinente. Em uma obra bastante recente, Benko (2001) vai no mesmo sentido, ao afirmar que as idéias relativas à volta ao local mais parecem uma nebulosa que reúne uma grande diversidade ideológica e teórica, que um modelo em ciências econômicas. Dessa maneira, compreende-se o que levou Giuseppe Cocco e Alexander Patêz Galvão a escreverem que "não há modelo estabelecido de desenvolvimento local em torno do qual seria possível criar e organizar um consenso". Eles esclarecem que não se identificam, na verdade, tentativas visando a construir um modelo único de referências (Cocco & Galvão, 2001).

Evidentemente, quando se fala de desenvolvimento local, é oportuno aludir aos escritos sobre os distritos industriais (como o fazem Cocco & Galvão no Brasil), sobre os sistemas locais de produção ou, ainda, sobre o conceito de meio inovador ou de *learning region* e a todos os assuntos correlatos. Mas não se encontrará, nas páginas que se seguem, referências a prêmios Nobel de economia ou a autores conhecidos mundialmente pela marca que deixaram no âmbito das ciências sociais ou na administração. Na verdade, se se desejasse teorizar, isso deveria ser feito em relação à lei econômica mais famosa, a da oferta e da procura.

O objetivo desta obra é mostrar que, se uma região tem uma grande necessidade de novas atividades para deter seu empobrecimento, deverá empreender estruturas próprias ao desenvolvimento local. Para tanto, seus líderes socioeconômicos devem ter em mente que, para obter outros rendimentos além das transferências sociais, é preciso vender bens e serviços. Chega-se a isso levando-se em consideração a lei da oferta e da procura na base do mecanismo de mercado.

Contudo, será sempre preciso considerar a observação feita por Michel Rocard, então ministro da Agricultura do governo francês, no início dos anos de 1980: "Desenvolvimento local significa economia com o mercado, e não economia de mercado". Isso significa que é preciso levar em conta a oscilação do mercado, sem se submeter totalmente às suas exigências, como o fazem todos os partidários do neoliberalismo sem amarras. Ao contrário, com o desenvolvimento local, nunca se dirá o suficiente que o Estado é um ator-chave, do mesmo nível da empresa privada, do setor associativo e da educação. Se o desenvolvimento local necessariamente se enquadra numa descentralização administrativa, o Estado não deve abrir mão do essencial das suas prerrogativas, que consistem em estimular e arbitrar.

As regiões não metropolitanas servirão como pano de fundo de toda esta obra. No Brasil, pensa-se imediatamente no Nordeste. Mas será preciso ter em mente regiões dos estados do centro-sul, como o nordeste de Minas Gerais, e mesmo regiões mais desenvolvidas, como o Rio Grande do Sul, onde são feitos esforços com o objetivo de colocar no século XXI algumas microrregiões tão desenvolvidas como a do Vale dos Sinos. Além disso, foi num estado vizinho, o Paraná, mais precisamente em Cascavel, que André Joyal teve a oportunidade de encontrar representantes do Sebrae, os quais lhe apresentaram conceitos que, agora, ele mesmo utiliza em seus cursos e conferências. Deve-se destacar que o Sebrae publicou documentos muito interessantes sobre o tema.[1]

No Quebec, a Gaspésie, uma das regiões mais queridas para os quebequenses, localizada na embocadura do rio São Lourenço, dá muito o que falar há quatro décadas. O fechamento, em maio de 2000, de uma grande fábrica de papel em uma cidadezinha de 3 mil habitantes, que oferecia seiscentos empregos bem remunerados até o início dos anos de 1990, causou a retomada de um antigo debate: o que fazer com a Gaspésie? O choque provocado por esse acontecimento provocou diversas reações; parte delas reunidas numa publicação organizada por Danielle Lafontaine, da UQAR (Universidade do Quebec em Rimouski). Essa publicação, assim como até certo ponto esta obra, pretende ser uma reação à posição de certos economistas neoliberais que afirmam que não há nada a ser feito.[2]

---

[1] Programa Sebrae, Desenvolvimento Local, textos selecionados para o Desenvolvimento Local, CD-ROM, Rede Dlis (Desenvolvimento Local Integrado e Sustentável).

[2] Segundo F. Martin, da Universidade de Montreal: "Ao continuar a investir o dinheiro público em regiões desfavorecidas como a Gaspésie, o Estado leva populações inteiras a acreditar que sua região é viável. Isso lhes prolonga a agonia. É preciso se render à evidência: não há nada a ser feito ali" (*L'Actualité*, jun./2001).

Não seria um grande exagero achar que os economistas podem ser divididos em duas categorias: aqueles que acreditam em desenvolvimento local, e os que não acreditam. Isso significa que há aqueles que acreditam que o Estado tem sempre um papel a desempenhar no desenvolvimento econômico, e outros que acreditam que ele deva intervir o mínimo possível. É o que afirma Caio Márcio Silveira, quando menciona que

> alguns chegam a afirmar que não existe um desenvolvimento local: não apenas porque o desenvolvimento é sempre articulado aos processos mais gerais, mas porque é da natureza mesmo das sociedades capitalistas a incorporação crescente de novos espaços subordinados à lógica do centro dominante. Nesse sentido, a idéia de desenvolvimento local seria ingênua ou funcional (Silveira, *apud* Silveira & Reis, 2001).

Isso significa dizer que há aqueles que acreditam que o Estado tem sempre um papel a desempenhar no desenvolvimento econômico, e aqueles que acreditam que ele deve intervir o mínimo possível.

Ter-se-á em mente a observação de um interventor por ocasião de um colóquio sobre desenvolvimento local, ocorrido em abril de 1999, em uma pequena cidade de Nouveau-Brunswick, província vizinha ao Quebec, quando se ouviu: "é fácil exigir a saída do Estado quando se tem petróleo ou o setor automobilístico". De quantos estados brasileiros se pode fazer observação semelhante, ao se aludir aos estados ricos do centro-sul?

Esta obra pretende mostrar o que é feito no Quebec e no Brasil, insistindo, quanto ao último, nas grandes necessidades que justificam o uso de estratégias associadas ao desenvolvimento local. Aqui, é impossível não concordar com a observação relativa à necessidade de aproveitar as experiências de diferentes países, dentre os quais o Canadá (Silveira, 1999).

Dedica-se esta obra a todos os atores de desenvolvimento local que, diante de adversidades, arregaçam as mangas e atuam de forma interativa, a fim de lidar com as circunstâncias nas melhores condições possíveis. Convida-se a população de cidades vítimas do fechamento de empresas, seguido de grandes níveis de desemprego, a aproveitar os exemplos de Hawkesbury, no Ontário, e de Piraí, no Rio de Janeiro.

Hawkesbury, pequena cidade franco-ontariana, localizada a uma hora de Montreal, conheceu, em 1985, uma situação semelhante à que vitimou o povo da pequena cidade de Chandler, na Gaspésie. Sua fábrica de papel fechou as portas, levando consternação ao seio de uma população inteiramente dependente daquele empregador. Seus efeitos negativos já foram recuperados há tempos, graças à ajuda de uma gama variada de atores locais que, em vez de se dirigirem a Montreal, Ottawa ou Toronto, acreditaram nas próprias possibilidades locais. De uma situação de cidade monoindustrial, Hawkesbury oferece hoje, aos seus visitantes, um parque industrial onde convivem cerca de trinta PME (Pequenas e Médias Empresas) dinâmicas, atuando em atividades diversificadas. Lá, como em outros lugares, o desenvolvimento local mostrou seu valor.

Situação semelhante à descrita acima foi vivida em Piraí (RJ). Situada a aproximadamente 100 km ao sul da cidade do Rio de Janeiro, Piraí, com pouco mais de 22 mil habitantes, foi fortemente afetada em 1997 pela privatização da Light, que gerou a demissão de mais de 1.200 empregados. A isso deve-se juntar a perda de mais trezentos empregos, ocorrida em outra grande empresa. O choque então ocasionado incitou o prefeito de Piraí a buscar se reerguer, convidando colaboradores e atores locais a formar um Comitê de Desenvolvimento Local. Como será mostrado no Capítulo 3, esse comitê tem por objetivo colocar em prática os elementos fundamentais do planejamento estratégico. Recorrendo ao potencial empreendedor local e oferecendo a sua cidade uma nova visão, as autoridades locais tiveram sucesso na implantação de novas empresas, dando a todos uma nova perspectiva econômica. É isso que permite hoje a Piraí oferecer um exemplo a toda a coletividade vítima dos acasos de economia de mercado.

Em março de 2001, ao decidir dedicar Can$ 800 milhões para o que chama-se no Quebec de regiões-recursos, com o objetivo de estimular a diversificação econômica, o governo do Quebec parece, por fim, manifestar um verdadeiro interesse pelo futuro das regiões em dificuldades. A maior parte dessa quantia servirá exatamente para estimular o surgimento de PME inovadoras. Há motivos para comemoração, mesmo que alguns tenham destacado o fato de que o desenvolvimento não é um assunto exclusivo de empresas. Isso é verdade, mas se se deseja criar empregos, é preciso criar empresas. E cabe aos atores do desenvolvimento local estimular o seu surgimento. Por que o mesmo não pode ocorrer no Brasil?

Moema Miranda e Paulo Magalhães citam quatro justificativas para se recorrer ao desenvolvimento local no Brasil:

- a desigualdade como fenômeno estrutural da sociedade brasileira;
- o caráter fragmentado e descontinuado das iniciativas e políticas públicas sociais dos diferentes níveis de governo;
- a desconsideração do espaço e da política "nacional" e sua influência sobre os projetos locais;
- o risco de criar sistemas "paralelos" ou "informais", como uma suposta forma de inclusão daquelas questões outrora excluídas dos sistemas oficiais de geração e distribuição de renda e riqueza (Silveira & Reis, 2001).

Como se vê, no desenvolvimento local, mais que uma finalidade econômica, pode-se encontrar uma finalidade social bem clara.

Conteúdo do livro

O primeiro capítulo desta obra trata do desenvolvimento local nesta época de globalização, mostra seu impacto no desenvolvimento das regiões, apresenta o ambiente sistêmico e a necessidade de se ter uma visão global para as novas economias, além de trazer uma nova concepção de desenvolvimento econômico, apresentar o desenvolvimento endógeno e mostrar como se deve promover o desenvolvimento local em termos concretos. Traz também as fases do desenvolvimento regional brasileiro e mostra suas tendências para a realidade brasileira, discutindo inclusive o papel do Estado no desenvolvimento local. Além disso, apresenta as linhas principais da política econômica regional dos últimos quarenta anos no Quebec, permitindo, ao mesmo tempo, definir o que é desenvolvimento local e quais são, hoje em dia, suas principais organizações nessa província do Canadá.

No segundo capítulo, apresenta-se a evolução do desenvolvimento local, mostrando e exemplificando como se pode obter um desenvolvimento local integrado e sustentável, trazendo experiências da realidade brasileira. Mostra também a importância do setor público para o desenvolvimento local, além da idéia do espaço de intervenção e a importância crescente do combate às desigualdades sociais, principalmente nos países em que ela tem se agravado nas últimas décadas. Além disso, utilizando conceitos apresentados por uma literatura recente, pretende mostrar a pertinência das iniciativas de desenvolvimento que se localizam na base da evolução dos fatos econômicos, tanto no Brasil, como no Quebec e em outros lugares do mundo, trazendo os conceitos ligados à nova dinâmica local, aos meios inovadores, aos distritos industriais e à importância da visão do capital social.

O terceiro capítulo, mais extenso, busca mostrar como se pratica o desenvolvimento local. Para isso, mostra a importância das redes e da sua utilização na prática, assim como o seu papel no desenvolvimento local. Os atores envolvidos no processo de desenvolvimento local e seu papel quando a sociedade está estruturada em rede também são objeto importante desse capítulo, mostrando a sinergia das suas atuações e a importância da ação em conjunto, ouvindo as comunidades locais e considerando-se os fatores endógenos no processo. A importância da busca constante por parcerias é outra questão fundamental tratada no capítulo. Para tal, são apresentados conceitos básicos de negociação e solução de conflitos, assim como os resultados positivos da existência de tais conflitos, aqui destacados no contexto de uma negociação ganha-ganha, em que todos os lados envolvidos podem sair ganhando, em vez da velha idéia de que alguém só pode ganhar em detrimento do outro.

A implantação efetiva do desenvolvimento é, em boa parte, uma questão de planejamento estratégico ou de plano de ação. Para isso, apresentam-se os principais obstáculos encontrados, assim como a validade e a importância da utilização da mediação na solução dos conflitos, além da possibilidade de recorrer à arbitragem como alternativa de ação no momento dos conflitos, mostrando-se, nesse caso, como o conhecimento dos estilos de negociação e dos perfis psicológicos pode também ser de vital importância nas atividades de negociação e na atuação em redes. Procura-se, assim, responder à pergunta: como é feito o desenvolvimento local? Para isso são dados vários exemplos, brasileiros e quebequenses, de como colocar em prática o planejamento estratégico nas regiões, como conseguir uma diversificação econômica nessas regiões, além de outras questões ligadas ao financiamento do desenvolvimento local, da utilização do microcrédito e das sociedades de investimento, além da importante função da criação de novos empregos.

Em seguida, há dois capítulos que, a partir de exemplos concretos, pretendem ilustrar o que é feito em termos de desenvolvimento local, no Quebec, no Brasil e em outros lugares. Desse modo, o quarto capítulo destaca a importância do empreendedorismo e das PME num contexto não-metropolitano. O foco nesse capítulo são as práticas de desenvolvimento local em meio urbano. Aqui, Montreal serve como principal local de aplicação das estratégias, iniciadas em seus bairros mais empobrecidos, e também encontrar-se-ão diversas iniciativas implantadas em algumas das grandes cidades brasileiras, além de várias outras experiências significativas de desenvolvimento local em diferentes regiões do Quebec e do Brasil.

São aqui apresentados, também, diversos exemplos de empresas inovadoras, localizadas em geral em pequenas cidades do meio urbano, tanto no Brasil como no Quebec, que foram objeto de pesquisas realizadas pelos autores, na província do Quebec e no estado de São Paulo. Essas pesquisas são focadas principalmente na capacidade de exportação dessas empresas, na utilização, por parte delas, das informações disponíveis no seu ambiente, assim como do caráter inovador das empresas paulistas e quebequenses.

O quinto capítulo ilustra as mesmas práticas, dessa vez em um contexto rural, sempre com a intenção de tirar ensinamentos de experiências vividas. Mostra-se o esvaziamento do meio rural brasileiro, fato que já aconteceu nos principais países industrializados. A partir disso, enfatiza-se a nova economia rural e a sua relação com a natureza. Apresentam-se, nesse capítulo, novas observações retiradas de um dos estudos dos autores, realizado em conjunto, com o objetivo de comparar, na medida do possível, os desafios encontrados pelas PME manufatureiras do Quebec, localizadas em meio rural, e as do norte, centro e leste do estado de São Paulo. Para isso, utiliza-se uma pesquisa recente, realizada com a aplicação de um mesmo questionário nas duas regiões.

Vários exemplos brasileiros e quebequenses são apresentados, mostrando a pujança dos ambientes rurais e a possibilidade de grande desenvolvimento tecnológico, de criação de empregos e da existência de PME verdadeiramente inovadoras em ambientes rurais.

Também é mostrada a possibilidade de se ter uma boa infra-estrutura nas pequenas comunidades paulistas, consideradas rurais dentro do critério de classificação proposto pelo IBGE (Fundação Instituto Brasileiro de Geografia e Estatística), assim como as alternativas e exemplos de migração dessas empresas das grandes áreas metropolitanas para as regiões do interior dos estados e suas pequenas comunidades. Finalmente são apresentados vários exemplos de desenvolvimento local em meio rural, com a ajuda de órgãos públicos e privados e, principalmente, com a união das comunidades em torno da nobre causa do desenvolvimento de suas regiões.

Como conclusão, apresentam-se os limites e os obstáculos às iniciativas associadas ao desenvolvimento local. Não se pode ignorar que o desenvolvimento local não deve ser decretado ou feito por meio de *slogans*. São necessárias condições mínimas para garantir que a iniciativa tenha alguma chance de sucesso. Quando essas condições existem, pode-se dizer claramente: a pior decisão a ser tomada, por parte das forças vivas locais, é decidir nada fazer.

Ter-se-á compreendido que o desenvolvimento local se baseia em decisões tomadas pelos atores locais, em nome da melhoria do bem-estar de seus concidadãos. Essa constatação leva a buscar resposta a duas perguntas. A primeira foi feita pelo prefeito de uma cidade da região central do Quebec. Ele queria saber se os representantes municipais eleitos teriam alguma responsabilidade no desenvolvimento econômico da sua comunidade. A segunda pergunta está relacionada ao caráter democrático do procedimento a ser adotado: um plano de ação deve ser iniciado pelas e para as pessoas interessadas. Foi o que André Joyal buscou explicar, após a primeira hora de um curso, quando um estudante gabonês, meio incrédulo, perguntou: "o senhor acredita que o desenvolvimento local pode ser um processo democrático?". Esta obra busca, entre outras coisas, responder a essas duas perguntas.[3]

---

[3] Os autores utilizaram suas experiências no Brasil, tendo conduzido seminários sobre desenvolvimento local nas cidades de Dracena (SP) e Vilhena (RO), além de palestras sobre desenvolvimento local, importância das PME em termos de inovação e exportação, assim como negociação e sua importância no contexto das PME e para o desenvolvimento regional nas cidades de Ribeirão Preto, São José do Rio Preto, Bebedouro e Dracena (todas no Estado de São Paulo), além de Vilhena (em Rondônia). Além disso, André Joyal conduziu seminários semelhantes nas seguintes cidades: Novo Hamburgo (RS), Fortaleza (CE), Uberlândia (MG) e Aracaju (SE).

1

Desenvolvimento local: por quê?

No que diz respeito às nossas riquezas naturais,
talvez seja necessário não ter ilusões.
Gilles Vigneault, monólogo dos anos de 1970.[1]

Globalização dos mercados, globalização da economia e nova divisão internacional do trabalho são diversas expressões apresentadas em todos os meios de comunicação há alguns anos. Como escreveu Coelho (2001), o processo de globalização da economia se caracteriza, em termos territoriais, pela constituição de fluxos econômicos que excluem territórios a partir de movimentos de desestruturação e reestruturação do tecido produtivo e empresarial preexistente. Abordam-se aqui as mudanças na orientação das novas formas de produção. Pensa-se também nas numerosas possibilidades oferecidas pela informática e no fortalecimento do segmento das PME vinculadas às grandes empresas, num esquema de terceirização. Ainda segundo Coelho, com as mudanças observadas no sentido da fragmentação territorial, renascem as identidades culturais e políticas nos níveis regional e local.

[1] Autor-compositor quebequense muito apreciado no meio franco-quebequense.

Portanto, seria pertinente desenvolver interesse por estratégias de desenvolvimento no próprio nível local, mesmo que grandes líderes político-econômicos não parem de fazer alusões à conjuntura internacional.

Para se convencer, basta considerar a evolução das políticas regionais dos governos ocidentais a partir dos anos de 1960. Naquela época, começava-se a ter consciência da importância das disparidades regionais. No Canadá, mencionava-se principalmente a situação das províncias do Atlântico e, no nível do Quebec, visavam-se as regiões distantes dos grandes centros urbanos: Abitibi-Témiscamingue, Saguenay-Lac-Saint-Jean, Bas-du-Fleuve-Saint-Laurent e Gaspésie.

Desenvolvimento local em época de globalização

Pode-se analisar o desenvolvimento local sob diferentes pontos de vista. Muitos podem vê-lo sob o prisma do desenvolvimento econômico, voltado para o aspecto competitivo. Muitas pessoas e governos, ao pensar em promover o desenvolvimento das regiões e das comunidades, voltam-se totalmente para o aspecto econômico, considerando apenas questões financeiras, tributárias e de geração de receitas. Porém a globalização, ao contrário daquilo que se poderia pensar à primeira vista, vem justamente reforçar a importância do desenvolvimento local, visto que cria a necessidade de formação de identidades e de diferenciação entre regiões e comunidades, para que possam enfrentar um mundo de extrema competitividade.

Trata-se, do ponto de vista econômico, de buscar estratégias que tornem comunidades, regiões e países competitivos, num contexto globalizado. As novas demandas do mercado, competitivo e em constante mutação, exigem um sistema produtivo, ao mesmo tempo eficiente na utilização dos recursos e eficaz ao atingir seus objetivos. Esse é o conceito de efetividade, ou seja, a busca simultânea de eficiência e eficácia, requisito indispensável no atual contexto mundial.

Quando se fala em diferenciação, inclui-se competição e desigualdade, sendo que o mais importante é oferecer melhores condições para atrair bons investimentos. Essa é, evidentemente, a visão mais extrema de desenvolvimento local, dando toda ênfase à questão do crescimento econômico, independente de criar ou não maiores desigualdades sociais. Assim, poder, capacitação e conhecimento continuarão concentrados e, consequentemente, a renda, cada vez mais, tenderá a ficar na mão de poucos, com desigualdades cada vez maiores.

Assim, urge pensar no desenvolvimento num contexto local, reforçando as preocupações com os aspectos sociais. Outras visões, menos extremistas, ainda enfatizam o desenvolvimento econômico, porém sem questionar o padrão atual de desenvolvimento, em termos subjetivos. Nesse contexto, reforça-se a relevância da globalização na realidade atual, exigindo ajustes estruturais na economia e nas organizações, para se adaptar ao novo contexto globalizado. Dá-se, assim, grande importância aos aspectos econômicos, porém com uma boa ênfase nas questões locais e com uma preocupação com o desenvolvimento social, ainda que incipiente.

Há, entretanto, outras visões que questionam o padrão de desenvolvimento atual, buscando uma volta ao passado, pois questionam e não aceitam de forma alguma a globalização, mesmo que hoje ela seja uma realidade em nossas vidas. Ainda assim, muita gente confunde o fenômeno objetivo, real e concreto da globalização com as visões subjetivas de mundo daqueles que dirigem as corporações transnacionais que estão na vanguarda do processo de globalização da economia mundial, conforme aponta Franco (2001).

Num outro extremo, surgem as visões consideradas sistêmicas, que vêem outras dimensões e não apenas a econômica, sem descartar a importância do desenvolvimento econômico e da competitividade, mas dando uma grande ênfase aos aspectos sociais, culturais, éticos e de desenvolvimento comunitário. Assim, prega-se que a racionalidade do mercado não deve ser o único fator a ser considerado e que não se pode basear todas as políticas de desenvolvimento nessa premissa. Estimula-se o desenvolvimento local, o regional, o nacional e o global, mas questiona-se o padrão de desenvolvimento econômico atual, na tentativa de abrir espaços para que outras dimensões possam também ser incorporadas ao processo de planejamento e de estabelecimento de políticas para a sociedade como um todo.

Assim, como afirma Franco (2001), atualmente cresce a convicção de que é preciso fazer brotar a ação cidadã nas coletividades em que vivem os excluídos sociais, estabelecendo-se espaços ético-políticos alternativos de desenvolvimento local, compatíveis com a realidade dos seres humanos envolvidos, de forma a efetivar os laços de solidariedade que podem promover as suas vidas.

Impacto da globalização no desenvolvimento local

Com a globalização da economia, há certas mudanças que podem se refletir nos ambientes urbanos e rurais. Os resultados da transformação econômica global não permitem estabelecer planos que não sejam passíveis de alteração em curto prazo. Assim, o que interessa, em termos de decisão, pública ou privada, política e/ou econômica, é aquilo que acontece no nível global e que possa interferir no desenvolvimento econômico local.

É relevante ressaltar que a qualidade de vida é primordial no desenvolvimento local. Percebe-se ainda a inserção de um novo significado para essa qualidade a ser oferecida aos cidadãos, em que, ao lado de todo um conjunto de oferta de infra-estrutura urbana, física e social, aliado ao bem-estar da comunidade, ambiciona-se uma capacidade de consumo dessa comunidade, reflexo da sustentabilidade de uma economia local.

Conforme aponta Borba (2000), a comunidade urbana, no nível global, sofre uma ameaça permanente, que independe de sua competitividade, pois está ligada aos fatores macroeconômicos da economia emergente, ou seja, o risco de começar a sua decadência econômica, física, social e ambiental e morrer no "sistema-mundo".

Qual é a importância destas considerações à luz da discussão de um novo aspecto da economia internacional para o planejamento das atividades urbanas e regionais? Os urbanistas se dobram perante a constatação de que sem desenvolvimento econômico não há porque estruturar cidades. Para que serve o planejamento de um sistema viário se a comunidade urbana não sobreviver às alterações econômicas? Cidades podem morrer e não se pode afirmar que apenas as cidades pequenas morrerão. O risco existe também para as grandes metrópoles, podendo inclusive ser maior em alguns casos.

Para que as cidades possam enfrentar bem as mudanças no ambiente global, é essencial que as lideranças mais importantes dos ambientes urbanos, ou seja, os empresários e os políticos, possam conviver bem, integrados e com uma grande sinergia entre suas atuações. De um lado, tem-se o perfil básico do executivo privado, em busca do lucro e da rentabilidade dos investimentos realizados com fundos próprios, de parceiros e/ou de sócios. Essa rentabilidade almejada está agora inserida em uma nova realidade econômica, dependente de um mercado globalizado e composto por consumidores ligados a uma consciência ambiental de sobrevivência da humanidade, não meramente utópica, mas sim realística. De outro lado, encontra-se o perfil do executivo público, em busca da manutenção do poder político, fundamentado em estruturas democráticas e que viabilizem as operações de livre comércio, vitais para a inserção da comunidade nas relações econômicas globalizadas (Borba, 2000).

Ambiente sistêmico: um desafio para as novas economias

As crescentes exigências a que as empresas devem atender, no tocante à produtividade e à competitividade, assim como os maiores níveis de exposição externa que as economias enfrentam, são desafios dos quais essas economias dificilmente podem se livrar. Assim, torna-se, necessária a criação de um ambiente sistêmico que permita introduzir as inovações tecnológicas necessárias no contexto empresarial. Portanto, é essencial a negociação entre o setor privado empresarial, a administração pública nos diferentes âmbitos e os demais atores sociais regionais e locais, para a criação de um "ambiente inovador", socioinstitucional, que assegure a modernização produtiva e empresarial da região (Albuquerque, 1998).

Como destaca Williamson (*apud* Albuquerque, 1998), a competitividade é sistêmica, pois depende de todos os elementos do ambiente imediato da empresa, visto que a qualidade desse ambiente é determinante para a eficiência produtiva e, conseqüentemente, para a competitividade das empresas, ao permitir a redução dos seus custos econômicos de transação.

Da mesma forma, na medida em que a qualidade dos recursos humanos, avaliada aqui pelo conhecimento disponível, passa a ser o fator estratégico fundamental para a criação de vantagens competitivas, a criação negociada desse ambiente institucional e social inovador é decisiva para os desenvolvimentos regional e local.

O novo modelo de organização produtiva e empresarial se caracteriza por possuir maiores graus de flexibilidade organizacional e capacidade de inovação. Para as empresas de pequeno e médio porte, abre-se agora um leque de possibilidades competitivas, muito maior que aquele que se verificava no modelo fordista, pois hoje não se requer, necessariamente, grandes investimentos em termos de capital, para se ter acesso aos setores mais dinâmicos da atividade econômica (o que acontecia no passado, em grande escala, em especial nos setores siderúrgico, metal-mecânico, de química básica, de construção naval e outros). Hoje, o capital estratégico é o conhecimento incorporado às atividades econômicas, e esse não depende tanto do tamanho da empresa, mas, principalmente, de uma "arquitetura" social e territorial que combine e congregue os atores sociais públicos e privados (Albuquerque, 1998).

Os processos de descentralização devem configurar um ambiente no qual as micro, pequenas e médias empresas possam acessar efetivamente os serviços de apoio às atividades produtivas e, com isso, impulsionar decisivamente o desenvolvimento econômico regional. A descentralização política se converte, assim, em uma ferramenta determinante para o desenvolvimento econômico local, ao facilitar a criação de espaços de negociação estratégica com o setor privado empresarial e com os demais atores sociais regionais. Esse tipo de intervenção provavelmente constitui a melhor forma de atuar para as administrações públicas regionais no novo modelo de desenvolvimento "pós-fordista" e concretiza, na prática, a flexibilidade que se requer de tais entidades, ou seja, sua recriação como parte da reforma ou modernização do Estado. Isso está coerente com a visão de que o desenvolvimento econômico se constitui, de fato, numa tarefa coletiva da sociedade e, como tal, necessita do consenso de todos os atores sociais envolvidos no processo.

Nova concepção de desenvolvimento econômico

Na nova concepção de desenvolvimento econômico ganham importância, entre outros, alguns componentes socioculturais. Assim, o espaço deixa de ser contemplado simplesmente como suporte físico das atividades e dos processos econômicos, passando a ser mais valorizados os territórios e as relações entre os atores sociais, suas organizações concretas, as técnicas produtivas, o meio ambiente e a mobilização social e cultural.

Como afirma Costa (2001), as condições para o surgimento do capitalismo não se restringiram à expropriação do produtor direto, do camponês e do artesão, mas também incluíram a formação do capital-dinheiro. A formação do capital-dinheiro surgiu das concentrações de grande massa de recursos à disposição de um pequeno número de proprietários. Esses recursos podiam ser ouro, prata, terras, meios de produção ou dinheiro em espécie. O grande contingente de indivíduos sem posses foi obrigado a vender sua força de trabalho aos proprietários das terras ou aos donos das manufaturas. O capital-dinheiro tornou-se capital propriamente dito (numa autêntica relação social) ao encontrar trabalhadores livres e disponíveis para oferecer o seu trabalho por meio de um contrato de prestação de serviços ou de assalariamento. Os assalariados passam a buscar qualificação, para conseguir melhores condições de trabalho e, conseqüentemente, obter renda para sobreviver em condições socialmente adequadas.

Historicamente, a atividade da manufatura subordinou o trabalhador, visto que ele, despojado de bens e propriedades, só tinha a oferecer as suas habilidades pessoais, por meio da prestação dos seus serviços. Com o tempo e o crescimento de suas atividades, as grandes indústrias passaram a subordinar o trabalhador em função do progresso técnico, pois estes não conseguiam acompanhá-lo por conta própria e acabavam ficando dependentes das empresas. Por outro lado, o progresso técnico também impossibilitava os trabalhadores de retornarem ao artesanato.

Porém, a partir dos anos de 1980, e mais especificamente no Brasil desde os anos de 1990, com a revolução tecnológica, mesmo trabalhadores com grande qualificação técnica têm dificuldade para conseguir empregos. Também o alto índice de desemprego leva esses excluídos do sistema capitalista a buscar alternativas e, na maior parte dos casos, a solução é a criação de seu próprio negócio ou o início de uma nova atividade em um negócio já existente. Isso leva à criação dos microempreendimentos. De certa forma, tem-se uma regressão histórica, voltando-se ao artesanato ou a outras atividades similares. Daí a importância, cada vez maior, do empreendedorismo e do estímulo às condições para que essas pessoas possam iniciar uma nova atividade.

O risco existente na sociedade atual globalizada, difere dos riscos existentes no passado, principalmente pelo fato de que, agora, não se tem antecedentes históricos que apontem o que fazer diante deles. São os riscos que advêm, por exemplo, de transformações genéticas ou climáticas, mas também de mudanças na estrutura da família e do casamento, situações totalmente novas na história da civilização humana (Borba, 2000).

Como aponta Borba, globalização, risco, tradição, família e democracia são conceitos que devem estar no cerne do pensamento geral. Como traduzir isso para a política ou para os governos é um caminho que vai além de uma alternativa entre a tradicional social-democracia e o neoliberalismo. Trata-se de dar uma resposta a todas essas mudanças em que a imprevisibilidade do mundo globalizado é um problema estrutural.

Não se pode afirmar que o mundo hoje é menos previsível do que era antes. A diferença é que agora surgem situações de risco que outras gerações não tiveram de enfrentar. Esses novos riscos foram construídos pelo impacto da ciência e da tecnologia no cotidiano, ou por profundas mudanças na estrutura da sociedade.

Para conviver com essa nova realidade, é preciso encontrar um novo equilíbrio entre o risco e a segurança. Para pensar em respostas políticas para esse problema, precisa-se pensar em governos ativos, que garantam a segurança dos cidadãos. Isso só poderá acontecer se houver uma correta compreensão das novas situações de incerteza. Se essa compreensão não existir, tentar-se-á adaptar-se a elas usando maneiras antigas, que não funcionarão.

A revolução do microcrédito

Nesse contexto de incertezas, grandes mudanças e necessidade de rápida adequação à nova realidade, a revolução do microcrédito tem uma importância fundamental, visto que a lógica do sistema capitalista requer que o poder de compra não seja meramente estendido a qualquer um que deseje crédito. Em termos ideais, o crédito deveria ser fornecido a capitalistas que pudessem acrescentar capacidade produtiva e/ou aumentar a produção daqueles bens que propiciassem a sua venda com margem de lucro, ou seja, que pudessem cobrir todas as despesas e custos e ainda dar bons lucros para sustentar a acumulação de capital.

Porém, não há, no sistema capitalista, uma estrutura que possa garantir *a priori* um resultado efetivo para esse controle de concessão de crédito apenas com essa finalidade. Os refinanciamentos, em condições normais, são assegurados e concedidos apenas àqueles que os reembolsam periodicamente. Assim, o pagamento do crédito obriga a uma orientação da produção estritamente para aceitação do mercado. O banqueiro acaba assumindo um papel de juiz na avaliação das condições de risco e na análise de quem tem condições de obter o crédito. Entretanto, não há garantias de que o racionamento do crédito gere o volume necessário de recursos, além de colocá-lo nas mãos certas. O que acontece é que os verdadeiramente necessitados muitas vezes não recebem o crédito, e os capitalistas, em muitos casos, permanecem com recursos ociosos.

Como resultado desse contexto, em termos sociais, os que mais necessitam de crédito não têm alternativa a não ser se sujeitar aos agiotas, pagando os juros mais altos do mercado e sendo fortemente explorados. As empresas mais necessitadas de capital de giro também tornam-se reféns dos altos juros, e o fornecimento de matéria-prima, quando feito a prazo por necessidade do comprador, possui taxas de juros altíssimas, de forma que apenas parte do que é criado pelas empresas e pelos trabalhadores realmente permanece nas mãos deles.

A revolução financeira que surgiu na ocasião foi dar crédito ao trabalho, ao contrário do que acontecia até então, que era dar crédito ao capital. Os bancos em geral não forneciam crédito aos consumidores, e sim aos produtores, para investimentos em máquinas e equipamentos ou em matéria-prima. Porém, os trabalhadores começam a adquirir parte dos meios de produção. As mulheres passam a ser as maiores responsáveis pelas finanças domésticas e começam a se emancipar e a se envolver mais diretamente no mercado. Trata-se da revolução do microcrédito, que representou um programa de apoio ao empreendedorismo, a obtenção de uma política de cunho social e uma conquista do direito de produzir e de gerar renda por conta própria, integrando os excluídos na economia de mercado (Costa, 2001).

Alguns exemplos de utilização do microcrédito serão vistos no final do Capítulo 3, tanto no que se refere à realidade brasileira quanto no contexto quebequense.

Desenvolvimento regional endógeno

Nos últimos anos, as teorias sobre desenvolvimento econômico regional sofreram grandes transformações, provocadas, por um lado, pela crise e pelo declínio de muitas regiões tradicionalmente industriais, assim como pelo surgimento de novas alternativas de industrialização e de desenvolvimento local e, por outro lado, pelos novos paradigmas encontrados no âmbito da própria teoria macroeconômica do desenvolvimento, principalmente no que se refere à teoria do crescimento endógeno.

Essas causas estão associadas ao fenômeno da globalização da economia, da maior importância das economias regionais, e do novo papel do Estado e os novos paradigmas institucionais e produtivos (Amaral Filho, 1996).

O que se busca é uma reconstrução conceitual, por meio de um enfoque regional ou local, utilizando uma metodologia holística, sistêmica e evolutiva, de forma a atingir um modelo ideal de condições e estratégias para atingir um modelo de desenvolvimento endógeno e sustentado para as regiões ou estados brasileiros. Essa metodologia é holística porque tem foco primário nas relações entre as partes do sistema e o todo; é sistêmica, pois as partes constituem um todo coerente e podem ser entendidas apenas nos termos do todo; e pode ser considerada evolutiva porque as mudanças no padrão das relações são vistas como a própria essência da realidade social. Há ainda uma interconexão entre os elementos que formam o sistema econômico e o contexto político e social em que esses elementos atuam.

Do ponto de vista regional, o conceito de desenvolvimento endógeno pode ser entendido como um processo interno de ampliação contínua de agregação de valor na produção, bem como da capacidade de absorção da região. Esse processo tem como resultado a ampliação do emprego, do produto e da renda do local ou da região, em um modelo de desenvolvimento regional definido. O novo paradigma de desenvolvimento regional endógeno está no fato de que o modelo de desenvolvimento passa a ser estruturado a partir dos próprios atores locais, e não mais pelo planejamento centralizado.

O modelo pode ser definido como um desenvolvimento realizado de baixo para cima, ou seja, partindo das potencialidades socioeconômicas originais do próprio local, em vez de um modelo de desenvolvimento imposto de cima para baixo pelo poder central do Estado.

Garofoli (*apud* Amaral Filho, 1996), autor que estudou a constituição de modelos endógenos de desenvolvimento, principalmente na Itália, afirma que alguns dos casos mais interessantes e paradigmáticos de modelos endógenos de desenvolvimento são aqueles constituídos pelos sistemas de pequenas empresas ou pequenos empreendimentos circunscritos sobre um território (território-sistema ou distrito industrial). Ainda segundo Garofoli, o grau de autonomia (comercial, tecnológico e financeiro) desses sistemas é particularmente importante, sendo essa autonomia relativa uma conseqüência de numerosas inter-relações existentes entre as empresas e os diferentes setores produtivos locais, assim como entre o sistema produtivo, o ambiente e o contexto local.

Amaral Filho (1996) cita algumas fontes possíveis para as políticas de desenvolvimento endógeno, que podem servir como fontes reais de rendimentos crescentes, além de servirem também como fontes fornecedoras de fatores de aglomeração. Essas fontes devem corresponder à autonomia relativa reservada às unidades federadas, devendo porém ser exercida de maneira cooperativa entre essas unidades. A exploração dessas fontes pelas unidades federadas não garante um desenvolvimento equilibrado nem harmonioso para o conjunto da Federação, razão pela qual não se deve dispensar o papel do governo federal, para corrigir os desequilíbrios estruturais entre as regiões e para coordenar as políticas estaduais.

O aspecto novo oferecido pela teoria do crescimento endógeno é a consideração de cinco fatores, que não são isolados da produção econômica, visto que fazem parte dela. Esses fatores são:

- educação, saúde e segurança alimentar;
- ciência e tecnologia ou pesquisa e desenvolvimento;
- informação e conhecimento;
- instituições (públicas e privadas);
- meio ambiente.

Gastos despendidos, principalmente com os três primeiros itens acima, devem ser considerados investimentos produtivos e não simples gastos isolados. Se incorporados efetivamente ao processo produtivo, esses fatores permitem uma melhor utilização do capital físico, aumentam sua produtividade e melhoram as taxas de retorno, em termos econômicos e sociais.

Nesses termos, a adesão dos estados federados brasileiros a esse tipo ideal de desenvolvimento endógeno poderá influenciar na redefinição da hierarquia desses estados, bem como na convergência real das taxas de crescimento do PIB (Produto Interno Bruto) de cada um deles. Se a pertinência desses fatores é evidente para qualquer região do mundo, passa a ser ainda mais para grande parte das regiões brasileiras nas quais a disponibilidade dos fatores de produção tradicionais é escassa e irregular, com exceção do sol e da natureza litorânea, como no Nordeste brasileiro.

No caso do Nordeste, dado o processo de industrialização incipiente, podem-se apresentar modelos de sistemas de produção mais adequados e menos predatórios, tendo em vista a preservação do ambiente e os efeitos sociais.

Amaral Filho (1996) apresenta algumas razões que justificariam a adesão dos estados brasileiros, principalmente os do Nordeste, ao ideal de desenvolvimento endógeno apresentado anteriormente:

1. Ao aderir a esse tipo de desenvolvimento, o estado federado estará agindo como um subsistema ativo, gerando inclusive uma contra-ação à tendência concentradora do sistema;
2. A necessidade de reformar o Estado, promovendo um ajuste fiscal, e de construir um novo pacto federativo;
3. A necessidade de mudança no desenvolvimento nacional, sintonizada com os novos paradigmas e em direção ao desenvolvimento sustentável;

4. A necessidade de sintonia com os novos paradigmas de industrialização e desenvolvimento locais, surgidos a partir dos anos de 1980;
5. O aproveitamento da forte tendência de deslocamento industrial, seja a partir das regiões mais desenvolvidas do país, seja a partir de regiões mais desenvolvidas de países industrializados;
6. A necessidade da criação de um movimento de resistência à possibilidade de reconcentração das atividades industriais, agroindustriais, comerciais e financeiras em um único eixo.

Como promover o desenvolvimento local em termos concretos

Como observa Franco (2000), ainda não se sabe exatamente o que se pretende quando se fala em desenvolvimento local. Na verdade, deveria-se considerar que uma sociedade se desenvolve quando passa a viver melhor e aperfeiçoando a vida de seus membros. Porém, não é normalmente esse o critério que prevalece, visto que, conforme já comentado, a ênfase no aspecto econômico tende a ser excessiva.

Muitas vezes, não se sabe exatamente por que, a partir de um determinado momento, certas localidades, cuja população vivia em situação de pobreza, conseguem dar um salto no processo de desenvolvimento. Mais tarde, nas situações em que isso acontece, pode-se perceber que, normalmente, populações antes marginalizadas passam a ter acesso à cidadania e aos recursos da vida moderna. Esse deveria ser o indicador mais importante de desenvolvimento e não a quantidade de equipamentos bélicos fabricados ou o número de novos prédios construídos.

Cidade desenvolvida deveria ser sinônimo de cidade boa para ser habitada e não cidade grande e populosa. País desenvolvido deve ser considerado aquele em que a população desfruta de bem-estar, saúde, educação, segurança e perspectivas de crescimento em termos pessoais, e não aquele que tem um grande PIB, mas seus habitantes vivem o tempo todo preocupados em se defender, temendo sempre pela segurança da sua família e pelo futuro dos seus filhos.

Assim, o desenvolvimento só poderá ser considerado efetivo, em termos concretos, se este constituir-se em desenvolvimento humano, social e sustentável, pois, quando se fala em desenvolvimento, deve-se estar buscando a melhoria da vida das pessoas (**desenvolvimento humano**) e da sociedade como um todo (**desenvolvimento social**), sempre com a preocupação com o presente (das pessoas que vivem hoje) e com o futuro (zelando pelas pessoas que viverão amanhã), levando, assim, ao **desenvolvimento sustentável**.

Dessa maneira, o foco tem de ser o desenvolvimento, porém com crescimento sustentável, ou seja, buscando produzir mais e melhor, sem inviabilizar a vida e o bem-estar das gerações futuras. Além disso, deve haver a preocupação de distribuir de maneira mais justa e eqüitativa os benefícios obtidos por me io do crescimento econômico. É fundamental, também, viabilizar o acesso da população à riqueza gerada pelo país, ao conhecimento desenvolvido, ao poder e à participação no processo de decisão das esferas públicas em todos os níveis. Só assim poder-se-á dizer que se está fazendo o desenvolvimento de maneira efetiva e extensiva à população.

Como bem observa Franco (2000), quando se fala em capital, não se deve pensar apenas no que ele chama de capital empresarial, ou seja, em bens e serviços produzidos por uma sociedade e na renda da qual seus membros podem ter condições de adquirir. É preciso pensar também no capital humano, no capital social e no capital natural.

O capital humano diz respeito ao conhecimento e à capacidade de criá-lo (envolve educação, saúde, nutrição, cultura e pesquisa). Com baixos níveis de capital humano, fatalmente o nível de desenvolvimento humano será inadequado. Exemplo disso é a sociedade belga, na qual a escolaridade média do trabalhador é de doze anos, enquanto a do brasileiro é de menos da metade.

Já o capital social (que será visto de maneira mais aprofundada no Capítulo 2) está relacionado com a capacidade de organização da sociedade, envolvendo confiança, cooperação e bom nível de governo. Se a sociedade possui baixos níveis de capital social em geral, terá níveis insuficientes de desenvolvimento social. Assim, uma sociedade bem alicerçada na sua base faz muita diferença, com instituições de opinião e interesse bem ativas, como a italiana, ou uma sociedade incipiente do ponto de vista organizacional, como pode ser caracterizada a sociedade romena, ainda conforme Franco (*op. cit.*).

O capital natural se refere às condições ambientais e territoriais. Isso significa que não é a mesma coisa plantar nos solos férteis da Ucrânia ou nas regiões brasileiras de terra roxa, quando comparado com o pampa argentino, o semi-árido do Nordeste brasileiro ou as regiões desérticas da África, mesmo que se venha a utilizar os benefícios do desenvolvimento científico e tecnológico para melhorar os índices de produtividade.

Assim, vê-se que a equação do desenvolvimento relaciona todas essas variáveis, porém de forma ainda desconhecida. Mas, já se tem a certeza de que, para poder promover o desenvolvimento de maneira adequada e efetiva, é necessário investir nesses vários tipos de capital de maneira equilibrada.

Retornando a Franco (2000), observa-se que existem indícios de que os baixos valores de algumas dessas variáveis podem ser compensados por altos valores em outras. Assim, se em vez de 18% o Brasil tivesse 90% da população economicamente ativa adulta com ensino médio completo, isso poderia compensar, em termos de desenvolvimento humano, uma renda *per capita* que hoje é um terço da renda média espanhola? Se fosse possível, de imediato, multiplicar por dez o número de organizações da sociedade civil que existe hoje no Brasil, isso poderia compensar, no que se refere ao desenvolvimento social, uma renda *per capita* brasileira que hoje é apenas um quarto da italiana?

Não se pode responder isso com certeza. Por outro lado, como conclui Franco (*op. cit.*), não se pode mais aceitar a crença economicista de que o crescimento do PIB representa tudo e vai resolver por si só todos os problemas econômicos e sociais do país. O Brasil experimentou, num passado recente, um dos maiores crescimentos econômicos já verificados. Ao mesmo tempo, foi um dos países que mais aumentou a distância entre o crescimento econômico e o desenvolvimento social, visto que apresenta hoje uma das maiores concentrações de renda e, ao mesmo tempo, de desigualdade social em todo o mundo, o que foi visivelmente agravado nessas últimas décadas de forte crescimento econômico.

Assim, o PIB brasileiro cresceu bem nas últimas décadas, aumentando a renda do país, porém essa riqueza daí gerada permaneceu cada vez mais concentrada. Com ela também ficaram concentrados o conhecimento, o poder, o acesso aos serviços públicos e a possibilidade de participação no processo de tomada de decisão. Será possível aumentar o PIB de maneira consistente e durável enquanto a riqueza, o conhecimento, o poder, o acesso aos bens públicos e à participação na sociedade continuarem tão concentrados?

Franco (*op. cit.*) sugere que, para promover o desenvolvimento sustentável, é fundamental que se possa, ao menos, gerar renda, multiplicar o número de proprietários produtivos, elevar o nível de escolaridade da população como um todo e aumentar o número de organizações da sociedade civil. Com isso, a produção econômica da sociedade estará aumentando, e ao mesmo tempo democratizando o acesso à riqueza e ao conhecimento, incrementando o poder da população e proporcionando a participação nos bens e serviços públicos e no processo de tomada de decisão da sociedade.

Fases do desenvolvimento regional brasileiro

O desenvolvimento regional brasileiro passou por três fases bem delimitadas, cuja interpretação e análise encontram-se consagradas em diversas contribuições presentes na literatura sobre esse assunto, conforme salientado por Galvão & Vasconcelos (1999). Esses autores apresentam uma análise expressiva, sintetizada por Guimarães (1997):

1. A fase do isolamento relativo ou do arquipélago regional, representado pelos antigos complexos exportadores, perdurou até o início do século XX;
2. A fase da articulação comercial, concomitante com a primeira etapa da industrialização brasileira, durou até os anos de 1960;
3. A fase da integração produtiva se estende até os anos de 1980.

Entre meados da década de 1950 e o final dos anos de 1970, o desenvolvimento econômico brasileiro foi fortemente comandado pelo Estado, com intervenção direta na produção e intensa concessão de subsídios, provocando uma boa expansão do PIB, mas também um grande aumento do déficit público.

Já na década de 1980 e início dos anos de 1990, a economia brasileira foi marcada por uma grave crise financeira e fiscal do Estado, nos níveis estadual e federal. Essa grave crise afetou a poupança pública, reduzindo a capacidade de investimento do Estado e limitando a condição de intervenção deste no processo de crescimento e desenvolvimento econômico. Em decorrência disso, as políticas industrial e regional, ambas controladas pelo governo federal, foram fortemente esvaziadas.

O período mais recente (a partir da segunda metade da década de 1980), que poderia ser caracterizado como uma quarta fase do desenvolvimento econômico regional brasileiro (na classificação de Guimarães), é descrito como não sendo de concentração, nem de desconcentração. Alguns defendem essa nova fase como uma reconcentração da dinâmica econômica, outros como um processo de fragmentação econômica do território nacional, com o surgimento de alguns núcleos dinâmicos desatrelados de vínculos mais sólidos com a economia nacional (Galvão & Vasconcelos, 1999).

Essas duas correntes de interpretação dos fenômenos regionais apresentam algumas divergências sobre as tendências da configuração espacial do desenvolvimento brasileiro, porém ambas pressupõem uma visão da escala microrregional ou local, rompendo com visões simplistas, mais tradicionais, da escala macrorregional do desenvolvimento brasileiro.

A abertura do mercado aos concorrentes externos, verificada na economia brasileira ao longo dos anos de 1990, trouxe conseqüências sensíveis para o desenvolvimento econômico brasileiro, pois serviu como um elemento depurador de segmentos ineficientes, em termos competitivos, além de estimular um esforço de aproximação aos novos paradigmas técnicos da produção, em termos econômicos, com as novas técnicas e práticas de gestão e organização das empresas.

Além disso, a abertura também significou a confirmação de uma ruptura com o principal traço característico da etapa anterior do desenvolvimento regional: os laços de solidariedade que uniam o crescimento das regiões do país, visto que o crescimento das regiões periféricas brasileiras até o início dos anos de 1980 articulava-se fortemente com o da região economicamente central, ou seja, São Paulo (Galvão & Vasconcelos, 1999).

Quadro atual das tendências do desenvolvimento regional brasileiro

A idéia de que o Mercosul (Mercado Comum do Sul) trará efeitos econômicos positivos, principalmente para a região centro-sul do país, ainda prevalece no plano regional. Por outro lado, as iniciativas visando à implantação da Alca abrem outros horizontes, desta vez mais amplos, para todo o país, ao contrário da realidade regional trazida pelo Mercosul.

Outro fator importante na evolução do desenvolvimento regional foi trazido com a estabilidade monetária alcançada a partir do Plano Real, que trouxe de volta a racionalidade dos cálculos econômicos, dando uma visão empresarial de prazo mais longo e incentivando os investimentos de maior vulto e mais voltados para a obtenção de resultados em prazos mais amplos. Assim, a estabilidade atraiu muitos investimentos estrangeiros de grande monta que tiveram forte influência sobre o desenvolvimento econômico. Os empresários nacionais e estrangeiros vivem um momento de reposicionamento estratégico, diante das novas dimensões do mercado, visto que o Brasil, a partir da estabilidade monetária, foi colocado na condição de opção preferencial para os novos investidores, principalmente no âmbito da América do Sul.

Isso reaviva o debate em torno da possibilidade de uma nova rodada de concentração da dinâmica econômica, aumentando a importância e a responsabilidade dos diferentes atores sociais. Entre esses atores está, evidentemente, o Estado, diante das dificuldades encontradas para coordenar, de maneira adequada, os movimentos da economia e do meio empresarial, numa direção mais justa e equilibrada. A guerra fiscal é um exemplo de mecanismo dos governos regionais que põe em risco a economia do país e o equilíbrio entre as diferentes regiões e que exige, para combatê-lo, instrumentos mais efetivos de política regional.

As políticas regionais demandam uma certa cautela quanto a algumas regiões, como o Norte, em função da baixa densidade populacional e da maior dimensão das áreas municipais e regionais. Nesse contexto, destaca-se a Amazônia, com sua vasta região de floresta tropical, como um grande vazio demográfico, que requer uma análise cuidadosa das suas variáveis, além de estratégias especiais de atuação em termos de desenvolvimento econômico regional.

O papel do Estado no desenvolvimento local

Os movimentos evolutivos da globalização modificam uma tendência histórica de o Estado, a sociedade e a economia se estenderem de forma sobreposta, de certa maneira, dentro das mesmas fronteiras nacionais. O sistema econômico internacional, no qual os Estados traçam as fronteiras entre a economia interna e as relações de comércio exterior, transforma-se, na era da globalização de mercados, numa economia transnacional.

Nesse contexto, são relevantes a aceleração dos movimentos universais de capital e a avaliação da situação do país, por meio dos mercados financeiros, ligados globalmente em rede. Esses fatos explicam por que os atores estatais, hoje, não constituem mais os nós que emprestaram à rede global de relações de troca a estrutura de relações interestatais ou internacionais. Hoje, são os Estados que se encontram incorporados aos mercados e não a economia política às fronteiras estatais (Borba, 2000).

As tendências advindas da globalização não ameaçam apenas uma composição comparativamente homogênea da população no campo interno – ou seja, o fundamento pré-político da integração dos cidadãos – por intermédio da imigração e da segmentação cultural. Talvez ainda mais forte seja a circunstância de um Estado – que se vê a cada dia mais envolvido na interdependência entre economia e sociedade mundiais – perder autonomia e capacidade de ação, bem como substância democrática, na sua atuação.

O Estado, preso ao sistema econômico transnacional, lança seus cidadãos a uma competição mundial e se limita apenas a colocar à disposição deles infra-estruturas que tornem atraente sua própria posição, sob a perspectiva da rentabilidade que fomenta diferentes atividades empresariais.

Conforme observado por Borba (2000), não há mais como anular a subordinação da política ao imperativo de uma sociedade mundial integrada pelo mercado. O Estado nacional não deve cumprir somente um papel reativo diante das condições de utilização do capital de investimento, mas também um papel ativo em todas as tentativas de qualificar os cidadãos da sociedade e de capacitá-los para a competição.

A nova política social não é menos universalista do que a antiga. Mas ela não deve, em primeiro lugar, servir de resguardo contra os riscos-padrão do trabalho, e sim dotar as pessoas de qualidades empreendedoras típicas de "realizadores", que saibam ao menos cuidar de si próprias e gerar alguns empregos.

A política só será capaz de ter precedência sobre os mercados globalizados quando lograr produzir, em longo prazo, uma sólida infra-estrutura que não seja desvinculada dos processos democráticos de legitimação. Remediar a limitação do poder estatal na era da globalização é impossível, visto que a globalização exige sobretudo o revigoramento de forças libertárias da sociedade civil, ou seja, da iniciativa privada e da responsabilidade dos cidadãos (Borba, *op. cit.*).

A questão passaria a ser um problema da dinâmica global aliada a um universo de vida local. A opção primordial é ir além dos Estados nacionais, perseguir um plano supranacional e global, em que o poder destrutivo do capitalismo sobre a ecologia, a sociedade e a cultura estaria novamente posto sob controle.

Tipologia para um fundo de desenvolvimento regional

Diante disso, pode-se propor uma nova tipologia como base de um fundo de desenvolvimento regional, conforme proposto por Galvão (Galvão & Vasconcelos, 1999). Assim, alguns princípios básicos poderiam ser estabelecidos:

1. **Descer na escala espacial** (como elemento referencial básico para a estruturação de políticas de âmbito regional) – isso acontece dada a impossibilidade de se articular iniciativas eficazes em uma perspectiva nacional ou mesmo das macrorregiões do país;

2. **Desregionalizar ou nacionalizar a política regional** (reconciliando-a com todo o território nacional), de forma a dar mais atenção aos problemas regionais relevantes, muitas vezes extremamente diferentes, nas áreas mais afastadas das grandes metrópoles;
3. **Definir os espaços de atuação e cooperação entre os diferentes atores sociais** é fundamental para as iniciativas regionais, sobretudo do setor público, principalmente estimulando parcerias;
4. **Definir um conjunto de objetivos claros e concretos** (para a política regional), adequado às características regionais e imune aos aspectos subjetivos;
5. **Criar um fundo nacional de apoio a programas regionais**, com critérios objetivos de qualificação das microrregiões;
6. **Mencionar todo o esquema de incentivos e benefícios fiscais**, com vistas a estabelecer prioridades efetivas de aplicação de recursos.

As características gerais desse fundo nacional de apoio ao desenvolvimento regional, conforme proposto por Galvão (*op. cit.*), abrangem quatro conjuntos de microrregiões (de alta renda, dinâmicas de menor renda, estagnadas de média renda e deprimidas tradicionais) e permitem um contraste imediato com outras características desse quadro regional. Essa tipologia pode dar um rumo objetivo a algumas das discussões mais gerais sobre políticas e instrumentos de desenvolvimento regional.

As atividades cobertas por esse fundo deveriam compreender os investimentos em infra-estrutura, as ações vinculadas a atividades de inovação e tecnologia, bem como o apoio à comercialização dos bens e à capacitação dos recursos humanos. Além disso, os programas sub-regionais apresentados deveriam ser objeto de avaliação simultânea, para que se possa hierarquizá-los e selecionar os melhores.

A partir da definição das aplicações gerais do fundo, por meio dos critérios de prioridade estabelecidos, cada tipologia territorial selecionada deveria ter exigência de diferentes contrapartidas, pelas instâncias públicas estaduais e municipais, além da iniciativa privada. Aos recursos do fundo ainda seriam adicionados outros recursos, provenientes de fundos usuais de apoio ao desenvolvimento regional, como incentivos fiscais ou empréstimos subsidiados. Além disso, haveria garantia de aporte de novos recursos e seria necessária a adoção de repartição prévia dos recursos entre as grandes regiões tradicionais do país. Na verdade, haveria um repensar da lógica atual de alocação dos recursos da política regional.

O desenvolvimento regional no contexto internacional – primeira fase: os anos de 1960

No início dos anos de 1960, dos dois lados do Atlântico, a teoria dos pólos de crescimento preconizada por Perroux, Boudeville, Hirchman e Myrdhal inspirou os tomadores de decisões governamentais. Através da grande empresa, buscou-se, de algum modo, urbanizar o meio rural, lamentavelmente visto como uma entidade econômica ultrapassada ou retrógrada.

Em 1961, o governo canadense assinou, com as províncias menos favorecidas, um acordo (Aménagement Régional et Développement Agricole – Organização Regional e Desenvolvimento Agrícola – Arda, em francês) que deu lugar, alguns anos mais tarde, à única verdadeira tentativa de planejamento econômico no Quebec, através da criação do Escritório de Organização do Leste do Canadá (Bureau d'Aménagement de l'Est du Canadá – Baeq).

Se, por um lado, buscou-se desenvolver a economia dessa região através da população interessada e em favor desta, por outro lado, essa iniciativa também é associada a uma concepção de desenvolvimento de cima para baixo, classificada como funcionalista. E é assim que a população o percebe. Naquela época, essa tentativa de planejar a economia de uma região em dificuldades, no contexto de um vasto conjunto econômico (Estados Unidos, Canadá), desprovido de toda forma de planejamento, poderia soar como utopia. E, de fato, os responsáveis por essa operação inusitada tinham como único modelo o *Tennessee Valley Authorithy*, sob influência do *New Deal*, implantado por Roosevelt em 1933, em que se chegou a estimular a organização de uma região fortemente atingida pelos efeitos da Grande Depressão.

A França organizou a Delegação para a Organização do Território e a Ação Regional (Délégation à l'Aménagement du Territoire et l'Action Régionale – Datar), com o objetivo de descentralizar a região parisiense e estimular o desenvolvimento de regiões produtoras de chumbo, como a Bretanha, o Maciço Central e algumas regiões do Midi. Já a Itália, com o Mezzogiorno, oferecia exemplos de intervenções originárias dos poderes centrais.

Será necessário esclarecer que, no Quebec, uma região como a Gaspésie, cerca de quarenta anos depois, ainda se encontra em uma situação mais precária do que nunca? Na França, o Maciço Central não tem desempenho melhor que na época do surgimento da 5ª República, e o sul da Itália continua sendo o "primo pobre" da península.

As regiões possuidoras de recursos naturais deveriam poder suprir aquelas que essencialmente utilizaram alguns pólos extrativos ou de primeira transformação. Mas os resultados se mostraram muito decepcionantes. As indústrias chamadas "industrializantes" não apresentaram os resultados esperados, entre outros motivos devido à evolução da economia em direção à globalização. Sabe-se que um carro fabricado em Detroit tem 60% de peças fabricadas em diversos países, o que elimina a pertinência do conceito de pólo de crescimento. Ao contrário da situação atual, em outros tempos os grandes centros urbanos consumiam muita matéria-prima. Portanto, é preciso explicar esses fracassos a partir de diferentes causas, como o tamanho insuficiente (em termos de massa crítica) das regiões envolvidas, insuficiência de recursos financeiros injetados, carências em infra-estrutura ou mão-de-obra qualificada etc.

Nessas condições, é preciso focalizar outras fontes de desenvolvimento, utilizando sempre os poderes centrais como ponta-de-lança. Foi assim que, em 1968, foi criado o Escritório de Planejamento e Desenvolvimento do Quebec (Office de Planification et de Développement du Québec – OPDQ), que antes da sua extinção, mais de vinte anos depois, jamais planejou ou desenvolveu nada. Mas o OPDQ, sempre de acordo com o modelo em vigor na Europa, criou missões regionais de planejamento, com o objetivo de melhor repartir os fundos públicos vindos do poder central (Quebec).

Vivia-se, nesse período, a época considerada como a era de ouro do keynesianismo[2]. Os programas governamentais, portanto, buscavam estimular a implantação de empresas privadas, em vez de subvenções ou investimentos em infra-estrutura. O desenvolvimento econômico era visto como um processo originário de forças exteriores, que devia ser difundido nos meios considerados economicamente fracos. Continuou sendo assim até que três universitários iniciaram medidas buscando o desenvolvimento local, estimulados pelo Ministério Federal da Expansão Econômica Regional (Ministère Fédéral de l'Expansion Économique Régionale – Meer), criado em 1969. Esse programa reagrupou os programas Arda (Aménagement Régional et Développement Agricole – Organização Regional e Desenvolvimento Agrícola) e o Fundo de Desenvolvimento Econômico Rural (Fonds de Développement Économique Rural), os dois principais programas dedicados à redução das disparidades econômicas regionais.

No Brasil, durante os anos de 1950, viu-se a implantação de uma estratégia visando a favorecer a industrialização com a substituição das importações. Apesar das preocupações com o grande atraso das regiões periféricas, como o Nordeste e o norte da Amazônia, é principalmente o Sudeste que prospera. Desse modo, o Rio de Janeiro, com as indústrias siderúrgica, petroquímica e estaleiros, Minas Gerais, com a siderurgia e, naturalmente, o estado de São Paulo, com indústrias automobilística e mecânica, entre outras, foram os grandes beneficiários dessa estratégia. O Nordeste, um pouco à imagem do Quebec do pós-guerra, com estrutura industrial tradicional, população com baixo nível de escolaridade e infra-estrutura precária, foi desprezado pelos investidores. Como riqueza atrai riqueza, o Sudeste continuará a atrair o capital estrangeiro e a provocar intenso êxodo rural.

---

[2] Idéias associadas às teorias do economista inglês John Maynard Keynes (1883-1946), que preconizam o desempenho de um papel-chave do Estado central no funcionamento da economia. O keynesianismo foi acolhido de maneira favorável no Canadá.

Segunda fase: os anos de 1970 e início dos anos de 1980

Foi em 1970 que dois professores de economia da Universidade de Montreal, André Raynault e Fernand Martin, e um de seus colegas da Universidade McGill, Benjamin Higgins, publicaram um relatório que se tornou famoso sob a sigla HMR (Higgins-Martin-Raynault). Para os autores, a precariedade relativa de Montreal em relação aos outros grandes centros urbanos da América do Norte obrigava o governo a "colocar todos os ovos no mesmo cesto".

O Quebec não podia se dar ao luxo de jogar seus esforços ao vento. Era preciso concentrar a atenção em Montreal, único grande pólo verdadeiro de desenvolvimento no Quebec. Ao agir dessa maneira, as regiões se desenvolveriam. Os autores utilizaram apenas a primeira parte do ditado que diz que "o que é bom para Washington é bom para a General Motors". Eles evitaram levar em conta que o que é bom para as outras regiões também poderia ser bom para Montreal.

Segundo os autores, se a teoria dos pólos de desenvolvimento se mostrou insatisfatória com os esforços do Baeq, as coisas seriam diferentes em Montreal, onde, dessa vez, um conjunto de pessoas capacitadas estava envolvida, além de haver fundos provenientes dos dois níveis de governo. Mais uma vez veio o desencanto, Montreal continuou a periclitar em comparação a Toronto, e sentiu intensamente as dificuldades da mudança econômica do final dos anos de 1970, após a crise do petróleo.

Enquanto isso, em nível nacional, as políticas industriais se uniram às políticas regionais. Como as regiões não foram completamente abandonadas à própria sorte, programas especiais criados pelos ministérios provincial (estadual) e federal buscaram atrair empresas estrangeiras e estimular sua expansão. Surgiu, assim, o conceito de *foot-lose enterprises*, empresas cuja localização não depende da proximidade dos pontos de produção nem dos mercados. Esperava-se poder implantá-lo na Gaspésie, baseados nos auxílios autorizados através de programas marcados com o selo "zonas especiais" ou outros qualitativos similares que caracterizavam a ação do Meer. Mais uma ilusão, principalmente no contexto das profundas alterações globais.

Do lado brasileiro, na mesma época, a grande concentração geográfica e econômica obrigou as autoridades federais a idealizarem uma política de redistribuição e organização do território, voltada para as regiões mais distantes, principalmente para o Nordeste. Como destaca Fonseca Netto (2001), diversos instrumentos e mecanismos da política de organização territorial foram elaborados no âmbito do Plano Nacional de Desenvolvimento, incluindo programas regionais para as cinco regiões-chave.

Desse modo, buscou-se estimular grandes obras de infra-estrutura de transporte no norte da Amazônia, no Nordeste e no Sul, de energia, com as centrais hidroelétricas do Sul, Nordeste e do norte da Amazônia, e de telecomunicações, em todo o território. Fonseca Netto também chama a atenção para os investimentos do governo federal nas regiões em dificuldades, e para os incentivos fiscais e financeiros concedidos pelos órgãos descentralizados de organização do desenvolvimento regional, principalmente nas regiões do Nordeste e do norte da Amazônia, nas áreas agrícola e de mineração (Fonseca Netto, 2001). O Nordeste, que é, em certa medida, para o Brasil, o que a Gaspésie é para o Quebec, recebeu, durante os anos de 1970, cerca de US$ 30 milhões na forma de incentivos fiscais (Araujo, 1995).

Sempre com a finalidade de trazer novo alento tanto às regiões quanto à economia como um todo, o Quebec também lançou mão de megaprojetos. Foi a época em que os governos centrais imaginaram poder dar seqüência aos seus sonhos, passando para as gerações futuras o fardo das dívidas acumuladas com suas iniciativas. Surgiram, então, os grandes projetos hidroelétricos (Baía James) e os Jogos Olímpicos. No mesmo período, a França construía o complexo siderúrgico de Foz-sur-Mer e de exploração de gás em Lacq. Muitos foram os exemplos de grandes projetos considerados passíveis de gerar os efeitos multiplicadores capazes de estimular as regiões.

Na região de Quebec, em 1977, surgiu uma exceção: um programa tão inovador, que ninguém se sentiu atraído por ele. Trata-se do Programa de Criação de Empregos Comunitários (Programme de Création d'Emplois Communautaires – Pecec), no âmbito da Operação Solidariedade Econômica (Opération Solidarité Économie – OSE), dedicado a fornecer às populações locais fundos que lhes permitissem levar adiante projetos de criação de empregos. Surgiu em uma época na qual se acreditava que desenvolvimento econômico fosse sinônimo de intervenções governamentais ou implantação de grandes empresas estrangeiras, e as condições não eram adequadas para a criação de pequenas empresas do tipo clássico ou comunitário[3].

Nessas condições, não causa surpresa que, em 1981, em um simpósio econômico regional sobre a região Mauricie-Bois-Francs, localizada ao sul de Trois-Rivières, os participantes, diante da ausência absoluta de representantes do meio empresarial, tivessem apenas banalidades para sugerir como meios para revitalizar sua região. Era a época dos *Yaka* e *Fokon*[4] ("o jeito é fazer isto"; "é preciso fazer aquilo" – ou seja, quando se fala muito e se age pouco; buscam-se receitas prontas para fazer as coisas, ou espera-se sempre a ação do governo). Como tudo parecia ao mesmo tempo fácil e complicado, não se fazia nada de interessante, com exceção do caso isolado do JAL[5] na periferia de Gaspésie.

Terceira fase: criar uma dinâmica regional – meados dos anos de 1980 até nossos dias

Em 1985, um formando em Economia da UQTR (Universidade do Quebec em Trois-Rivières) consegue seu primeiro emprego. Em

---

[3] Empresas auto-administradas que assumem a forma jurídica de cooperativas ou instituições sem fins lucrativos, conciliando uma finalidade social bastante acentuada com o objetivo econômico, e que precisam antes de tudo privilegiar os interesses da comunidade.

[4] Tratam-se de gírias quebequenses (*il n'y a qu'à faire ceci, faut que l'on fasse cela*) que, na medida do possível, guardadas as diferenças entre as línguas, procura-se explicar o sentido, com expressões da língua portuguesa que tenham aproximadamente o mesmo significado.

[5] Sigla derivada dos nomes de três aldeias do vale do Témiscouata: Saint-Juste-du-lac, Auclair e Lejeune que, graças às Operações Dignidade (Opérations Dignité), formaram uma grande cooperativa que originou várias pequenas cooperativas de operários, evitando assim que essas aldeias desaparecessem, como havia sido recomendado pelos planejadores no Quebec.

colaboração com outros três recém-formados de diversas áreas, teve de preparar um plano de diversificação econômica para La Tuque, cidade monoindustrial, com atividades no setor de papel e celulose, localizada no extremo norte da Mauricie.[6] Um jovem comissário industrial (agente de desenvolvimento econômico), dotado de uma visão inovadora, os havia recrutado para que elaborassem um plano de ação capaz de levar a cidade à diversificação econômica, diante de um eventual fechamento da fábrica de papel, como aconteceria 15 anos mais tarde em Chandler, na Gaspésie. Para iniciar o trabalho, o jovem encontrou-se com André Joyal, para lhe pedir um livro sobre desenvolvimento local, expressão que começava a ser utilizada na época. É preciso reconhecer que na biblioteca da UQTR havia quase nada sobre o assunto; hoje, de acordo com o sistema Manitou, conta com aproximadamente 150 títulos sobre desenvolvimento local. Foi nessa época que autores como Weaver, Störh, Seers e Friedman começavam a se tornar conhecidos, com publicações cuja abordagem valorizava unidades produtoras de pequenas dimensões, iniciadas por atores locais em um âmbito de intervenção com parcerias.

Em 1982, o governo do Quebec publicou um documento importante, *Le choix des régions* [A escolha das regiões], no qual se destacava um novo ponto de vista. Como esclarece André Gagné, da UQAR, a idéia principal era garantir a articulação da reflexão, a tomada de decisões e a ação em nível regional, no âmbito de um reforço da capacidade regional de influenciar as decisões e de acordos com as forças vivas do meio (Gagné, 2001), assuntos que serão amplamente abordados até o final desta obra.

Essa orientação foi confirmada quando, em 1985, foi publicado pelo governo quebequense *À l'heure de l'entreprise régionale* [A vez da empresa regional], em que é apresentada a intenção de suscitar o desenvolvimento e a eclosão do empresariado através da melhoria da formação dos administradores de empresas e de seus funcionários, favorecendo-se o acesso ao capital de risco, e da circulação de informações econômicas e comerciais. O Estado reconhecia não mais poder assumir sozinho o desenvolvimento das regiões. Cada vez mais, tanto no Que-

[6] Em vez de pegar a estrada 155, que dá no lago Saint-Jean, aquele que, por meios próprios, decidisse seguir em linha reta, poderia ir até São Petersburgo sem encontrar qualquer ser vivo.

bec como em outros lugares, desenvolveu-se um novo conceito de "regional", definido como algo mais que a simples oportunidade de implantações, baseada em fatores de produção a custos competitivos. Começa-se a perceber as regiões como laboratórios de iniciativas dotadas de autonomia, que emanam dos atores locais, desejosos de se tornarem parte ativa do seu futuro coletivo. O tempo do desenvolvimento local viria logo depois.

Parcerias e acordos encontraram lugar no vocabulário de todas as pessoas interessadas no desenvolvimento das regiões e, principalmente, das microrregiões. Cada vez mais falava-se de cultura empresarial. O empresariado originário das populações locais e a empresa local rapidamente ganham reconhecimento. No final dos anos de 1970, no Quebec, foram criadas as Municipalidades Regionais de Condado (Municipalités Régionales de Comté – MRC), com a finalidade de organizar seus territórios, e, desta forma, rapidamente percebe-se nelas laços de intervenção com o objetivo de estimular o desenvolvimento econômico. Assim, na instância dessa nova estrutura administrativa, rapidamente passa-se a discutir algo além do nivelamento das margens de rios ou lagos, ou da implantação de áreas de aterro ou de acostamento de estradas. Esse papel seria confirmado alguns anos mais tarde, com a implantação das Sociedades de Auxílio ao Desenvolvimento das Coletividades (Sociétés d'Aide au Développement des Collectivités – SADC) e, mais recentemente, dos Centros de Desenvolvimento Local (Centres de Développement Locaux – CLD).

Devido às rápidas mudanças na economia no plano internacional, é importante reconsiderar novos meios de intervenção no nível das microrregiões, exatamente para evitar que essas últimas fossem "levadas de roldão" pelas tormentas ocasionadas por mudanças em andamento desde o início dos anos de 1970. Impõe-se a necessidade de reagir da melhor maneira possível diante dos novos desafios, que só serão revelados na medida em que as comunidades assumam melhor seus próprios destinos em termos socioeconômicos.

Esse aumento de responsabilidades *(empowerment)* só pode ser entendido como levar em consideração os valores que caracterizam as diferentes comunidades envolvidas. Aqui, Franco (2001) utiliza a expressão "empoderamento" para ilustrar uma forma de poder que se efetiva com o aumento da possibilidade e da capacidade das populações de influírem nas decisões públicas. Zapata (2001) segue o mesmo caminho, tratando da capacitação que envolve conteúdos, técnicas pedagógicas e de aprendizagem, mas que, acima de tudo, também é um processo de empoderamento das pessoas. A autora continua, ponderando que uma dinâmica de desenvolvimento local que se tente instaurar sem este eixo de capacitação e empoderamento não leva à autonomia dos atores e à sustentabilidade, que são resultados fundamentais para o desenvolvimento local.

O desenvolvimento das empresas, portanto, deve ser realizado para e pelas populações locais, no âmbito de uma estratégia que não lhes seja imposta por instâncias exteriores. Por esse motivo compreende-se o lugar ocupado por uma empresa no processo de planejamento estratégico (conforme será visto no Capítulo 3), no qual a população é chamada a participar através de organismos socioeconômicos, que lhes servem como canal de expressão.

Pequenas cidades de regiões distantes não podem mais, como antes, basear-se na contribuição de uma fábrica de papel e celulose, uma fundição de alumínio ou uma empresa mineradora, como foi o caso do Quebec, durante os primeiros três quartos do século XX. Se as opiniões estão divididas quanto às causas que puseram fim ao período de prosperidade das três décadas que se sucederam ao final da Segunda Guerra Mundial, há um consenso ao se reconhecer o final de um certo desmantelamento de um Estado-previdência. E não é por haver o retorno a uma conjuntura mais favorável, com o surgimento do novo século, que as coisas voltaram à situação anterior, no que se refere às intervenções governamentais no desenvolvimento das regiões. Ao contrário, os governos centrais continuarão a fazer grandes sacrifícios para salvar uma situação já comprometida, como fazem desde a metade da década de 1980, para satisfazer os partidários de uma maior descentralização das economias nacionais.

Contudo, a descentralização da economia não deve ser motivo para que o Estado abandone suas responsabilidades em termos econômicos. No Quebec, como no Brasil, deve ser de competência do Estado auxiliar as populações locais a se emanciparem, desvinculando-se da influência do próprio Estado e das grandes empresas.

Em resumo, o Estado deve ajudar as pessoas a contar principalmente consigo mesmas e, para isso, por mais paradoxal que possa parecer, ele deve fornecer os meios para que o façam. Um desses meios, absolutamente indispensável, é a criação ou a ajuda a organismos responsáveis pela implantação de estratégias de desenvolvimento local, assumindo as funções de animador e fornecedor de informações ligadas ao surgimento de iniciativas locais de criação de empregos. No Brasil, o Sebrae (Serviço Brasileiro de Apoio às Micro e Pequenas Empresas) nacional e os estaduais oferecem um excelente exemplo dessa responsabilidade, que poderia ser mais assumida pelo poder público, em vez de somente pelo Sebrae.

Está longe o tempo em que toda referência a uma estratégia de desenvolvimento econômico era sinônimo de uma campanha publicitária dedicada a atrair investimentos estrangeiros. Esse foi um processo que levou as diferentes regiões a se apresentarem como concorrentes, demonstrando uma infinidade de supostas vantagens para as empresas que quisessem se instalar em determinada região.

Que lição Quebec e Brasil poderiam tirar de tal iniciativa, se uma multinacional decidisse instalar-se em Sherbrooke em vez de em Trois-Rivières, ou em Curitiba em vez de Joinvile? Se, ocasionalmente, uma grande empresa conseguisse trazer alento a uma região ameaçada pela estagnação econômica, seria inútil basear-se apenas nesse evento bem-sucedido para lançar as bases de um futuro econômico melhor. A redução das taxas de desemprego em um ou dois pontos percentuais, após a criação de quinhentos empregos, não seria suficiente para satisfazer a demanda de todos os que buscam trabalho.

Por esse motivo, Fonseca Netto (2001) evoca a necessidade de uma nova divisão do território brasileiro. Ele menciona uma reforma no conceito de organização do território, em que o Estado central, em seu novo papel de coordenador das ações e políticas públicas, lança uma nova estratégia de ação sobre as dimensões territoriais do desenvolvimento. Entre os fatores que motivam tal reorganização, o autor cita a necessidade de redefinir, de acordo com uma abordagem mais global do território, as regiões mais pertinentes e economicamente significativas em um contexto de abertura e globalização da economia.

É sobre as vantagens do empreendedorismo local que os animadores do desenvolvimento regional devem voltar seus esforços, sempre tendo em mente o perfil de empresa que pode surgir em conseqüência das suas intervenções no âmbito do planejamento estratégico. Aqui, é um programa do governo federal canadense que servirá de exemplo.

SADC: um programa que provou seu valor[7]

Em 1986, em plena fase neoliberal, quando o Partido Conservador detinha o poder em Ottawa, no Canadá, foi criado o que alguns consideravam na época um dos melhores programas governamentais relativos à criação de empregos. Tendo em vista possibilitar que as comunidades locais, fortemente afetadas pelas dificuldades econômicas, assumissem seu próprio destino, o governo decidiu lhes oferecer apoio, por um período não superior a cinco anos.

De 1986 a 1991, o antigo Ministério de Imigração e Emprego do Canadá, com seu Programa de Desenvolvimento das Coletividades (Programme de Développement des Collectivités – PDC), contribuiu para estruturar cerca de 214 Comitês de Auxílio ao Desenvolvimento das Coletividades (Comités d'Aide au Développement des Collectivités – CADC) em todo o país. Dez anos mais tarde, eram 260, dos quais 54 localizavam-se no Quebec, e que, a partir de 1995, receberam o nome de SADC (Société d'Aide au Développement des Collectivités). Essas sociedades estão espalhadas por todo o território, com exceção das Comunidades Urbanas de Montreal, Quebec e do Outaouais (região próxima a Ottawa, porém na província do Quebec), bem como da cidade de Laval (próxima de Montreal), e das regiões da Beauce e dos Baixos Laurentides (no interior da província do Quebec).

Esse programa inovador não demorou a receber comentários favoráveis dos partidários de um desenvolvimento dito endógeno, ou pelas bases, e que deveria servir como modelo para os países em desenvolvimento, beneficiando-se da contribuição de uma gama variada de atores dentro dos meios envolvidos. Esperava-se, assim, poder estimular um processo de desenvolvimento local, oferecendo um auxílio financeiro a órgãos de apoio responsáveis pela avaliação dos territórios e pela proposição de plano de desenvolvimento, utilizando o planejamento estratégico. A contribuição voluntária de diferentes atores, identificados com as forças socioeconômicas do meio, no interior do conselho de administração, visa a uma unificação das idéias e esforços. A orientação consiste em tornar o plano de desenvolvimento um projeto de fato oriundo dos representantes das forças vivas locais. Desse modo, cada parceiro é chamado a desempenhar um papel na orientação econômica do meio a que pertencem.

[7] http://www.reseau-sadc.qc.ca

O programa é caracterizado pelos seguintes elementos abaixo listados:

- a formação e a criação de empregos são objetos de responsabilidades partilhadas entre os governos e o setor privado, e devem ser estimulados a partir de um apoio à pequena empresa e ao empreendorismo;
- as medidas estimuladas devem se mostrar inovadoras, flexíveis e capazes de se adaptar às necessidades do meio, sendo simples, fáceis de serem aplicadas, e desencorajando o duplo emprego.

Em conseqüência, o programa busca conjugar os esforços dos diferentes níveis do governo, das empresas, dos sindicatos e do setor associativo, com o objetivo de aumentar as chances de as regiões afastadas dos grandes centros urbanos encontrarem seu lugar ao sol em um mundo cada vez mais caracterizado pela globalização da economia. O programa permite que as SADC utilizem:

- um fundo de investimento cujo objetivo é a criação, manutenção e desenvolvimento de empregos. O auxílio fornecido pode chegar a Can$ 125.000 (aproximadamente US$ 80.000), na forma de empréstimos ou de ações de capital;
- uma estratégia para os jovens, em colaboração com o Desenvolvimento Econômico do Canadá, concedendo empréstimos pessoais que variam entre Can$ 5.000 e Can$ 15.000, com o objetivo de estimular a criação, expansão ou modernização de empresas dirigidas por jovens empreendedores;
- um auxílio que pode chegar a Can$ 40.000 é oferecido para a estruturação de um Centro de Acesso Comunitário (Centre d'accès communautaire), em colaboração com a Indústria do Canadá. Desse modo, é oferecida às comunidades rurais a possibilidade de obter os conhecimentos e habilidades que lhes permitam se beneficiar das possibilidades oferecidas pelas Novas Tecnologias da Informação e das Comunicações (NTIC).

O principal ensinamento da aplicação de um programa está na demonstração de que é possível apelar, no nível local, para a colaboração de representantes de diferentes setores socioeconômicos, com o objetivo de promover iniciativas de criação de empregos. Habituados a trabalhar separadamente, de acordo com os objetivos de seus setores de atividade, os atores locais compreenderam a vantagem de unir suas idéias e energias para responder a objetivos coletivos. Esses organismos angariaram uma credibilidade que lhes oferece uma margem de manobra capaz de permitir a consecução de novos objetivos.

Em princípio, cada comitê era estimulado a caminhar com as próprias pernas, após um período de cinco anos apoiado nas fontes de financiamento de origem local. Após a demonstração da utilidade de suas intervenções, todos os CADC em funcionamento, após cinco anos, tiveram seu mandato renovado pelas autoridades governamentais. Essa decisão foi renovada mais uma vez no final de 2000, graças ao auxílio financeiro do Ministério do Desenvolvimento Econômico do Canadá (Ministère du Développement Économique du Canada) às SADC do Quebec.

Tendo admitido ser impossível alcançar a autonomia financeira completa, observa-se que, na maioria dos casos, a estrutura de apoio ao desenvolvimento local mostrou ser capaz de sensibilizar e, principalmente, de mobilizar os diversos recursos humanos do seu ambiente próximo. Os fatos mostram que, na medida em que é oferecida a possibilidade, e tendo a autonomia requerida para elaborar e aplicar um plano estratégico definido por elas, as SACD sabem satisfazer às exigências de seu mandato.

Já o plano estratégico, cuja elaboração era um imperativo do programa em sua fase inicial, está longe de ser seguido na sua totalidade. Nos primeiros anos após sua preparação, muitos eventos exerceram influência em diferentes direções. Projetos foram postos de lado, como conseqüência da evolução da conjuntura econômica local ou nacional, enquanto idéias novas, trazidas por diferentes promotores, de acordo com os princípios de uma economia de mercado, receberam uma prioridade inesperada. Se, por um lado, é preciso evitar basear-se demais em projetos previamente definidos, por outro é igualmente importante que os responsáveis pelas SADC compreendam melhor os diversos componentes relativos ao planejamento estratégico, de modo a evitar o improviso e o risco de ver o tempo passar sem poder criar iniciativas verdadeiramente significativas.

A experiência das SADC permite delimitar melhor o potencial econômico de uma pequena região, recorrer a um melhor conhecimento das contribuições dos diferentes atores e ter uma visão de conjunto a mais realista possível dos mecanismos que possam estimular uma nova dinâmica. A parceria não é uma panacéia universal para os males que assolam as regiões em dificuldade, mas a experiência canadense recente permite constatar que uma boa compreensão dos seus modos de funcionamento mostra-se bastante útil.

E, ao contrário de certas idéias preconcebidas, a parceria financeira em geral não é um problema. Os meios rurais se mostraram capazes de mobilizar fundos consideráveis para implantar um projeto do meio, quando este foi trazido por promotores de credibilidade, e suas chances de sucesso pareceram boas. Quanto aos diversos agentes de desenvolvimento – voltar-se-á ao tema –, não é caso de falta de dinheiro, mas sim de ausência de promotores apresentando bons projetos de criação de empresas.

Durante muito tempo, acreditou-se que o desenvolvimento local na região dependia intimamente da disponibilidade de recursos naturais. Hoje em dia, os animadores do desenvolvimento local dizem: "Não são os recursos que criam o projeto, mas o projeto que cria os recursos". Essa frase concisa indica uma mudança de ponto de vista na abordagem do desenvolvimento local, que vê as vantagens dos ambientes ecológico e humano como um conjunto de oportunidades, e não como um sistema de restrições. Desse ponto de vista, os meios rurais, mesmo em dificuldades, têm à sua disposição novas chances de organizar o próprio futuro (como se verá no Capítulo 5).

Os Centros Locais de Desenvolvimento[8]

Do lado quebequense, nunca se admitirá que não se tratava de imitar um programa federal quando, em abril de 1997, foi publicado o texto político intitulado *Politique de Soutien au Développement Local et Régional* (Política de Apoio ao Desenvolvimento Local e Regional). E, no entanto, pondo de lado a concessão aos CLD, de recur-

[8] www.mreg.gouv.qc.ca e www.acldq.qc.ca

sos financeiros menores que os disponíveis para as SADC, seria ingênuo acreditar que a ação dos CLD teria uma abordagem diferente daquela das SADC.[9]

Na verdade, é preciso retroceder até junho de 1992, quando uma lei tomou forma durante a administração de um governo liberal, designada "nova política regional", à qual o antigo ministro Yvon Picotte teve seu nome associado. Falou-se então da "reforma Picotte", aludindo a essa intenção de convidar as regiões a assumirem a responsabilidade pelo seu próprio futuro. De um conceito de Estado-parceiro, que detinha a maioria das responsabilidades, passou-se ao conceito de Estado-acompanhante, uma situação menos constrangedora para as autoridades governamentais, obrigadas a repensar suas intervenções tradicionais. Desse modo, as dezesseis regiões administrativas (que se tornaram dezessete pouco tempo depois) e as MRC, por sua vez, viram-se investidas da responsabilidade de se lançar à arte do planejamento estratégico. Contudo, seus recursos financeiros continuam vindo, em grande parte, do governo do Quebec, que se reserva o direito de conceder uma maior autonomia às regiões.

Como será visto, desenvolvimento local implica, antes de tudo, uma organização de base. Quando os escritórios governamentais passaram a se dedicar à montagem do que mais uma vez seria designado como nova política regional, várias pessoas se perguntaram o que aconteceria com as corporações de desenvolvimento econômico, conhecidas como "Comissariados Industriais". Desde o final dos anos de 1970, havia mais de noventa Comissariados Industriais espalhados pelo Quebec, financiados em partes iguais pelo governo e pelas municipalidades, que as apoiavam para estimular a atividade econômica. Não foi uma grande surpresa quando se descobriu que essas corporações seriam transformadas em CLD, cujo financiamento dependeria, em grande parte, do governo.

Será preciso apontar aqui uma contradição no fato de que uma estratégia de desenvolvimento local seria implantada por iniciativa e sob o controle das autoridades centrais? O que importa, aos olhos do Ministro das Regiões, é o fato de as novas estruturas de apoio po-

[9] Ambas as estruturas fazem um trabalho tão bom, que às vezes estão instaladas no mesmo prédio, o que permite a troca de bons serviços e o corte de custos de financiamento que existiam em duplicidade.

derem fazer mais que desenvolvimento econômico, pois o desenvolvimento local, ao se basear em uma abordagem local, engloba preocupações sociais. Eis algo que poderia ser suficiente para criar, aqui e lá, ao menos um choque cultural, desejável para demonstrar a importância concedida a um tipo de empresariado no mínimo inusitado, associado à economia social.

A partir de um fundo especialmente dedicado a iniciativas ao mesmo tempo sociais e econômicas, os CLD são chamados a acompanhar os portadores de projetos que destaquem o que ultimamente vem sendo conhecido como economia social. Utilizando como estrutura jurídica, seja a associação sem fins lucrativos, seja a fórmula de cooperativa, o meio comunitário é convidado a propor projetos capazes de gerar lucro e, assim, criar empregos viáveis e adequadamente remunerados. Dessa vez, cerca de vinte anos após o programa Pecec, as circunstâncias se mostraram mais favoráveis às empresas comunitárias (Joyal, 1999).

O principal objetivo dos CLD é oferecer um balcão de serviços diversos que beneficiem o empresariado, sob a administração de um conselho de administração, representante das forças vivas do meio, preocupadas em conhecer a MRC que constitui sua área de intervenção. Entre outras, as responsabilidades e mandatos das CLD são:

- elaborar um plano local de ação, voltado para o desenvolvimento econômico e o desenvolvimento do emprego;
- definir todas as estratégias locais associadas ao desenvolvimento do empreendedorismo e das empresas, incluindo as empresas da economia social;
- servir como comitê conselheiro para o Centro Local de Empregos (Centre Local d'Emploi – CLE);
- cumprir as demais missões que o governo lhe confiar.

O plano de ação, conhecido pela sigla Placee (Plan Local d'Action Concerté pour l'Économie et l'Emploi – Plano Local de Ação Organizada para a Economia e o Emprego), consiste em:

- realizar um diagnóstico o mais completo possível da realidade socioeconômica da região em questão;

- definir objetivos e destacar as prioridades de intervenção na economia e no emprego;
- elaborar estratégias locais e modos de ação adaptados aos objetivos e às prioridades identificadas.

No Capítulo 3, que trata da problemática do planejamento estratégico, serão vistas as possibilidades e os limites dessa ferramenta, que agora faz parte dos usos e costumes quebequenses, em matéria de desenvolvimento local.

Veja-se a definição de desenvolvimento local, criada por necessidade dos escritórios governamentais: o lugar da implantação das iniciativas individuais ou coletivas, em função dos recursos, em um território definido. Admite-se que as ações realizadas no local possam variar, considerando-se a intervenção de diferentes atores, buscando satisfazer necessidades específicas.

A composição do conselho de administração confere um destaque maior aos CLD, em comparação aos extintos comissariados industriais. Deve haver um representante de cada um dos seguintes setores: negócios, sindical, municipal, cooperativas, comunitário e institucional (saúde e educação). Nenhum grupo pode ser maioria no conselho de administração.[10] Pode-se prever que, a partir de tal formação, haverá diferenças nas estratégias ou prioridades adotadas pelos CLD. Alguns podem destacar o "social", outros privilegiar o "econômico" ou um certo tipo de atividade, como a nova economia.

Essas alterações não são realizadas em todos os lugares com o mesmo entusiasmo, muito pelo contrário. Diversas vezes o consenso demorou para se estabelecer em municipalidades pouco habituadas a trabalhar lado a lado. Da mesma forma, regiões bem-sucedidas como a Beauce, ou uma municipalidade como Drummondville, onde, com motivo justo, supunha-se ser melhor não alterar uma fórmula vitoriosa, mostraram-se mais reticentes. Por fim, será interessante ver o que aconteceu aos CLD rurais após a onda de fusões municipais, que poderiam ter como conseqüência "urbanizar" as novas estruturas de apoio ao empreendedorismo. Da mesma forma, é questionável se os partidários do neoliberalismo a qualquer preço não aproveitarão as mudanças estruturais para impor seu conceito de

[10] http://www.sdr.gouv.qc.ca/guide5.htm

desenvolvimento essencialmente baseado no livre jogo das forças do mercado.

Nesse meio tempo, chamam a atenção principalmente os modestos recursos financeiros à disposição dos CLD. Eles existem para gerar programas de desenvolvimento local após uma reorganização dos serviços públicos? Ou, ao contrário, eles de fato podem estimular uma dinâmica local? Uma resposta positiva a essa última pergunta implica que os CLD, antes de responderem pelo mandato confiado pelo Estado, se resumiriam a estruturar um balcão único de serviços múltiplos para o empreendedor, ao mesmo tempo em que teriam um papel de conselheiro dos CLE. Como se verá adiante, a responsabilidade pelo desenvolvimento local representa mais que a simples prestação de serviços. Ela implica uma mobilização e um acordo, tendo em vista que todas as regiões assumam suas responsabilidades.

O futuro permitirá julgar melhor o resultado das suas intervenções. Enquanto isso, será interessante acompanhar a evolução de um outro tipo de estrutura de animação, que será descrito abaixo, das quais as primeiras etapas foram implantadas em meados dos anos de 1980. Sua missão é realizar o desenvolvimento local em determinados bairros de Montreal.

As Corporações de Desenvolvimento Comunitário (Corporations de Développement Communautaire – CDEC)[11]

Muito já se escreveu sobre as famosas CDEC, desde a criação das três primeiras unidades, o que remonta a meados dos anos de 1980. O surgimento de uma nova Montreal, ocorrido em janeiro de 2002, como conseqüência das fusões das municipalidades da Ilha de Montreal, não compromete o seu futuro. A ação das CDEC compreende três pontos:

11. Quase todas relacionadas em *La toile du Québec* (www.latoile.qc.ca).

- desenvolver a empregabilidade da população local, desempenhando uma função de interface entre os serviços governamentais, as empresas, as instituições locais e os indivíduos;
- apoiar empresários e empresas em seus projetos de desenvolvimento, superando os choques culturais representados pela conciliação entre social e econômico;
- desenvolver a parceria como meio de estimular a manutenção ou a criação de empregos.

A primeira CDEC, o Projeto Econômico de Pointe-Saint-Charles (Projet Économique de Pointe-Saint-Charles – PEP), foi criada em 1984, por estímulo da atual presidente da área de economia social, Nancy Naemtan. O PEP era definido como uma corporação sem fins lucrativos, que tinha como finalidade permitir que a população do bairro realizasse seu desenvolvimento econômico comunitário, com o objetivo de melhorar suas condições de vida. Iniciada nos anos de 1940, com 30 mil habitantes, quarenta anos mais tarde a população era de apenas 14 mil. Tal redução foi mais expressiva durante os últimos vinte anos que se seguiram ao surgimento da nova divisão internacional do trabalho. A esse fator soma-se a mudança de parte da população para os subúrbios, onde surgiam novas atividades industriais. Dessas mudanças resultou um enfraquecimento claramente refletido nos indicadores socioeconômicos da época, que, infelizmente, não mudaram desde então: 50% da população vive com o dinheiro do seguro-desemprego ou seguro social, e mais de 40% das famílias possui renda inferior à correspondente à linha de pobreza (evidentemente dentro dos padrões canadenses, um país que obteve, em diversas edições dos últimos anos, o primeiro lugar em todo o mundo no Índice de Desenvolvimento Humano – IDH, feito pela ONU – Organização das Nações Unidas).

A precariedade da situação levou os responsáveis pelo PEP a idealizarem uma "nova estratégia de desenvolvimento para um bairro urbano", baseada em três componentes:

- utilização dos recursos humanos do bairro, oferecendo programas de formação a quem mostrasse interesse e aptidão para o empreendedorismo;

- enquadramento desses últimos, com o objetivo de acompanhá-los enquanto realizavam seu projeto de criação de uma empresa;
- uso de auxílio financeiro do Estado, que deveria dar prioridade a um parceiro em vez de um simples fornecedor de financiamento.

Se o OPDQ deveria se tornar o principal fornecedor de fundos, o PEP, como os outras CDEC, poderia se beneficiar do aporte da contribuição dos três principais níveis governamentais,[12] para acrescentar aos componentes da sua estratégia outros dois componentes. O primeiro dizia respeito ao acordo entre os outros interventores do meio (grupos comunitários, sindicatos) e os outros atores do desenvolvimento econômico (empresas e redes financeiras). O segundo elemento da estratégia dizia respeito à organização territorial, tendo em vista a harmonização do desenvolvimento econômico e social com as necessidades e desejos dos residentes, por meio do aumento do controle local.

Contudo, a impossibilidade de atrair uma revitalização econômica adaptada às necessidades da população mais carente, com a simples criação de empregos e empresas, tornou necessário que se priorizasse a dimensão "empregabilidade". Os resultados obtidos estimularam os diferentes níveis governamentais a estenderem esse tipo de intervenção a todo o sudoeste da cidade.

E, de fato, à imagem do que ocorreu no leste da cidade de Montreal, em 1989 foi criado o Comitê de Revitalização Econômica e do Emprego do Sudoeste de Montreal (Comité de Relance Économique et de l'Emploi du Sud-Ouest de Montréal – Creesom), que agrupava representantes do mundo do trabalho (privado, público, sindical e comunitário), para fazer frente ao agravamento da situação socioeconômica que se seguiu ao fechamento de diversas fábricas. O reconhecimento das ações realizadas pelo PEP levou os membros do Creesom a proporem que sua área de intervenção cobrisse uma extensão maior

[12] A implicação financeira do governo federal no seu financiamento explicaria a recusa das CDEC de se transformar em CLD, como o governo do Quebec havia previsto.

do território, incluindo os cinco bairros que formam a região do sudoeste. Nasceu, dessa maneira, o reagrupamento para a Revitalização Econômica e Social do Sudoeste (Relance Économique et Sociale du Sud-Ouest – Reso) substituindo o PEP, cuja missão, como a de outras CDEC, consistia em exercer diversos papéis, entre eles:

- agente de negociação do meio;
- interventor para o desenvolvimento da capacidade de trabalho e de inserção dos desempregados;
- apoio às empresas em fase de implantação ou já existentes.

Um documento do Instituto de Formação em Desenvolvimento Econômico Comunitário (Institut de Formation en Développement Économique Communautaire – IFDEC),[13] que a partir de 1999 se tornou a União Quebequense de Desenvolvimento Local (Carrefour Québécois du Développement Local)[14] menciona que, se as áreas de atividade são as mesmas desde a sua criação, por outro lado, os objetivos da CDEC variaram muito. O documento esclarece que as atividades do PEP estavam inicialmente voltadas para a criação de pequenas empresas para os desempregados do bairro, mas que essa via rapidamente se tornaria difícil de manter. Reconhece-se que foram muito poucos os projetos que sobreviveram, seja devido a carências na formação dos empreendedores, seja devido ao setor de atividade escolhido. A essa constatação, impregnada de certa lucidez, acrescenta-se a influência de uma visão fortemente ideológica, que levou os líderes do setor comunitário do sudoeste a se questionarem sobre a pertinência do oferecimento de serviços às empresas privadas. Essa última estratégia foi implantada na época, com sucesso inesperado, pela CDEC do Centro-Sul.

No momento de sua criação, um ano após o PEP, o território da CDEC Centro-Sul compreendia apenas o centro-sul da cidade, onde um quinto dos 38 mil habitantes do bairro vivia à beira da pobreza, enquanto cerca de 41% das famílias tinham apenas a ajuda governamental como fonte de renda. A perda de alguns milhares de empregos, como conseqüência do fechamento de dezenas de fábricas, se so-

[13] Ronéotypé, dez./1992.

[14] http://www.carrefourqdl.qc.ca

mou às dispensas realizadas pelas grandes empresas ainda em atividade, testemunhando a situação difícil de uma população igualmente afetada por um grande aumento dos aluguéis, provocado por um importante movimento de "aristocratização". Para enfrentar tal situação, a criação de pequenas empresas e o desenvolvimento dos empregos e da empregabilidade se tornaram prioritários nos planos de ação da CDEC.

Uma assessoria itinerante percorria a região a que pertencia a CDEC, à qual se acrescentou o bairro do Plateau Mont-Royal que, com 125 mil habitantes, representava uma população equivalente à de uma cidade de tamanho médio. Uma vez implantada a empresa, com a ajuda dos bons ofícios do Serviço de Ajuda à Empresa (Service d'Aide à l'Entreprise), a assessoria móvel tornou-se uma ferramenta por excelência e garantiu a realização das primeiras fases da evolução dessa região. Após uma identificação dos pontos fortes e fracos de uma empresa, foram propostas intervenções relativas a diferentes setores, como marketing, contabilidade, gestão de recursos humanos etc. A assessoria também intervinha na área da consolidação do emprego, com a formação realizada no interior das empresas, após a identificação dos problemas.

Naturalmente, esse serviço nem sempre era o elemento determinante na consecução dos resultados, mas sua ação foi capaz de desempenhar um apreciável papel catalisador. Suas intervenções também puderam levar ao fornecimento de uma assistência financeira através do Fundo de Desenvolvimento do Emprego em Montreal (Fonds de Développement Emploi-Montréal – FDEM), cuja corporação é acionista de importância idêntica às demais CDEC da cidade.

Criada em março de 1986, com o nome de Programa de Ação-Revitalização Hochelaga-Maisonneuve (Programme d'Action-Revitalisation Hochelaga-Maisonneuve), essa CDEC desde 1990 tem o nome de Corporação de Desenvolvimento do Leste (Corporation de Développement de l'Est – CDEST). Seu mandato seria igual ao das duas CDEC precedentes. E, à semelhança da antiga CDEC de Pointe Sainte-Charles, sua ação ultrapassou os limites do bairro onde tinha suas raízes.

Fortemente afetado pelo fechamento de empresas ao longo dos anos de 1980, o leste de Montreal, por sua vez, viu-se sobrecarregado por um grande crescimento do número de desempregados. Pouco depois da criação da CDEC, o Comitê para Revitalização da Economia e do Emprego do Leste de Montreal (Comité pour la Relance de l'Économie et de l'Emploi de l'Est de Montréal – Creem) foi formado com o objetivo de apresentar um programa de ações composto de diferentes elementos. No que se refere à mão-de-obra (ou seja, a identificação das necessidades da mão-de-obra e das empresas, da ajuda ao empresariado local e às iniciativas de criação de empregos), esta se tornou uma das responsabilidades da CDEC, devendo atuar em concordância com um novo órgão, a Sociedade de Promoção e Acordo Socioeconômico do Leste de Montreal (Société de Promotion et de Concertation Socio-Économique de l'Est de Montréal – PRO-EST).

Uma das particularidades da CDEC, nessa época, era oferecer um balcão de serviços múltiplos para o emprego e a formação. Desse modo, um serviço de ajuda e referência para os programas governamentais ligados à mão-de-obra foi posto à disposição dos interessados, tanto trabalhadores como empresários. Do mesmo modo, o balcão único permitia a instauração de um banco de trabalhadores disponíveis e aptos para o mercado de trabalho. Por fim, ela foi chamada para organizar sua clientela de desempregados e também, de acordo com as necessidades determinadas pelos empregadores, sessões de formação intensiva.

Como as duas CDEC precedentes, o auxílio oferecido pela CDEST às empresas compreendia diferentes serviços: informações e referências, aconselhamento, apoio financeiro, acompanhamento e "apadrinhamento". Por fim, o setor sociocomunitário se tornou o terceiro campo de intervenção da corporação. As intervenções visavam, ao mesmo tempo, ao desenvolvimento da empregabilidade, à organização da região e à saúde ambiental. Dessa vez, por meio do Fundo Regional de Investimento (Fonds Régional d'Investissement – FRI), diferentes organismos, entre os quais o Chic Resto-Pop[15] e a estação de rádio CIBL, se beneficiaram de empréstimos cujos montantes variavam entre Can$ 7.500 e Can$ 18.000.

Duas outras CDEC, ditas de segunda geração, foram criadas em 1990: a CDEC Rosemont/Petite-Patrie e a CDEC Centro-Norte.

---

[15] Restaurante popular, que oferece refeições baratas para pessoas carentes.

Por fim, as de terceira geração, criadas respectivamente em 1991 e 1992, são as CDEC de Ahuntsic-Cartierville e de Côte-des-Neiges/ Notre-Dame-de-Grâce. Suas intervenções se enquadram no caminho traçado pelos três pioneiros.

A respeito desses últimos, Pierre Hamel, da Universidade de Montreal, escreveu em 1991 que elas, em certa medida, e de acordo com os recursos recebidos, haviam sido bem-sucedidas ao atingir a população inativa dos bairros, coisa que os programas governamentais não haviam conseguido. Em seguida, segundo o viés da concordância entre os principais atores socioeconômicos, pelo apoio direto ao empresariado, ou pela ajuda na formação de trabalhadores, as CDEC conseguiram criar um clima social favorável à revitalização econômica e ao desenvolvimento local. Mesmo que alguns considerem que elas ainda precisam apresentar provas desses benefícios, especialmente no que se refere à criação de empregos, elas podem invocar numerosos argumentos, tanto econômicos quanto políticos, para justificar o importante papel que assumem em seus bairros.[16] Resta ver, agora, como essa avaliação pode ser refeita dez anos mais tarde, com o auxílio das informações apresentadas no Capítulo 4.

Desenvolvimento local ou comunitário?

As CDEC, desde a sua criação, beneficiam o desenvolvimento local ou se dedicam a estimular o desenvolvimento comunitário? Elas se interessam pelas duas formas de desenvolvimento, apesar de se tratarem de duas abordagens diferentes? E, na verdade, há necessidade de distinguir uma da outra? Para responder a essas perguntas, é preciso basear-se na opinião do IFDEC (Institut de Formation en Développement Communautaire – Instituto de Formação em Desenvolvimento Comunitário), para o qual a diferença entre desenvolvimento local e desenvolvimento comunitário parecia evidente.

Para o IFDEC, a abordagem associada ao desenvolvimento local é caracterizada pela importância concedida à **criação de empregos**. As iniciativas realizadas, entre outras coisas, estimulam a pro-

[16] *Action collective et démocratie locale:* les mouvements urbains montréalais. Montreal, Presses de l'Université de Montréal, 1991.

moção do empreendedorismo privado local e de medidas de desenvolvimento da empregabilidade da população, em um âmbito de acordos ou de intervenções de parcerias. Visto desse modo, o desenvolvimento local é definido como:

> uma estratégia de intervenção socioeconômica através da qual os representantes locais do setor privado, público ou social, trabalham para valorizar os recursos humanos, técnicos e financeiros de uma coletividade, associando-se em uma estrutura setorial ou intersetorial de trabalho, privada ou pública, com o objetivo central de crescimento da economia local (IFDEC, 1992).

Como distinção, ou por oposição, o IFDEC favorecia uma abordagem baseada na idéia de **assumir responsabilidades**. Aqui, as iniciativas são caracterizadas por objetivos sociais ligados aos econômicos (segundo a visão destes autores, essa característica também está associada à abordagem precedente), à delegação de responsabilidades, à ajuda mútua e à busca da autonomia, entre outros; *um preconceito positivo sobre as formas econômicas alternativas, não-tradicionais (cooperativas, empresas alternativas, empresas comunitárias, auto-gestão).*[17] Em conseqüência, o desenvolvimento comunitário é definido como

> uma estratégia global para a revitalização socioeconômica de uma comunidade marginalizada em que, através da valorização dos recursos locais e da utilização de novas solidariedades, organizações e instituições controladas democraticamente por seus representantes são criadas, facilitando a representação da comunidade em questão, diante de instituições exteriores que influenciam a gestão dos recursos locais (IFDEC, 1992).

Por sua vez, Diane-G. Tremblay, da Télé-Université, e Jean-Marc Fontan, da UQAM (Universidade do Quebec em Montreal), vão na mesma direção, ao falarem de uma abordagem "progressista", referindo-se aos autores que tratam do desenvolvimento comunitário.

---

[17] O grifo é dos autores deste livro, para destacar o caráter alternativo das empresas consideradas.

Na concepção dessa obra, o desenvolvimento local é classificado como uma abordagem "liberal", em virtude da atenção dedicada à criação de empregos e empresas. Porém, não se pretende iniciar uma polêmica a partir de considerações de ordem semântica.

Tal preconceito, favorável às empresas não-tradicionais, dificilmente poderia ser explicado nas décadas de 1980 e 1990, quando eram conhecidas as dificuldades que essas empresas enfrentaram, e os esforços que os promotores freqüentemente realizavam para transformá-las em empresas tradicionais. Contudo, com a moda de economia social há alguns anos, essa abordagem volta a ser valorizada. Por mais nobres que possam ser os fundamentos nos quais essa abordagem se baseia, os fatos vividos no Quebec e em outras regiões, levam a preferir a abordagem associada ao desenvolvimento local. Não menos social que o ponto de vista baseado no comunitário, que destaca o emprego, ela permite aos atores locais contribuir para a resposta ao problema do subemprego em um ambiente fortemente afetado pela reestruturação da economia.

Portanto, pode-se dizer que, hoje em dia, como esclarecem Timothy Ayoub e Marie-Claire Malo, da Escola de Altos Estudos Comerciais de Montreal (École des Hautes Études Commerciales – HEC), as CDEC são órgãos de governo plural (coalizões de esquerda ou de direita) dedicados ao estímulo à criação de empregos para categorias especiais de trabalhadores, à pesquisa de um melhor domínio da economia local, à satisfação de interesses coletivos e à reunião das contribuições de diferentes parceiros sociais. As CDEC vêem no governo um modo de funcionamento que corresponde ao de uma organização empreendedora caracterizada por:

- um desejo de ser guiada pela finalidade da revitalização socioeconômica dos bairros;
- uma concepção orgânica de organização, dotada de uma estrutura simples, flexível e pouco formal;
- uma liderança forte e autocrática, exercendo uma supervisão direta sobre os assalariados da organização (Ayoub & Malo, 2001).

As CDEC voltarão a ser abordadas no Capítulo 4. Antes disso, será preciso abordar, nos próximos dois capítulos, conceitos indispensáveis.

Como observou Cécile Raud, desde o final do século XIX os partidários da industrialização se inspiraram naqueles que defendiam que o Brasil, pelo seu tamanho, seu clima e suas numerosas riquezas naturais, deveria privilegiar a agricultura. Desse modo, o desenvolvimento torna-se sinônimo de industrialização e urbanização (Dias & Raud, 2000). Como no Canadá, em certa medida, foi em meados do século passado que o governo brasileiro enveredou pelo caminho da industrialização, em parte por insistência da Cepal (Commission Économique Pour l'Amérique Latine – Comissão Econômica para a América Latina) e do Banco Nacional de Desenvolvimento Econômico e Social – BNDES, que teve como efeito reforçar a concentração industrial no eixo Rio-São Paulo, ao mesmo tempo em que provocou expressivo êxodo rural.

Era a época em que se impunha a tese do futuro Prêmio Nobel de Economia, Arthur Lewis, segundo o qual o excesso de mão-de-obra no setor agrícola deveria servir para uma industrialização rápida. O país, com o gigantesco problema socioeconômico das favelas, paga hoje o preço de uma implantação quase cega dessa teoria, que favoreceu uma concentração industrial desmesurada na região Sudeste. Como observa Cécile Raud (*op. cit.*), essa grande região formada pelos estados de São Paulo, Rio de Janeiro, Minas Gerais e Espírito Santo, com 43,8% da população do país, representava, em 1960, 64% da renda nacional. Foi então que as autoridades federais optaram, à semelhança das autoridades canadenses, por implantar uma política de organização territorial. E, como no Canadá, seus efeitos se revelaram bastante limitados.

Durante a década de 1960, de acordo com Cécile Raud (*op. cit.*), a implantação de um sistema político autoritário fortaleceu o poder central, às custas da retenção de verbas para as regiões. É quando toma forma o que determinados autores denominam "modelo brasileiro", caracterizado por um grande crescimento acompanhado de grandes desigualdades, associadas a um mal temporário, porém necessário.

Repete-se aqui a imagem do famoso bolo, citada por economistas clássicos: não é possível repartir o bolo enquanto ele não for grande o bastante para todos. No Brasil, mais que em qualquer outro lugar, essa partilha está demorando muito a acontecer. Com o auxílio de grandes órgãos, como Sudene (Superintendência do Desenvolvimento do Nordeste), Sudam (Superintendência do Desenvolvimento da Amazônia), Sudeco (Superintendência do Desenvolvimento do Centro-Oeste) e outras, a política regional brasileira se baseia na abordagem do desenvolvimento imposto de cima para baixo. Os processos decisórios, tanto públicos como privados, são centralizados; as grandes unidades de produção são administradas verticalmente. Isso freou uma maior concentração populacional ao redor de São Paulo. Mas, por sua vez, a política de desenvolvimento do Nordeste mostrou ser um fracasso parcial, pois não foi capaz de reduzir o intenso êxodo de sua população. As desigualdades regionais não mudaram de forma significativa, e o processo de urbanização foi fortalecido (Raud, *op. cit.*).

2

Desenvolvimento local: o que é?

Protegidas das decisões, as pessoas dormem bem.
(Provérbio persa)

O ato empreendedor é, antes de tudo, um gesto individualista. Contudo, também é verdade que, com o passar dos anos, os quebequenses aprenderam a ser mais contidos. Em conseqüência, a concordância que se observa entre os diferentes atores locais justificaria, como crê a maioria, a referência a um modelo quebequense de desenvolvimento econômico. O desenvolvimento local, como é praticado no Quebec, faz parte desse desenvolvimento econômico? E o que é desenvolvimento local no Brasil? Para responder a essas perguntas, é preciso saber o que significa a expressão "desenvolvimento local", freqüentemente utilizada no meio político-acadêmico.

Desenvolvimento, em termos conceituais, é um processo de aperfeiçoamento em relação a um conjunto de valores ou uma atitude comparativa com respeito a esse conjunto, sendo esses valores condições e/ou situações desejáveis para a sociedade. Essa definição poderia ser aplicada de uma forma abrangente como um enfoque avaliatório da condição humana, tanto individual quanto coletivamente (Borba, 2000).

Porém o termo desenvolvimento, isoladamente, não reflete de forma suficiente todos os campos possíveis da evolução do ser humano e da sociedade como um todo, visto que, em certos momentos, existe a necessidade de dar maior ênfase ao aspecto econômico da palavra e, em outros, há a necessidade de focar a questão tecnológica, ou ainda, fazer prevalecer o lado cultural, e assim por diante.

Em termos de desenvolvimento, certas premissas devem ser aceitas, para que o termo realmente possa representar toda a expressão da capacidade de evolução da humanidade. Isso talvez seja possível, se for levado em consideração que o desenvolvimento deve refletir o progresso da sociedade como um todo, em suas múltiplas dimensões e não apenas na dimensão econômica. Aqui, mais uma vez, deve-se empregar o enfoque sistêmico, para uma visão mais abrangente.

Porém, como alerta Borba (2000), para avaliar o desenvolvimento, também devem ser consideradas variáveis políticas, tecnológicas, sociais, ambientais e de qualidade de vida da população. Algumas delas são de natureza pluridimensional, como a qualidade de vida, que abarca, entre outros índices, o acesso à educação, as opções culturais, as condições de atendimento médico, a previdência social e o lazer da população. Assim, não se pode mais simplesmente considerar índices isolados, como renda *per capita*, para indicar o grau de desenvolvimento de uma sociedade, visto que o complexo sentido do conceito deve abranger toda a expressão do termo humanidade.

A importância atribuída ao desenvolvimento local não é unânime entre os autores, conforme salientado por Silveira (2001). Alguns o vêem apenas como foco de reflexão, outros como um campo efetivo de práticas transformadoras (embora certos autores vejam nessa ênfase apenas uma retórica para preencher um vazio, enquanto as dinâmicas estruturais seguem seu curso). Alguns autores chegam ao extremo de afirmar que não existe um desenvolvimento local (não só porque o desenvolvimento é sempre articulado aos processos mais gerais, mas também porque a incorporação crescente de novos espaços subordinados à lógica do centro dominante é da natureza específica das sociedades capitalistas). Nesse sentido, a idéia de estimular o desenvolvimento local seria ingênua e não efetiva na prática.

De maneira totalmente diversa da visão acima destacada, pode-se apresentar o desenvolvimento local como uma resposta, num contexto de globalização e reestruturação produtiva, às alternativas de desenvolvimento, tendo-se, nesse caso, um potencial transformador associado a ela. O contexto de crise do padrão de desenvolvimento e reestruturação da produção, ao mesmo tempo que desvincula, fragmenta e exclui, gera novas possibilidades de construção endógena (Silveira, *op. cit.*).

Evolução do desenvolvimento local

Como afirma Franco (2000), todo desenvolvimento é local, seja ele um distrito, uma localidade, um município, uma região, um país ou uma parte do mundo. A palavra local não é sinônimo de pequeno e não se refere necessariamente à diminuição ou redução. Assim, o conceito de local adquire uma conotação socioterritorial para o processo de desenvolvimento, quando esse processo é pensado, planejado, promovido ou induzido. Porém, no Brasil em geral, quando se pensa em desenvolvimento local, faz-se referência a processos de desenvolvimento nos níveis municipal ou regional.

O termo local ganhou um *status* estratégico nas economias das nações, alcançando uma importância vital no tecido econômico, graças às oportunidades decorrentes da reestruturação do modo produtivo industrial e à relocação das infra-estruturas produtivas, determinadas pela descentralização das plantas industriais flexíveis. Com as mudanças estruturais verificadas no modelo produtivo industrial, a abordagem do desenvolvimento econômico fundamentado em localidades tornou-se uma alternativa efetiva para atividades dirigidas ao desenvolvimento econômico local, graças às perspectivas que a mobilidade dos investimentos nos setores produtivos levaram às economias regionais (Borba, 2000).

Outra referência nem sempre lembrada, relacionada à expressão desenvolvimento local, é a idéia de comunidade. O desenvolvimento local reforça as comunidades, dinamizando suas potencialidades, mas para que isso seja possível, é necessária a reunião de diversos fatores. O grau de educação da população é fundamental para se dispor de pessoas com condições de tomar iniciativas, assumir responsabilidades e empreender novos negócios. A decisão do poder local e dos diferentes níveis de governo, conduzindo as suas comunidades de maneira sóbria e equilibrada, num mundo em constante mutação, é outra variável relevante, levando às mudanças necessárias, porém com a participação ativa da sociedade. Por outro lado, tem-se também a capacidade de atração de novos investimentos externos, tão necessários para complementar o desenvolvimento das potencialidades locais.

Para tornar dinâmica uma potencialidade, é necessário identificar as vantagens que uma localidade apresenta em relação a outras, tentando verificar quais são as verdadeiras vocações daquela comunidade, conforme salienta Franco (2000). Porém, o foco no desenvolvimento econômico não é o bastante. É fundamental conseguir estimular os demais fatores que afetam o desenvolvimento, em termos das perspectivas sociais, culturais, políticas, morais e éticas.

Assim, Franco (*op. cit.*) considera o desenvolvimento local um modo de promover o desenvolvimento que leva em conta o papel de todos os fatores acima apontados, de forma a tornar dinâmicas as potencialidades que possam ser identificadas, quando se observa uma determinada unidade socioterritorial. A idéia de vantagem comparativa normalmente é associada à idéia de competição. Porém, a idéia de diversidade é a base para a cooperação, ao trazer à tona as diferentes visões de mundo dos diversos participantes (conceito melhor definido com a palavra alemã *weltanschauung*, que será melhor explorado no Capítulo 3).

As duas dinâmicas acima citadas (competitiva e cooperativa) estarão sempre presentes nos processos de desenvolvimento local, constituindo-se, talvez, em uma de suas principais características. Aí reside a grande importância de conseguir equilibrá-las e administrá-las de maneira adequada, no contexto do desenvolvimento local, visto que a dinâmica cooperativa é fundamental para formar a comunidade de maneira ponderada e justa, prevalecendo a solidariedade, enquanto a dinâmica competitiva insere a comunidade num processo de desenvolvimento racional, dirigido pelas forças do mercado.

Sengenberger (*apud* Borba, 2000), ao apontar a emergência da economia local, vista sob a forma de uma rede de locais para os grandes conglomerados, em que seria essencial a base industrial de pequenas empresas fornecedoras, assim como a base institucional das sociedades locais, analisa o sentido de local como definição de uma região em oposição ao termo nacional ou internacional. O autor vai além, ao afirmar que não há possibilidade de entender mais precisamente o conceito de local, pois países como a Espanha ou a França podem ser vistos como locais, quando abordados no contexto do mercado comum europeu. Em sua abordagem como foco do desenvolvimento econômico regional, o vocábulo "local" deveria ser entendido como pertinente a uma determinada área, espacial ou administrativa, compreendendo um bairro, uma vizinhança, um município ou um conjunto destes.

O termo local intercambiado com regional é usado por Blakely (*apud* Borba, 2000) para se referir a uma área geográfica composta por um grupo de autoridades governamentais locais e/ou regionais que dividem uma base econômica comum e são suficientemente próximas para atuarem juntas, de maneira a permitir que os moradores da área dividam entre si empregos, recreação e compras.

Conforme salientado por Albuquerque (1998), a partir dos anos de 1970 e 1980, a crise do modelo de desenvolvimento fordista acabou despertando maior interesse na reflexão sobre as iniciativas de desenvolvimento econômico local, ao questionar a visão do processo de desenvolvimento econômico com o qual foram educadas as últimas gerações. Essa visão tende a simplificar o processo de desenvolvimento, como se ele se desenvolvesse unicamente pela via do modelo concentrador, baseado na grande indústria e nos grandes núcleos urbanos. Um conhecimento mais aprofundado dos diferentes processos de desenvolvimento econômico local tem realçado a importância dos aspectos qualitativos, territoriais e ambientais do desenvolvimento. Tudo isso tem induzido a uma mudança de atitude em favor de um enfoque que também procura mostrar as possibilidades e iniciativas de desenvolvimento econômico endógeno (ao contrário de outras visões, que privilegiam a atração de recursos externos ou se centram basicamente nos grandes grupos).

Por definição, o desenvolvimento local se apresenta em forma regional. Essa regionalização se manifesta cada vez mais na economia atual, pretendendo ser uma reação contra a desumanização das economias globalizadas, sem ser uma alternativa, pois a necessidade de permanecer realista sempre se impõe. Na verdade, fala-se antes de complementaridade local/global como duas lógicas que devem se inter-relacionar. Essa passagem a níveis menores e mais próximos das preocupações dos atores locais deve ser realizada de maneira a estimular uma verdadeira mudança nas regras do jogo, tanto nas práticas como nas abordagens metodológicas. Do contrário, o desenvolvimento local permanecerá apenas como uma vaga alusão a iniciativas localizadas, implantadas de modo díspar e sem ligação com um processo bem definido.

As estratégias de desenvolvimento local não são nem um posicionamento autárquico, nem o resultado de uma mistificação do pequeno e do marginal. Trata-se de um enfoque que pretende integrar as formas subordinadas de acumulação de capital (Albuquerque, 1998). Esse novo enfoque de desenvolvimento local não surgiu, pelo menos na experiência européia, como produto de posicionamentos impulsionados a partir de governos centrais, mas sim como conseqüência de iniciativas territoriais geradas nas bases, que impulsionaram atividades de fomento produtivo e empresarial, no momento em que as condições econômicas e institucionais estavam enfrentando uma mudança radical. A proximidade dos problemas, das necessidades, dos recursos e dos atores sociais locais permitiram formular políticas mais realistas e, sobretudo, baseadas num consenso com tais atores.

Dessa forma, o desenvolvimento econômico local pode ser definido como aquele processo reativador da economia e dinamizador da sociedade local que, mediante o aproveitamento eficiente dos recursos endógenos disponíveis em uma zona determinada, é capaz de estimular seu crescimento econômico, criar empregos e melhorar a qualidade de vida de uma comunidade local (del Castillo, *apud* Albuquerque, 1998).

A efetiva realização do potencial endógeno é, então, um dos fatores que define o desenvolvimento econômico local. Assim, na prática, todo processo de desenvolvimento econômico local pressupõe:

- criar novas instituições para o desenvolvimento territorial, com a participação negociada dos gestores públicos e do setor privado;
- impulsionar iniciativas empresariais inovadoras;
- melhorar a capacitação da força de trabalho local (Albuquerque, 1998).

Desenvolvimento Local Integrado e Sustentável (Dlis)

É interessante discutir a adequação das diferentes estratégias a contextos diversos, principalmente quando se consideram as disparidades, muitas vezes marcantes, como as existentes entre os pequenos municípios de base totalmente rural e as grandes áreas metropolitanas. Nessa linha, alguns programas claramente se orientam mais para determinados ambientes que para outros. Nesse sentido, pode-se comentar a idéia do Dlis, que conforme Franco (*in* Silveira & Reis, 2001), parece ser uma estratégia mais adequada para pequenas localidades (a cidade, a escola e a instituição política, nos marcos de uma democracia participativa), visto que, para as grandes localidades, deve-se pensar em algo como "cidade do conhecimento", combinada com "cidade do empoderamento".

O que hoje se chama de Dlis é uma denominação ampla, utilizada para vários tipos de processos de desenvolvimento local, conforme observado por Franco (2000). A expressão foi lançada institucionalmente em 1997, pelo Conselho de Comunidade Solidária, e é utilizada pela maioria dos autores quando se fala sobre o desenvolvimento local no contexto brasileiro. Assim, tanto aqueles que continuam enfatizando apenas o papel econômico como fator determinante, quanto aqueles que têm uma visão mais sistêmica do processo de desenvolvimento utilizam essa expressão (como já salientado no Capítulo 1), também muito conhecida tanto por quem busca encontrar novas alternativas para o padrão de desenvolvimento existente nos dias de hoje, como por quem defende a manutenção desse padrão atual de desenvolvimento.

Para compreender o destaque que a idéia e os projetos de Dlis ganharam entre as políticas de combate à pobreza no Brasil, a partir de 1990, envolvendo tanto atores de diferentes campos sociais quanto atores institucionais diversos, pode-se recorrer a uma breve análise desse contexto, conforme Miranda & Magalhães (2001). A fim de orientar a reflexão, torna-se importante analisar a compreensão de como e por que a idéia de Dlis ganhou notoriedade. A partir disso, podem-se identificar os impasses e as limitações que precisam ser enfrentados para uma implementação mais consistente e maciça de iniciativas desse tipo.

Na década de 1990, a emergência de uma perspectiva de desenvolvimento baseada no binômio "integrado e sustentável" tornou-se quase um consenso entre os envolvidos nas formulações de políticas públicas, no setor governamental ou privado. A noção de Dlis ganhou notoriedade nos meios técnico-burocráticos, especialmente entre os gestores de políticas de combate ou redução da pobreza. Isso permitiu que, ao contrário do que observa Franco (*op. cit.*), a idéia do Dlis tivesse grande repercussão mesmo em ambientes urbanos e metropolitanos.

Essa tendência pode ser verificada pelo número de projetos colocados em operação. O PNUD (Programa das Nações Unidas para o Desenvolvimento), através de múltiplos acordos de cooperação técnica e financeira, confirma a existência de mais de mil ações associadas a esse enfoque. Além disso, há a experiência da Secretaria Executiva da Comunidade Solidária, através do Programa Comunidade Ativa, que tem como meta implantar Dlis em quase mil municípios brasileiros. Acrescentem-se ainda iniciativas do Banco do Nordeste, do BNDES, da Caixa Econômica Federal, do Sebrae e de outras entidades, federais, estaduais e municipais, além de iniciativas de diferentes ONG (Organizações Não-Governamentais).

O conteúdo e o formato das experiências eram completamente diferenciados, porém unificados pela denominação Dlis. Muitas vezes, experiências absolutamente tradicionais, sob o ponto de vista das atividades práticas, e mesmo das dimensões e impactos das ações, se associaram a uma identidade Dlis. Mesmo em ambientes urbanos e metropolitanos, nos quais o número de iniciativas foi significativamente menor, desenvolveram-se vários projetos, com diferentes matrizes institucionais, como no Rio de Janeiro, onde é possível mencionar as experiências da SMTb (Secretaria Municipal do Trabalho da Cidade do Rio de Janeiro)/Sere (Serviços e Estudos de Realização Empresarial), Complexo de Manguinhos/Fiocruz (Miranda & Magalhães, 2001).

O papel do setor público no desenvolvimento local

O setor público assume um papel fundamental como estimulador das inovações, tão fundamentais para um processo de desenvolvimento local. Assim, as condições locais culturais, econômicas e sociais representam uma variável essencial para a efetiva capacidade de inovação governamental, por absorver os novos paradigmas para o desenvolvimento econômico. Dessa forma, o papel principal do setor público é estimular os elementos que viabilizam a inovação, tornando-a possível: infra-estrutura intelectual efetiva, força de trabalho instruída e qualificada, qualidade de vida adequada e atraente, ambiente de negócios estimulante, oferta real de capital de risco, mercado receptivo para novos produtos e processos, compromisso com a modernização industrial, cultura voltada para a industrialização com flexibilidade e cooperação, e o sistema social apoiando a inovação e a diversidade (Berman & Martin, *apud* Borba, 2000).

Dentro desse novo contexto, há várias alternativas diferentes de atuação para o papel empreendedor do setor público como agente facilitador na promoção do desenvolvimento econômico regional e local. Assim, o setor público deve escolher, nas suas políticas locais de desenvolvimento, que ênfase deverá ser dada aos seus projetos de desenvolvimento econômico local.

Esse papel pode ser o de focar-se nos objetivos econômicos locais, ligado simplesmente à criação de novos empregos, pode ser uma postura do setor público de atuar como o grande empregador, proprietário de terras, investidor, empreendedor, comprador e fornecedor de produtos e serviços, interferindo diretamente na economia local, de maneira centralizadora, ou ser um compromisso de prioridades e recursos para o desenvolvimento de empresas já existentes, com aperfeiçoamento da qualidade de produção e da capacidade tecnológica local; e pode, ainda, ser um enfoque proativo e preventivo para a indústria e para a economia local, em busca de novas oportunidades de desenvolvimento dentro dos interesses e das vocações da comunidade local.

Porém, fica a pergunta: uma comunidade tem, em geral, recursos humanos suficientes e capazes para participar do processo produtivo mais especializado, como aponta Borba (2000)? Vê-se aqui a grande importância da estruturação de um programa verdadeiramente efetivo de treinamento, desenvolvimento e qualificação, que pode ser desempenhado por uma organização do setor público, ainda que na função de facilitadora das atividades educacionais.

A ampliação cada vez mais intensa do uso da tecnologia da informação para a produção em série viabiliza a relocação de grandes empresas, que passam a atuar em forma de rede, não necessariamente localizadas no mesmo país ou região. Assim, a forma de atuação das empresas se integra no contexto internacional, cada vez mais baseado em pequenas e médias empresas, localizadas em diferentes regiões do mundo, que vêm fortalecer a economia regional, como um importante fator de crescimento das atividades econômicas globais.

Para efetivar essa atuação em rede, é fundamental a utilização cada vez mais intensa de modernos sistemas gerenciais entre as pequenas e médias empresas locais, que sempre devem interagir mais com as grandes organizações, criando uma infra-estrutura adequada para a operação das pequenas e médias empresas nos diferentes sistemas de produção utilizados. Isso pode se constituir em uma iniciativa direta do governo ou indiretamente administrada pelo setor público.

Assim, o papel do setor público é fundamental para que a estrutura produtiva local responda positivamente aos estímulos da nova economia, especialmente no que se refere às questões de integração e cooperação entre os diferentes elementos da comunidade local, que, quando corretamente estimulados, possibilitam a articulação e a cooperação que são necessárias para integrar a cadeia produtiva industrial e de bens e serviços da economia local.

Os governos locais são um fator-chave, tanto no estímulo à inovação tecnológica e na promoção institucional dos distritos industriais locais, quanto na qualificação e no treinamento da mão-de-obra local. Ou seja, de forma geral o setor público tem o papel-chave de promover e estimular as novas formas de trabalho e produção, além de não permitir a marginalização de pessoas e empresas, mas sim fazê-las capazes de se integrar ao mercado e aos novos processos produtivos.

Coelho & Fontes (*apud* Borba, 2000), ao analisarem o papel dos governos locais no Brasil nas últimas décadas, apontam que, a partir do início da década de 1990, as iniciativas governamentais de combate à fome e à miséria têm crescido, através de políticas de geração de trabalho e renda, estimulando principalmente os municípios a apoiarem ou promoverem fóruns de desenvolvimento econômico, balcões de negócios, feiras de oportunidades, cursos de capacitação para pequenos empreendedores, fundos de apoio e outras iniciativas. Essas ações das prefeituras significam a implementação de um desenvolvimento humano e sustentável em longo prazo, gerando aumento de oportunidades de emprego para os grandes setores da população, atualmente excluídos do mercado de trabalho. Os municípios se constituem em sujeitos ou atores nessa grande tarefa.

Em geral, o desemprego se expressa mais visivelmente em nível municipal, pois os municípios são a primeira instância governamental a enfrentar as conseqüências da pobreza e da miséria: a degradação das condições de moradia, de saneamento, do meio ambiente etc. Tradicionalmente, os municípios e o setor público se constituem numa importante fonte de empregos diretos. A tendência deveria ser o Estado mudar seu papel tradicional de "Estado empregador" para "Estado empreendedor". A concepção do setor público como uma fonte de empregos, além de mostrar-se obsoleta, torna o Estado inoperante e ineficiente. A eficácia do processo de desenvolvimento local é um fator vital para a confiabilidade de uma governança territorial, e a visão de eficiência do setor público é peça fundamental na estruturação do desenvolvimento econômico da comunidade (Borba, 2000).

O desenvolvimento local e a construção de um ambiente inovador

Pode-se concordar com o conceito de Coelho (2001), que considera o desenvolvimento econômico local como a construção de um ambiente produtivo inovador, no qual se desenvolvem e se institucionalizam formas de cooperação e integração das cadeias produtivas e das redes econômicas e sociais, de tal modo que ele amplie as oportunidades locais, gere trabalho e renda, atraia novos negócios e crie condições para um desenvolvimento humano sustentável.

Também é importante ter em mente a observação de Requier-Desjardins (1999) sobre a necessidade de abordar a relação indústria-território do ponto de vista da complexidade. Sabe-se que a teoria econômica considera o custo do transporte um elemento relevante da problemática regional. Porém, foi observado que esses custos são cada vez menos significativos dentro do conjunto de despesas das PME inovadoras, no contexto da nova economia, em que o intangível se destaca. A relação com a região, daqui por diante, se classifica em um quadro no qual se impõem a qualidade, a reputação, o poder de mercado, a adaptabilidade às necessidades, às tecnologias e às novas formas de organização. O problema da eficiência regional deve ser entendido a partir dessa relação complexa.

Portanto, trata-se de ver como se apresenta esse espaço de intervenção, em que os "atores" ditos locais são chamados a influenciar, o mais que possam, o futuro do meio ao qual pertencem. Aqui, é oportuno ter em mente que o **sentimento de posse** está no núcleo do desenvolvimento local. Lobato (2001) afirma que o "local" e seus limites não correspondem a um espaço geográfico predefinido, e sim a uma construção social; estão ali envolvidos simultaneamente laços territoriais, econômicos e culturais. Afirma ainda que o local é dado pela percepção das pessoas quanto ao que é o seu local. Portanto, a idéia de local está fortemente ligada às noções de identidade e pertencimento. Ao posicioná-lo em um nível intermediário, entre a micro e a macroeconomia, pretende-se ver como se delineiam as novas dinâmicas locais em um contexto no qual o "saber fazer" assume, por vezes, rapidamente, novas formas, deixando entrever possibilidades até então insuspeitas.

Zilber & Barros (2002) falam sobre inovação em um contexto de insegurança e risco, condições em que a comercialização de uma nova tecnologia impõe requisitos organizacionais mais complexos que em ambientes de maior certeza, visto que se torna necessária uma maior integração e colaboração entre as áreas da empresa, através dos seus especialistas nos vários departamentos da organização.

A inovação é uma atividade de cooperação que deriva do envolvimento de múltiplas perspectivas para promover a integração necessária entre os vários setores da organização.

Em ambientes dinâmicos e de maior complexidade, as estratégias das organizações devem contemplar estruturas mais flexíveis e descentralizadas que as tradicionais, o que proporciona melhores condições para a obtenção de um meio realmente inovador.

O esquema abaixo mostra a estrutura organizacional, com os aspectos relevantes, dentro de uma visão sistêmica, para que se crie um ambiente adequado para o desenvolvimento das inovações, com condições de sucesso.

Figura 1: Estrutura organizacional para o desenvolvimento das inovações

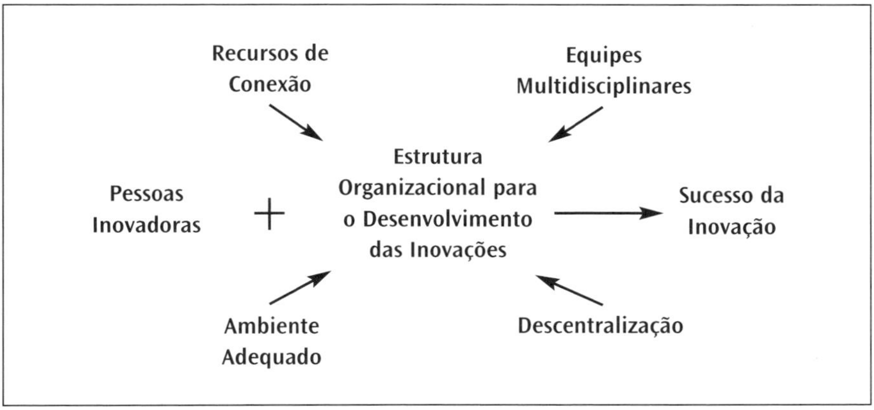

Fonte: Zilber & Barros (2002).

Abramovay (1998) se refere ao desenvolvimento local destacando que se trata de uma compreensível reação a dois pressupostos básicos. O primeiro pregava que as disparidades nos níveis de crescimento, na prosperidade e no bem-estar entre os países seriam resolvidas automaticamente pelo mercado. O segundo enfatizava a importância de certas infra-estruturas, como pré-requisitos para que o desenvolvimento ocorresse. E continua, levantando a questão: "Mas o que é este local?", ou seja, quais são os atributos que poderiam propiciar geração de renda e melhoria na qualidade de vida dos indivíduos e que o mercado, em seu funcionamento espontâneo, não consegue revelar? Existe hoje uma vasta literatura mostrando que mesmo com o impressionante avanço da globalização, **os processos inovadores tendem a ser localizados** e baseiam-se em contatos informais e personalizados entre indivíduos (Abramovay, *op. cit.*). Esses indivíduos fazem parte das forças vivas de um dado meio.

Como se evoca continuamente a intervenção das **forças vivas locais**, é o caso de analisar sob quais formas a contribuição de uns e outros permite antever o futuro sob um novo ponto de vista. Ao assumir tal postura em relação às redes de informação, não se pode evitar a alusão a conceitos novos, como distritos industriais, sistemas locais de produção, governo local, capital social, coesão social etc., cujo uso tende a se espalhar, graças a colóquios, congressos e artigos em periódicos científicos.

Mostra-se pertinente mencionar o que um autor quebequense designa processo contínuo de organização territorial (Proulx, 1998). Esse autor recomenda agir sobre as relações inter-organizacionais, as concordâncias, a cooperação comunitária, as redes e parcerias, ou seja, sobre a dinâmica relacional de colaboração voluntária entre os diferentes atores que participam da organização do seu território, como mostra a Figura 2. Nela, encontram-se as quatro dimensões que representam a organização coletiva de uma região.

Figura 2: A organização regional

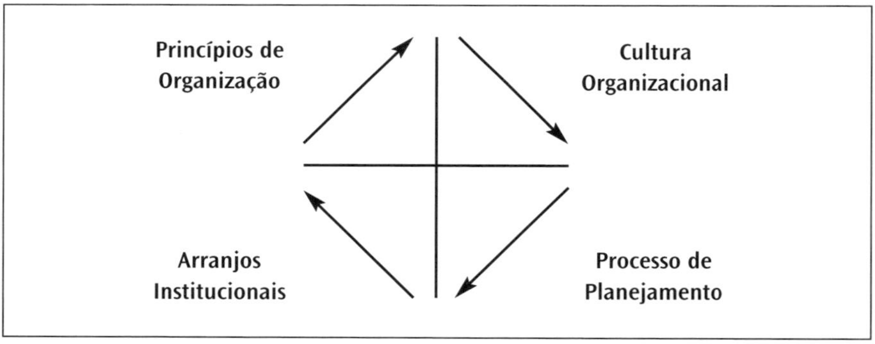

Fonte: Proulx, *apud* Joyal (2002: 41).

Entre os princípios de organização encontram-se:

- a imputabilidade política dos tomadores de decisão públicos;
- a mobilização e o envolvimento dos cidadãos no processo decisório.

Com a cultura organizacional regional, tem-se, entre outros:

- o comportamento coletivo dos atores;
- o respeito pelo processo de identidade com a região;
- a redução da influência de partidos políticos e do espírito de clã.

Com os acordos institucionais, encontram-se os acordos entre os diferentes níveis da administração pública. O processo de planejamento territorial, por seu lado, leva à adoção de um plano de ação e à sua utilização integral. Trata-se do planejamento estratégico no nível de uma MRC, que será descrito em detalhes no próximo capítulo.

O nível local e o espaço de intervenção

A noção de "local" levanta polêmicas ao se basear no conceito de região. O que pensar da divisão administrativa, por vezes arbitrária (a exemplo de várias MRC, sem correspondência com a geografia humana? No caso brasileiro, a mesma coisa acontece com as regiões administrativas. O que fazer quando a posse de identidade entrar em conflito com o espaço administrativo? Como considerar que um sistema seja aberto, se ele leva à constatação de que a ação apenas cria a região, não sendo exercida sobre esta?

A preocupação com divisões arbitrárias levou o órgão Inter-Réseaux a mostrar que, de norte a sul do planeta, numerosos planos de organização e projetos de desenvolvimento são decididos fora do contexto, para uma região às vezes arbitrariamente definida, até de muito longe (Globenet, 1998). E, de fato, freqüentemente há a tentação de se basear em delimitações administrativas, a partir de considerações bastante subjetivas. Para evitar esses obstáculos, recomenda-se iniciar o desenvolvimento local nas regiões que correspondam a um **espaço de solidariedade**, no qual os indivíduos tenham uma história comum, à qual estejam ligados individual e coletivamente, e onde haja o desejo de construir um futuro comum. Uma vontade popular e um processo coletivo seguro e voltado para uma dada região sempre devem servir como fiadores do sucesso de todo processo associado ao desenvolvimento local.

É por esse motivo que Paula (2001) escreve que o local é entendido como qualquer recorte socioterritorial, delimitado a partir de uma característica eletiva definidora de identidade. Visto dessa forma, o local pode ser uma dimensão econômica, cultural ou político-territorial. É no nível local que se desenvolvem as empresas e as atividades úteis ao desenvolvimento econômico, social e cultural da coletividade, em função da capacidade do meio de cuidar de si mesmo, como se lê no documento oficial do governo do Quebec.[1] Albagli (1999) considera que o local se apresenta como um elemento de transformação sócio-político-econômica, sendo o *locus* privilegiado para novas formas de solidariedade e parceria entre os atores, em que a competição cede espaço à cooperação.

Martin (*apud* Borba, 2000) propõe que o território "local" seja visto como uma configuração de um espaço pluridimensional, voltado para a convivência e para o emprego, possuindo uma identidade social e histórica e se constituindo numa comunidade humana, para a promoção do desenvolvimento e de uma vida melhor para a comunidade como um todo.

Santos (*apud* Borba, 2000) considera que, em oposição à dimensão mundial que é o mercado, promove-se o surgimento da dimensão fragmentada que ocorre na tribo – união dos homens por suas semelhanças – e no lugar – união dos homens pela cooperação na diferença. Na visão de Santos, pode-se definir o lugar como a extensão do acontecimento homogêneo ou do acontecimento solidário, caracterizado por dois gêneros de constituições: um é a própria configuração territorial, o outro é composta pelas normas, pela organização e pelos regimes de regulação. Dessa forma, o lugar e a região não são mais o fruto de uma solidariedade orgânica, mas de uma solidariedade regulada ou organizacional.

Santos (*op. cit.*) acredita ainda que a base da transformação do mapa mundial pode estar no movimento de transformação que ocorre no local em que o espaço acolhe o novo, mas guarda o vigor de sua particular herança material e cultural. Assim, fundamenta-se a ação reativa no espaço compartilhado pelo cotidiano: o local.

O território existe com uma personalidade própria. É o local, com suas dotações naturais e humanas, com suas instituições, a

[1] *Le développement local et régional*, Les Publications du Québec, Quebec, 1997.

sua atmosfera particular. Por outro lado, pode-se entender também, como forma operacional, o sentido de local "como um entorno ecossocioterritorial (município, região) onde, aproveitando-se das vantagens competitivas, busca-se, a partir do econômico, construir as múltiplas dimensões do desenvolvimento integrado (social, político, ambiental, cultural, tecnológico e institucional)". Como se vê, o termo "local", quando devidamente aplicado em desenvolvimento, não possui uma única especificação nem um único nível, sendo um sistema complexo no qual os atores dividem ou acumulam responsabilidades no mesmo espaço geográfico (Borba, 2000).

Por seu lado, o "local" representa três realidades, como mostra Georges Gontchoroff, antigo autor francês do desenvolvimento local:

- o "local" é homogêneo;
- é um tipo de nicho ecológico dentro do qual as pessoas se sentem em casa, prontas para lutar pelo seu futuro individual e coletivo;
- é um lugar herdeiro de uma história mais ou menos longa, investido dos benefícios da proximidade. Todos se conhecem para o melhor (solidariedade) e para o pior (conflitos de vizinhança). Como escreve Franco (2001), o conceito de local se refere a qualquer âmbito socioterritorial delimitado pela permanência de um campo estável de interação de fatores humanos, sociais, econômicos, físicos e ambientais. Esse mesmo autor, aliás, considera oportuno mencionar que a palavra local não é sinônimo de pequeno e não se refere necessariamente a diminuição ou redução.

O conceito de local adquire, pois, a conotação de alvo socioterritorial das ações e passa, assim, a ser retrodefinido como o âmbito abrangido por um processo de desenvolvimento em curso, em geral quando esse processo é pensado, planejado, promovido ou induzido. Franco (2000) prossegue esclarecendo que, para o Brasil, na maioria dos casos, esses espaços correspondem às municipalidades ou a microrregiões que englobam municípios de uma mesma unidade federativa. Na França, "local" representa o espaço dos representantes locais eleitos, cuja posse foi garantida pelas leis relativas à descentralização do início dos anos de 1980 (Gontchoroff,

1999), resultando na associação entre "local" e distrito eleitoral. Nesse caso, como bem se pode imaginar, o desenvolvimento local dependeria antes de tudo das manobras políticas. Por sorte, a realidade se mostrou diferente.

Desenvolvimento endógeno

A expressão tradicional "crescimento neoclássico" passou a ter uma oposição nas últimas décadas. Desde os anos de 1980, ouve-se os economistas utilizarem com freqüência a expressão "crescimento endógeno", que procura enfatizar e destacar a importância da economia nacional no desenvolvimento de uma determinada região, minimizando o poder de forças externas, impostas ao país de maneira unilateral.

Entendido como um processo, a característica central do desenvolvimento econômico baseado localmente está na ênfase da política do desenvolvimento endógeno, segundo a qual priorizam-se os potenciais locais, seja os de recursos humanos, os institucionais, os físicos e os de empreendedorismo, para procurar atingir as metas desejadas e estabelecidas no âmbito do planejamento estratégico da região.

Uma definição do conceito de desenvolvimento endógeno pode ser: tipo de desenvolvimento iniciado e organizado de dentro para fora das localidades, conferindo mobilização aos atores locais, para extrair o máximo de suas ações através da otimização dos recursos de capital, de trabalho e de instituições locais, assim como de infra-estruturas físicas de uma determinada área, em vez de esperar ou tentar atrair empresas e investimentos externos para impulsionar o crescimento econômico local e gerar empregos (Borba, 2000).

Quando se aplica o conceito de desenvolvimento endógeno ao panorama regional de desenvolvimento, surge a possibilidade de identificar as possíveis razões para explicar por que certas regiões crescem segundo ritmos e estilos diferentes, sem obedecer a mudanças tecnológicas exógenas, ou a outros fatores produtivos, como a estruturação do trabalho. Assim, fatores antes considerados exógenos nos modelos tradicionais de crescimento podem se tornar endógenos, explicando o crescimento regional diferenciado entre regiões de um mesmo país e de um mesmo sistema econômico.

Dessa maneira, capital humano, conhecimento, informação, pesquisa e desenvolvimento, além de instituições, passaram a ser considerados endógenos, explicando-se no próprio modelo de desenvolvimento regional que criavam e alimentavam (Borba, 2000).

O desenvolvimento endógeno resgata a política no âmbito local, restabelecendo o conceito de governança, em que é possível para as comunidades reconhecer suas capacidades, bem como as de suas pequenas e médias empresas em geral, que produzem preferencialmente para os mercados locais, sem deixar de interagir com as economias regionais. Pode-se pensar no desenvolvimento endógeno como uma forma eficaz de mobilizar recursos locais para recriar um entorno institucional, político e cultural que fomente atividades produtivas e de geração de empregos em nível local, aproveitando as vantagens competitivas da integração dos mercados e dos circuitos regionais.

Lipietz (*apud* Borba, 2000) afirma que há no desenvolvimento endógeno um rompimento radical com o estruturalismo global, assim como com as teorias espaciais, em que etapas de desenvolvimento urbano se sucedem, em estágios classificados como pré-industrial (primário), industrial (secundário) e pós-industrial (terciário ou quaternário). Segundo Lipietz (*op. cit.*), a relação entre o global e o local quebra a hierarquia dos lugares centrais, onde há o pressuposto de um espaço homogêneo. As regiões não são homogêneas, portanto pode-se creditar a essa condição a capacidade de sucesso de uma economia flexível, na qual o crescimento das atividades econômicas deverá depender essencialmente das dinâmicas regionais.

Vê-se que a competência regional para o desenvolvimento econômico local deve ser sustentada pela sua capacidade intrínseca de promover as vantagens locais para uso dos recursos humanos e materiais, sem degradar a sociedade, o meio ambiente e a qualidade de vida, e sem comprometer a estrutura organizacional e política que administra o espaço territorial (Borba, 2000).

O combate às desigualdades sociais

Costa (2001) aborda a questão do combate à desigualdade social no país, comentando o ditado popular "Não se deve dar o peixe ao indivíduo, mas sim ensiná-lo a pescar". Para ele, em casos de fome, deve-se dar o peixe sim, de maneira que o faminto possa ter condições mínimas de aprendizagem. Afirma ainda que não se consegue capacitar alguém a pescar sem

> dar-lhe crédito para comprar a vara, linha e anzol, ou até mesmo um barco. Tudo isso sem um rio piscoso – um ambiente institucional e macroeconômico propício a microempreendimentos – não adianta muita coisa...

Assim, três dimensões devem ser articuladas no combate à desigualdade social no país:

- políticas compensatórias – podem permitir que toda a população atinja, em curto prazo, patamares mínimos de dignidade e sobrevivência;
- políticas de crescimento econômico – disponibilizam maior renda e quantidade de bens e serviços, além de oportunidades para a população como um todo;
- políticas redistributivas – permitem dirigir maior renda prioritariamente às camadas mais pobres da população, que constituem o público-alvo dessas políticas.

Pressionado pelos credores da dívida externa, o governo nem sempre consegue implementar os projetos que poderiam beneficiar a sociedade, em especial a população mais carente. Nesse contexto, ele acaba se deslocando muitas vezes para a gestão da pobreza, e dos problemas associados a ela, apenas via forças do mercado. Nessa visão, o mercado seria capaz de estabelecer o elenco de prioridades e de atividades a serem apoiadas. Porém, não são suficientes os programas de apoio voluntário aos projetos informais, sem fazer a economia crescer e sem receber prioridade governamental. O crescimento econômico é o melhor remédio para o desemprego e a informalidade. Mas, por si só, também não é suficiente para reduzir a pobreza e as disparidades sociais.

Como será visto na seção seguinte, a capacidade de uma coletividade controlar melhor o seu futuro imediato depende do funcionamento inter-relacional dos seus próprios agentes.

O conceito francês de "país"[2]

A noção francesa de "país", ou seja, a idéia de país como uma região de desenvolvimento local, pode ser adaptada ao conceito de região na realidade brasileira. No caso brasileiro, pode-se pensar em recortes adequados a esse conceito. Esses recortes normalmente são resultado da combinação de um referencial fixo da geografia física, permitem o reconhecimento de características de longa duração e apresentam dimensões de identidade que constituem formas vivas das relações sociais e das estruturas produtivas da sociedade (Bocayuva, *apud* Silveira & Reis, 2001).

Cabe, assim, buscar, entre as noções geográficas de lugar e região e entre as noções político-administrativas de estado e município, um recorte que traduza melhor o uso do enfoque do desenvolvimento local. Para um projeto de âmbito nacional, deve-se ter o recorte para o desenvolvimento local seguindo as referências subjetivas e objetivas geradas pelas dimensões urbanas e pelas sub-regiões que unificam recortes municipais.

Pode-se dizer que na França há quase tantos "países" quanto variedades de queijo. Mesmo existindo antes da lei, seu reconhecimento tomou forma em 1995, através da lei de orientação para a organização do território, que reconheceu 42 regiões. Ao final de 1999, mais de duzentos projetos de "país" estavam em andamento (Samuel & Michel, 1999).

Um "país" é caracterizado por um território dotado de coesão geográfica, econômica, cultural e social. Claude-Henri Grignon[3] teria se enganado em seu conceito de "países de cima"? Sua área se situa entre a de um cantão e a de um departamento; é um local de

[2] Derivado do conceito galo-romano *pagii*.

[3] Autor de uma das radio e telenovelas mais populares do Quebec: *Un homme et son péché: une autre des belles histoires des pays d'en haut* (Um homem e seu pecado: as belas histórias dos países de cima).

ação coletiva que reúne comunas, agrupamentos de comunas, órgãos socioprofissionais, empresas etc., ao redor de um projeto comum de desenvolvimento.

O "país" também pretende ser um local privilegiado de parceria e de celebração de contratos, com o objetivo de facilitar a coordenação das iniciativas das coletividades, do Estado e de toda a Europa, em favor do desenvolvimento local. Essa entidade espacial tem como objetivo reforçar as solidariedades e as complementaridades entre os espaços rurais e urbanos. Sua criação se apóia no voluntariado local, buscando a maior adesão possível das coletividades locais, pois a adoção de sua estrutura (conforme figura abaixo) depende da vontade do conjunto das comunas (municípios) do território envolvido. A estrutura serve para formalizar o envolvimento dos diferentes atores e descrever as orientações fundamentais para um período mínimo de dez anos.[4] É o que se define pela expressão "orientação ou planejamento estratégico".

Figura 3: Elaboração da estrutura de um "país"

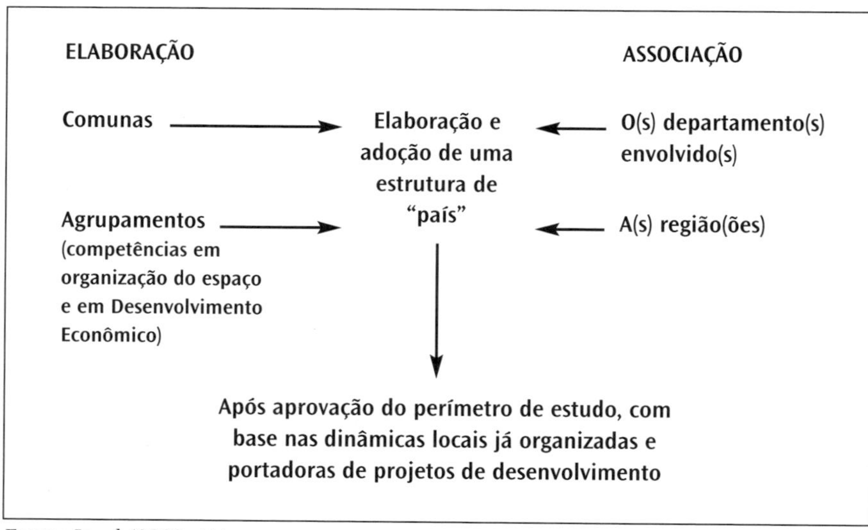

Fonte: Joyal (2002: 41).

[4] Association nationale pour le développement durable des territoires. Disponível no site www.etd.asso.fr/index.html

Na região do Loire, na França, havia entre vinte e trinta "países" em 1995. A maioria tem um pólo urbano dominante, como o Pays Yonnais, o Castelbriantais ou o Saumurois. Na Bretanha, eles são chamados Léon, Trégorrois ou du Bigouden, e dão lugar a um florescimento de clubes de empresários, rádios locais, festivais e implantação de projetos econômicos. Encontra-se, portanto, terreno favorável para o surgimento de uma cultura empresarial que se tornará a espinha dorsal de todas as estratégias de desenvolvimento local.

Contudo, não se deve confundir os países franceses com determinadas áreas brasileiras, como faz Bocayuva (2001), ao associar as regiões do Grande ABC em São Paulo, o Vale do Itajaí em Santa Catarina, o Vale dos Sinos no Rio Grande do Sul, a Baixada Fluminense no Rio de Janeiro, ou o Triângulo Mineiro em Minas Gerais com as regiões francesas. Essas regiões nada têm a ver com os "países" da França, cujas dimensões, em termos de área e população, são muito menores.

Em junho de 1999, um artigo da lei sobre a orientação para a organização e o desenvolvimento durável dos territórios estipulou que:

> desde que o(s) representante(s) do Estado nas regiões envolvidas esteja(m) de acordo, interrompe-se o estudo do país, até que suas equipes tenham competência, em termos de organização do espaço e de desenvolvimento econômico, para elaborar, em associação com o(s) departamento(s) e a região interessada, uma estrutura de região, levando em consideração as dinâmicas locais já organizadas e portadoras de projetos de desenvolvimento, especialmente no que se refere ao turismo.

Foi o que levou Léo Dayan a destacar que a estrutura dos "países" está destinada a reunir os atores ao redor de um projeto regional decidido na ausência da maioria deles. A nova lei não estimularia o envolvimento de todos os membros de uma sociedade local, nem integraria os universos sociais, não estabeleceria novas relações entre as instituições e as pessoas, nem mostraria a interdependência das numerosas políticas locais.

A estrutura seria elaborada fora de toda a área de projeto comum de desenvolvimento durável (ou local) e seria implantada considerando a maioria das forças vivas como simples consultores. Os autores desta obra se perguntam se não se está diante de uma nova administração do desenvolvimento sustentável (local). (Dayan, 2001). Essa mesma questão é levantada por Beaucire (2001), ao aludir aos projetos que serão prioritários nesses assim chamados territórios de projetos.

Serão vistos a seguir novos conceitos ligados a esse assunto, recentemente apresentados por diferentes autores.

Nova dinâmica local

A referência à nova dinâmica local lembra os comportamentos observados em diversos atores, chamados para desempenhar um papel de certa forma determinante no bom desenvolvimento da economia local, em um contexto em que os recursos intangíveis ocupam um lugar mais importante. O destaque é dado aos recursos que podem ser construídos (competências, saber fazer, qualificações, maneiras de fazer e agir), em vez dos recursos fornecidos pela natureza (Maillat & Kébir, 1999). É o que se deve ter em mente quando uma mina, uma fundição de alumínio ou uma fábrica de papel fecha as portas em uma região periférica que sempre dependeu da exploração de um recurso natural.

O novo olhar lançado para a lógica da dinâmica interna de um ambiente socioeconômico apela para a abordagem mesoeconômica, que invoca o conceito de "meio". O "meio" é visto como um espaço dotado de conexões espaciais que oferecem, a uma grande variedade de atores, condições de informação e facilidades de transação suficientes para garantir a estabilidade e os laços entre as diversas redes presentes. Entra-se na comunidade científica para definir "meio" como um conjunto regionalizado, aberto para o exterior, ou seja, para o ambiente tecnológico e de mercado, que integra e domina o como fazer, as regras, a normas e valores, e o capital relacional (Perrin *et al.*, 1999). Um meio está ligado a um sistema local de produção, ou seja, tanto a um coletivo de atores como a recursos humanos e materiais.

Por se situar no nível **mesoeconômico**, é possível se interessar, em um dado meio, pelos fatores que nele determinam o crescimento econômico. Portanto, o observador não busca mais integrar o espaço às realidades micro ou macroeconômicas; em vez disso, busca determinar as leis próprias ao meio observado, priorizando a variável ecológica. Desse modo, o espaço assume a forma de um todo, cujos elementos (microorganizações) lhe conferem uma dinâmica própria através da sua inter-conexão. Isso leva a definir o conceito de desenvolvimento local integrado e sustentável (Dlis), utilizado há pouco tempo no Brasil (conforme já comentado anteriormente).

Para Franco (2001), o Dlis – um novo modo de promover o desenvolvimento – possibilita o surgimento de comunidades mais sustentáveis, capazes de:

- suprir suas necessidades imediatas;
- descobrir ou despertar suas vocações locais e desenvolver suas potencialidades específicas;
- fomentar o intercâmbio externo, aproveitando-se de suas vantagens locais.

Assim, o Dlis está sendo considerado uma via possível para a melhora da qualidade de vida das populações e para a conquista de modos de vida mais sustentáveis (Figura 4).

Meio inovador e "região aprendiz"

Como uma região-recurso (por exemplo, a Gaspésie ou o Nordeste) pode e deve se desvencilhar da valorização dos seus recursos naturais em um mundo no qual as regiões metropolitanas, sob o impulso da "nova economia", exigem relativamente menos matérias-primas? Aqui, o conceito de "meio inovador" se mostra dos mais pertinentes. Ele faz parte de uma abordagem que vê na região as condições necessárias para o surgimento de uma empresa inovadora. De acordo com os trabalhos do Grupo Europeu de Pesquisa sobre os Meios Inovadores (Groupe de Recherche Européen sur les Milieux Innovateurs – Gremi), a empresa inovadora não existe previamente nos meios locais, mas decorre deles. Esses trabalhos se reúnem aos resultados obtidos por abordagens evolucionistas, que defendem que o surgimento e a difusão da inovação viriam através de alterações sucessivas dentro de um sistema. A inovação aparentemente está enraizada na experiência e na tradição. Ela é a criação de um meio e resulta da inventividade do mesmo.

Figura 4: Principais elementos dos processos de Dlis (Franco, 1999)

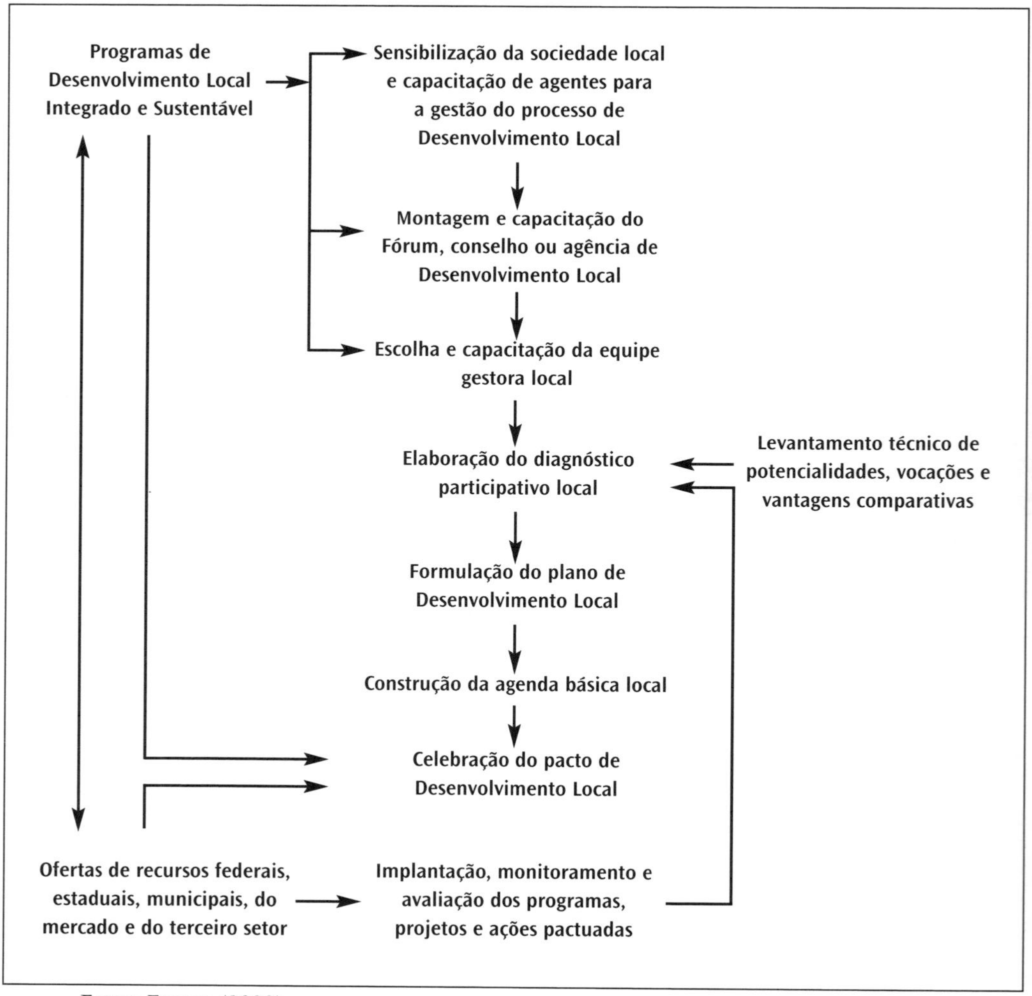

Fonte: Franco (1999).

Os diversos estudos do Gremi permitem conceber três abordagens de meio (Boureille & Guesnier, 1994):[5]

- abordagem transacional: coloca o meio em um âmbito espacial, que permite a redução de incertezas e a transmissão de informações;
- abordagem organizacional: vê o meio como uma forma de organização, que oferece a possibilidade de estruturar melhor as estratégias das empresas;
- abordagem cognitiva: considera o meio como uma fonte de aprendizagem e de saber como fazer.

A partir dessas premissas, o "meio" é visto como um conjunto regionalizado, formado por redes integradas de recursos tangíveis e intangíveis, guardados e gerados por diversos atores. Esses últimos são as empresas, as instituições privadas ou públicas, as coletividades locais públicas etc. O "meio" é dominado por uma cultura própria, fruto de uma longa história (o que dificilmente pode ser observado no Quebec e no Brasil). Por fim, o "meio" é caracterizado pela existência, entre as empresas, de um sistema relacional do tipo cooperação/competição, como se observa entre os distritos industriais e os Sistemas Locais de Produção (SLP, que será explicado com mais detalhes ainda neste capítulo).

O "meio" é inovador quando aproveita suas capacidades de abertura para coletar informações e recursos específicos, dos quais seu sistema de produção depende para inovar. Ele também é inovador na medida em que gera processos passíveis de estimular novas combinações técnico-produtivas. Contudo, o "meio" não seria uma categoria à parte de SLP, mas um conjunto cognitivo do qual depende seu funcionamento, e através do qual é expressa a autonomia de ação que dá lugar às iniciativas dentro dos SLP (Courlet, 1999).

Abramovay (2000b), tendo em mente o espírito do SLP do Vale do Itajaí – SC, considera que o fenômeno da **proximidade social** é mais importante que as vantagens competitivas dadas por

---

[5] Para uma síntese sobre os meios inovadores, ver também Hsaini, A. "Le dépassement des économies d'agglomération comme seule sources explicatives de l'efficacité des SPL". *Revue d'économie régionale et urbaine*, n. 2, 2000.

atributos naturais, de localização ou setoriais. É isso que permite uma forma de **coordenação entre os atores** capaz de valorizar o conjunto do ambiente em que atuam e, portanto, de convertê-lo em uma base para empreendimentos inovadores.

Embora diferente do conceito de "meio inovador", o de "região aprendiz" não está muito distante do primeiro. Esse conceito se refere a uma visão nova da economia, baseada nos conhecimentos e na aprendizagem, enquanto o "meio inovador" destaca essencialmente o processo de inovação. Na verdade, o conceito de "região aprendiz" complementaria o de "meio inovador", ao chamar a atenção para os diferentes processos de aprendizagem que influenciam a evolução das regiões. Ele permite compreender que o desenvolvimento de conhecimentos está na base do desenvolvimento regional. O conceito ainda é novo e foi tema de poucos estudos empíricos. Com o conceito de "meio inovador" ocorre o contrário.

Os trabalhos de André Joyal realizados com o geógrafo Laurent Deshaies, na região central do Quebec, mostram que a inovação se mostra possível sem que as empresas envolvidas tenham se beneficiado de tal dinâmica local. Não se trata de uma refutação da teoria dos "meios inovadores", mas, antes, de uma demonstração de que, mesmo na falta de um "meio" de verdade, pode ocorrer inovação.

No caso do Quebec, as PME pesquisadas, em sua maioria no meio rural, não podem estruturar, em seu ambiente próximo, ligações estreitas com outras PME similares, considerando-se seu número muito pequeno e sua grande dispersão. Nessas condições, a inovação vem da capacidade de criação dos dirigentes dessas PME, ou dos contatos que estas mantêm fora do lugar a que pertencem (Joyal & Deshaies, 1996).

Resultados similares foram obtidos a partir de uma pesquisa feita pelos dois autores deste livro, realizada nas regiões nordeste, leste e centro do estado de São Paulo, que será apresentada nos Capítulos 4 e 5 (Ferrari, Martinelli & Joyal, 2000; Martinelli, Cônsoli & Joyal, 2000; Martinelli & Joyal, 2001; Ghisi, Martinelli & Joyal, 2001).[6] Observa-se a existência de inovação sem meio adequado, mas compreende-se que ela poderia ser melhor estimulada pela presença de

---

[6] Artigos publicados no Brasil pela equipe participante da pesquisa nas regiões mencionadas. Seus resultados parciais são mostrados nos Capítulos 4 e 5 desta obra.

inter-relações das PME de uma dada região, desde que elas possuíssem variedade e número suficientes.

Os distritos industriais

Vários pesquisadores quebequenses e brasileiros demonstraram, nos últimos anos, grande interesse pelos trabalhos de economistas italianos sobre o nordeste da Itália (chamado *Terza Italia* ou Terceira Itália), caracterizado por um aumento das PME trabalhando em grupo, em um mesmo setor de atividade, como cerâmica industrial, lã ou calçados.

Esses colegas italianos se inspiraram nos últimos trabalhos de Alfred Marshall, autoridade absoluta nesse assunto, em Cambridge, desde 1890. O autor de dez edições dos *Princípios de Economia Política* (1934) havia mencionado as economias de aglomerados, decorrentes da concentração de empresas em um mesmo local. Como ele utilizou a expressão "distrito industrial" para designar essas concentrações de empresas de um mesmo setor de atividade, falar-se-á de "externalidades de Marshall" ao se mencionar as vantagens que podem ser obtidas pelas empresas graças às suas relações fora do mercado. Trata-se das trocas de informações permitidas pelo efeito da proximidade. Em um dado lugar, operários, funcionários, dirigentes, vigias noturnos e suas esposas, têm oportunidades para conversar sobre as diversas iniciativas tomadas por uns e outros.

A partir de observações feitas nos Estados Unidos e na Inglaterra, Marshall destacou que as empresas se reagrupam em um mesmo local por três razões:

- reduzir os custos de transporte de compras e de entregas;
- aproveitar a existência de uma mão-de-obra qualificada e, dependendo das circunstâncias, disponível;
- facilitar as transferências de conhecimento.

Mais tarde, ao mencionar as trocas informais passíveis de disseminar novas idéias, será abordado o conceito de "sinergia regional".

A famosa obra de M. Piore e C. Sabel, *The Second Industrial Divide* (1989) sobre a produção flexível em um contexto econômico "pós-Ford" contribuiu muito para chamar a atenção para os distritos industriais italianos, graças aos trabalhos iniciados por Beccatini (1991) e Brusco (1982), entre outros.

As características básicas de um distrito industrial são:

- a concentração de um número elevado de PME especializadas em uma atividade específica (vestuário, calçado, maquinaria, cerâmica, bordado, metalurgia);
- a cooperação justaposta a uma situação de competição, a partir da qual foi criado o neologismo "coopetição" para designar essa situação completamente estranha ao que prega a teoria econômica dominante, ou seja, que pode haver laços de solidariedade e de cooperação entre empresas concorrentes;
- uma capacidade de produção flexível, que permite uma adaptação contínua às necessidades de uma demanda em perpétua evolução;
- uma mão-de-obra impregnada de um "saber fazer" que, no caso europeu, tem sua origem em tradições antigas, por vezes seculares;
- um apoio das administrações locais, capazes de contribuir para "vender" uma imagem característica do distrito para o cenário internacional.

O interesse suscitado no Quebec pelos distritos industriais italianos não deixa de surpreender, uma vez que ali há dificuldade para identificar um ou dois deles. O crescimento que conheceram na Itália, nos anos de 1960 e 1970, se deve a fatores não-transferíveis para outro contexto. A presença de mão-de-obra abundante, temporária e de origem rural, assim como a existência da tradição artesanal, contribuiu muito para o desenvolvimento dessas pequenas empresas, que se beneficiaram de um tipo de intermediário (*impannatori de panna*, aquele que tem sempre a responsabilidade de dar as instruções, organizar a produção e programar as entregas), inconcebível em outro contexto.

Contudo, o que deve ser lembrado se refere à produção flexível, que busca uma vantagem concorrencial acentuada dessas pequenas empresas. A isso se soma a implantação de redes de informação, que reduzem os custos das transações (as informações se referem às diferentes funções da empresa). A densidade da população brasileira justifica, em certa medida, a referência aos distritos industriais italianos, como fazem Cocco & Galvão (2001). Enquanto se desenvolvia um interesse por essa forma de produção regionalizada, os autores franceses e suíços, por sua vez, falavam de sistemas locais de produção.

O interesse de governos e pesquisadores de diversos países, entre eles o Brasil, na aplicação dos modelos de industrialização localizada, deveu-se ao sucesso alcançado pelos programas de desenvolvimento industrial descentralizado, aplicado em algumas regiões da Europa, bem como o êxito alcançado nessas regiões, em termos de competitividade internacional, geração de empregos e crescimento da renda.

Para isso, havia a necessidade de uma indispensável política nacional de descentralização, que substituísse a contínua interferência dos governos centrais em ações eminentemente regionais e endógenas, caracterizadas como pertencentes ao âmbito exclusivo da política local.

Essa descentralização demanda maior atuação do governo central e uma maior sofisticação dos instrumentos de política, no nível nacional, para servir como guia do processo de descentralização, ao mesmo tempo em que se torna necessário romper a dependência em relação ao governo central (Borba, 2000).

Assim, paralelamente à reformulação das políticas públicas, dirigidas à aplicação de novos conceitos de desenvolvimento que possam reformular a imprescindível relação entre política local e nacional, é de extrema importância analisar as experiências relevantes já documentadas e amplamente discutidas, dentre as quais se pode destacar aquelas realizadas no norte da Itália, pela sua diversidade e originalidade.

Putnam (*apud* Borba, 2000), ao estudar os fatores básicos que levaram ao tão comentado e analisado desenvolvimento italiano, observou, no impulso industrial, a relevância dos contextos social, econômico, político e cultural para o sucesso das iniciativas colocadas em prática, com base na descentralização da atuação, em prol dos governos regionais, pelo governo federal da Itália. Percebeu-se que as diferenças de desempenho dos governos locais tinham ligações profundas com a história de cada região, o que explicava aspectos fundamentais da democracia, do desenvolvimento econômico e da vida cívica.

A industrialização ocorrida na Itália é uma combinação da descentralização industrial e de agrupamentos industriais. Ela se caracteriza por ser composta de redes de pequenas e médias empresas, concentradas em uma determinada cidade, cada uma delas especializada em um estágio do processo de produção de um mesmo tipo de bem e ligada ao mesmo mercado. Essa descentralização do processo de produção permite grande flexibilidade e alta produtividade.

Esse processo de descentralização produtiva tende a levar a um rápido crescimento das PME, sendo o papel atual do Estado diferente daquele desempenhado no passado, quando predominavam a produção artesanal, a pequena propriedade agrícola e as famílias numerosas.

De acordo com Borba (2000), as principais características desses distritos industriais são:

- flexibilidade, em grande parte baseada em PME que funcionam à base de subcontratação;
- capacidade de inovação, atribuída à criatividade do pessoal diretamente implicado no processo de produção e ao sistema de valores socialmente legitimado;
- forte articulação com a população local, que dá ao trabalho uma dimensão ética de compromisso entre trabalhadores e empregadores das PME.

Evidentemente, os distritos industriais italianos também se ressentem de alguns dos problemas que afetam outras estruturas industriais, como a concorrência externa cada vez mais intensa, sobretudo dos países asiáticos, as conseqüências da reestruturação e da modernização tecnológica, com o agravamento do desemprego e o crescimento das pressões sindicais por melhores salários. Porém, eles estão muito mais preparados para enfrentar esses problemas, por estarem muito mais ágeis e flexíveis do que estavam com as estruturas de produção tradicionais. Assim, os distritos italianos podem se valer muito mais rapidamente, e de maneira efetiva, das oportunidades de mercado, como enfrentam de maneira mais adequada as ameaças que surgem constantemente no mercado em constante evolução.

Os Sistemas Locais de Produção (SLP)

O conceito de SLP não é definido de maneira completa e aceitável para todos, pois alguns autores não fazem distinção entre distritos industriais e SLP. Esses últimos surgem da observação de fenômenos associados ao desenvolvimento de um dado local, em um contexto de região industrializada ou em desenvolvimento. O conceito faz referência, em primeiro lugar, ao sistema produtivo: os meios de produção, os métodos utilizados na organização da produção, a estrutura da propriedade etc.

O uso do conceito de SLP leva à noção de rede de empresas agrupadas em uma mesma região, estruturadas ao redor de uma mesma atividade, ou de algumas atividades, de uma ou algumas especialidades. Essas empresas, como se viu no caso dos distritos industriais, ao mesmo tempo em que competem, cooperam entre si em vários níveis. Suas relações não se limitam a simples relações comerciais, pois mantêm laços informais, facilitados pela adesão a uma mesma cultura de posse, favorável às relações de proximidade.

Essa cooperação interempresas assume diferentes formas:

- socialização de informações ou tecnologia;
- ações comerciais comuns;
- partilha de investimentos;
- gestão comum das competências locais.

Essas colaborações interempresas também se desenvolvem através de diversas formas de parceria com instituições de ensino e centros de pesquisa. A forma mais comum e mais freqüentemente mencionada de SLP é aquela que, a exemplo dos distritos industriais italianos, engloba uma rede densa de PME pertencentes a um mesmo ramo de atividade. O SLP de *lingerie* em Nova Friburgo (RJ) oferece um belo exemplo.

Apesar da popularidade que o conceito de SLP ganhou nos últimos anos no Quebec, de fato não há nele sequer uma imagem semelhante à apresentada na Europa. No centro do Quebec, a MRC (Municipalidade Regional de Condado) de Maskinongé há pouco tempo se orgulha de ter a maior concentração de PME atuando no setor moveleiro, com mais de 1.300 empregos, o que representa 40% da atividade manufatureira, enquanto a MRC do centro da Mauricie há tempos é conhecida por suas PME do setor de barcos de lazer. Contudo, nesses dois casos, nem o número de empresas nem as tradições de comportamento justificam a associação com as SLP, que podem ser devidamente identificadas na Europa. No velho continente, a história e a densidade da população favorecem mais o desenvolvimento dos SLP que na América do Norte.

É importante levar em consideração a observação de Desjardins (1999), para quem, na falta de uma construção rigorosa do conceito de desenvolvimento local, obtém-se apenas estudos descritivos dos SLP quanto aos dispositivos de produção e do seu ambiente, sem permitir ir a fundo na análise das causalidades. Na verdade, a noção de SLP foi freqüentemente utilizada sem a verificação de sua pertinência. Em conseqüência, deve-se refletir sobre o tema; do contrário os riscos de erro ou de associações não pertinentes se sucederão.

É isso que uma obra coletiva, publicada recentemente pela Datar de Paris tentou evitar. Claude Courlet, da Universidade de Grenoble, considera as SLP como um conjunto caracterizado pela proximidade de unidades produtivas, no sentido amplo do termo, que mantêm entre si relações de intensidade maior ou menor. Essa intensidade das ligações mantidas entre as unidades de produção depende muito da organização e do funcionamento de um sistema de produção fortemente caracterizado por uma combinação surpreendente: mercado e reciprocidade.

Franco (2001) observa que a idéia de vantagem comparativa remete quase automaticamente à idéia de competição, mas a diversidade é também a base para a cooperação. Ele acredita que as duas dinâmicas – cooperativa e competitiva – estarão sempre presentes nos processos de desenvolvimento local, e esta, talvez, constitua uma de suas principais características. É exatamente essa a realidade observada que, mais uma vez, põe em discussão um dos princípios básicos da economia política clássica, ou seja, a separação entre o econômico e o social (Courlet, 2001). Portanto, não surpreende, como mencionado na Introdução, que os economistas possam ser divididos em duas categorias: os que acreditam em desenvolvimento local e os que não acreditam. É nessa mesma obra que se encontra o exemplo brasileiro que André Joyal pôde visitar, no Vale dos Sinos, ao norte de Porto Alegre.

Pode-se mencionar que mais de quinhentas empresas locais, fabricantes de calçados, são mantidas por mais de uma centena de curtumes, mais de duzentos fornecedores de peças soltas, mais de setecentas oficinas domésticas, e 45 pequenos montadores de maquinaria para couro e para a fabricação de sapatos. O entusiasmo dos autores é nítido quando escrevem que essa combinação de tradição industrial, multiplicidade de fornecedores especializados disponíveis e livre circulação de conhecimento especializado traz para a indústria de calçados da região uma dimensão raramente observada, que lhe permite exportar um terço da sua produção (Nadvi & Schnitz, 2001). Como é verde a grama do vizinho!

E, de fato, o reverso da moeda do que poderia ser esse SLP não escapou a André Joyal.[7] Considerando-se que cerca de 60% dos empregos da cidade estão ligados a esse setor de atividade, em vez de ver nisso uma vantagem, os atores locais se dão conta de que esse é um sério ponto fraco. Daí seus esforços (conforme se verá no Capítulo 3) para promover a diversificação da economia local, com o objetivo de torná-la menos dependente dos "humores" de um único produto, cujos preços são determinados internacionalmente.

Também lamenta-se a concorrência de regiões em que a mão-de-obra é mais barata, ou daquelas que oferecem diferentes incentivos fiscais. Embora os observadores ocidentais se empenhem, entusiasmados, em descrever os comportamentos de cooperação dos dirigentes de PME pertencentes a um SLP, aqui, ao contrário, há queixas a respeito de comportamentos individualistas retrógrados, nos quais predomina o conservadorismo, o que se revela um obs-

[7] Ele teve a oportunidade de atuar nesse SLP em junho de 2000, em uma operação que visava a diversificar a economia local. Em maio de 2001, foi o responsável pela recepção de uma delegação de mais de vinte representantes do meio socioeconômico dessa região, interessados na diversificação econômica.

táculo à inovação. Os tomadores de decisões econômicas locais, com o objetivo de alterar o rumo da situação, estão à procura de uma "nova administração", para utilizar um outro conceito, que precisa ser definido, e que deveria ser precioso para o futuro das nossas regiões.

A governança local

O conceito de "governança", apresentado no início dos anos de 1990 por diversos autores ingleses, é utilizado para designar as diferentes formas de regulamentação e coordenação das atividades econômicas de uma região. Hoje, o termo é utilizado em relação a uma forma de organização interempresas que ultrapassa as simples relações de compra e venda. Em grande parte, é a Salais & Storper (1993) que se deve sua aplicação nas relações entre os atores de uma dada região. Fala-se em convenções que permitem a coordenação das ações ou iniciativas que conferem à região sua identidade econômica.

Alguns autores franceses definem a governança local como um processo institucional de compatibilização de compromissos entre atores geograficamente próximos, com a finalidade de solucionar um problema de produção. Eles se referem a atores-chave, que realizam as mediações institucionais "local-global", ao se tornarem responsáveis pela dinâmica institucional de uma região. Seu papel se mostra determinante no surgimento de um compromisso territorial dentro de três formas de governança local. A primeira, dita governança privada, está evidentemente associada ao setor privado que, ao ser reunido em uma associação profissional, dá lugar a uma governança coletiva privada. A segunda forma, chamada governança pública, compreende todos os serviços coletivos de um dado lugar. Por fim, há a governança mista, que, como se pode deduzir, é um amálgama das duas primeiras (Dupuy *et al.*, 2000).

Por sua vez, Andrew & Juillet (1999) mencionam as seguintes dimensões:

- a capacidade de compreender os problemas socioeconômicos e ambientais do meio urbano de maneira holística e transversal;

- a participação ativa dos cidadãos nos processos decisórios e na administração da vida urbana;
- desenvolvimento de parcerias entre a administração municipal e os atores dos setores comunitários privados.

Esses novos modos de governança local são vistos como vias de progresso na direção de formas de desenvolvimento menos nocivas e mais sensíveis às dimensões sociais das comunidades locais.

Por seu lado, Mario Carrier, da UQAT (Universidade do Quebec em Abitibi-Témiscamingue) e Bruno Jean, da UQAR (*apud* Carrier & Jean, 2000) mostram que a noção de governança surgiu com o aumento de importância das abordagens regionais na economia. Eles associam esse conceito ao triplo E (Estado, Eleitos e Empresas), que serve para designar uma nova maneira de ver as regiões no contexto de seu desenvolvimento econômico e social. Deve-se compreender que essa noção interessa de modo especial aos pesquisadores que buscam compreender os mecanismos da ação coletiva dentro das organizações e nas regiões.

Em sua revisão da literatura sobre o tema, esses autores se detêm especialmente na obra do inglês Gerry Sacker, que busca teorizar a noção de governança a partir de cinco propostas (Carrier & Jean, 2000). Duas delas são descritas a seguir:

- a governança estimula a intervenção de redes de atores autônomos. Essas redes não se satisfariam em influenciar o governo, mas buscariam substituí-lo. Considerando-se que essas redes funcionam sobre uma base informal, caberia ao Estado, durante a gestão da sua governança, cuidar, de uma maneira ou de outra, para que elas ajam de modo responsável;
- a governança parte do princípio de que é possível agir sem necessitar da intervenção do poder e da autoridade do Estado. Desse modo, como foi observado, o papel não é mais o de intervir diretamente, e sim o de inovar em técnicas e ferramentas a serem utilizadas para orientar a ação coletiva.

Desse modo, no nível regional, a governança se refere ao estabelecimento de redes entre os diferentes atores chamados a influenciar o futuro do seu ambiente imediato, através de atitudes próprias ao desenvolvimento local. Franco (2001) se refere a isso, quando alude a

> uma ação cidadã nas coletividades onde vivem os excluídos, estabelecendo espaços ético-políticos alternativos de desenvolvimento local, compatíveis com a escala humana, das pessoas, isto é, capazes de possibilitar a efetivação daqueles laços de solidariedade que podem promover as suas vidas.

Falar de administração leva, inevitavelmente, a um outro conceito, o de "capital social", cuja paternidade cabe ao sociólogo Pierre Bourdieu, de cujas idéias inclusive seus discípulos norte-americanos se aproveitam ao máximo.

O capital social

Será que se presencia aqui o que os anglo-saxões qualificam como *buzzword*, ou seja, uma palavra cada vez mais utilizada por influência da moda?[8] Pode-se pensar nas inter-relações realizadas pelos atores locais em redes formais ou informais (como será visto no Capítulo 3) em um dado lugar, com base em uma confiança recíproca.

Paula (2001) define capital social como "um conjunto de valores ou normas informais, comuns aos membros de um grupo, que permitem a cooperação entre eles". Na realidade, o capital social seria uma noção que serviria para descrever muito mais que as características inter-relacionais mantidas pelos indivíduos pertencentes a uma coletividade devidamente estruturada. Capital social trata da intensidade de atividades anuladas, associadas à vida econômica das forças vivas locais, em um espaço de intervenção que serve como base para o desenvolvimento local.

Abramovay (2000) aponta que a recente incorporação do termo capital social ao vocabulário das instituições internacionais de

[8] Em 1968, um jovem funcionário em início de carreira na administração pública na Argélia perguntou a André Joyal o que significava "capital social". Na época, seus poucos conhecimentos de contabilidade gerencial foram de alguma utilidade.

desenvolvimento é um sinal dos tempos. Em contraposição à ênfase dominante nos anos de 1980 – e de maneira cada vez mais explicitamente crítica com relação ao ideário do Consenso de Washington – o Banco Mundial, a FAO (Organização das Nações Unidas para Agricultura e Alimentação) e a UNCTAD (Conferência das Nações Unidas sobre Comércio e Desenvolvimento)[9] convergem hoje para colocar em destaque as **condições institucionais** das quais depende o desenvolvimento.

Sempre de acordo com Abramovay (*op. cit.*), a noção de capital social é uma espécie de resposta a um dos mais decisivos mitos fundadores da civilização moderna, o de que a sociedade é um conjunto de indivíduos independentes, cada um agindo para alcançar objetivos aos quais chegam independentemente uns dos outros, com o funcionamento do sistema social consistindo na combinação das ações dos indivíduos independentes. Ainda segundo o autor, a noção de capital social permite ver que os indivíduos não agem independentemente, que seus objetivos não são estabelecidos de maneira isolada e que seu comportamento nem sempre é estritamente egoísta.

Continuando com Abramovay (*op. cit.*), ele observa que o capital social é produtivo, uma vez que torna possível que se alcancem objetivos que não seriam atingidos na sua ausência. Ele cita como exemplo os agricultores, que formam um fundo de aval que lhes permite acesso a recursos bancários que, individualmente, lhes seriam negados, além das relações de confiança entre eles e os próprios bancos, que podem ser consideradas como um ativo social capaz de propiciar geração de renda.

Em sua revisão da literatura, Carrier & Jean (2000) destacam que o capital social é definido como uma realidade inerente à estrutura das relações entre os atores sociais. Ele se manifesta através das redes, das normas sociais e das relações de confiança, e se desenvolve na cooperação e na ajuda mútua. O conceito, portanto, está intimamente ligado ao de "coesão social", popularizado nos últimos anos através dos trabalhos da OCDE (Organisation de Coopération et de Développement Economiques – Organização

---

[9] Ver, por exemplo, os artigos semanais de Rubens Ricúpero na *Folha de S. Paulo*.

para a Cooperação e Desenvolvimento Econômico).[10] Chega-se mesmo a associar o capital social a uma forma de cultura empresarial coletiva, referindo-se às instituições e aos comportamentos capazes de estimular a criação e a consolidação de empresas locais. Naturalmente, esse empresariado coletivo nada tem a ver com a criação de cooperativas ou outras formas de empresas autogeridas, que em um passado recente eram designadas empresas alternativas, expressão que deu lugar à de "empresas de economia social".

As regiões em dificuldades estariam em déficit de capital social ou, como mostra o Capítulo 3, para que se possa implantar uma estratégia capaz de levar a um futuro melhor, a coesão social deve impor sua presença. É por esse motivo que Franco (2001) escreveu que o Dlis se constitui num exemplo típico de estratégia baseada no investimento em capital social. Segundo sua visão, tanto a concepção do processo do Dlis quanto as concepções emergentes dos seus indicadores revelam que o capital social não é apenas um fator que se deve fortalecer para promover o desenvolvimento. Além dele, sua variação sinérgica pode ser capaz de captar a dinâmica sistêmica dos processos de desenvolvimento que perseguem a sustentabilidade.

Programa de Desenvolvimento Comunitário Viva Rio

Um exemplo interessante que pode ser citado é o Programa de Desenvolvimento Comunitário Viva Rio. O Viva Rio está filiado ao Ifat (International Federation for Alternative Trade) e tem como foco o desenvolvimento local e a economia solidária nas comunidades de baixa renda no Rio de Janeiro. Sua base vem do fato de que na cidade, antes dual em termos de acesso aos serviços urbanos e à renda, as desigualdades sociais se ampliam, exigindo um novo conceito de desenvolvimento urbano, que permite à cidade o acesso a um ambiente econômico inovador e capaz de gerar trabalho e renda. Com isso, aproxima a política urbana das iniciativas de desenvolvimento econômico local e abre caminhos de desenvolvimento

[10] Faz parte das prioridades do Conselho de Pesquisa em Ciências Sociais do Canadá.

endógeno nas comunidades de baixa renda, para que possam evoluir, utilizando o potencial existente na região.

O Viva Rio nasceu em dezembro de 1993. Sua criação foi uma resposta espontânea ao clima de insegurança que pairava sobre a cidade: tensões nas relações políticas locais, perdas econômicas, crise social, onda de seqüestros, o assassinato de oito meninos junto à Igreja da Candelária, a chacina de 21 pessoas em Vigário Geral etc.

Atendendo a um chamado do Viva Rio, a cidade vestiu-se de branco, parou por dois minutos, fez silêncio e pediu paz. Desde então, com o apoio e o carinho da população, o Viva Rio desenvolve campanhas de paz e projetos sociais. Trabalha com cerca de quatrocentas comunidades de baixa renda em 34 municípios do estado do Rio de Janeiro. Segundo o conselho do Viva Rio, sua missão é *mobilizar e integrar o Rio de Janeiro para implementar uma cultura de justiça e paz.*

As idéias que norteiam os projetos da instituição são:

- **paz:** trabalhar em prol de um Rio de Janeiro de paz e sem violência;
- **exclusão:** promover ações que reduzam a exclusão social;
- **integração:** promover a integração social;
- **desenvolvimento:** consolidar-se como instituição de apoio ao desenvolvimento social, econômico e tecnológico às comunidades de baixa renda e à população em geral;
- **cidadania:** criar, estimular e promover ações que contribuam para o fortalecimento da cidadania e para a inclusão social de setores desfavorecidos;
- **qualidade de vida:** alcançar a cidadania plena, com excelente qualidade de vida para toda a população;
- **institucionalidade da sociedade civil:** mobilizar e articular os cariocas e fluminenses para o pleno exercício da cidadania;
- **astral:** levantar a auto-estima da população.

No Viva Rio, entre outros programas, encontra-se o projeto Estação Futuro, que busca unir a ponta da exclusão à da inovação. A Estação Futuro não só possui uma dimensão de um centro de treinamento e de acesso às tecnologias da informação, mas também procura apoiar a promoção e o fomento de empreendimentos econômicos nas favelas do município do Rio de Janeiro e em comunidades de baixa renda do estado.

Em 2001, as Estações Futuro do Viva Rio, que são agências de desenvolvimento local com internet, instaladas nas favelas do Rio de Janeiro, ganharam o prêmio de melhor projeto social concedido pela Wireless Communications Association International – WCA.

O projeto Estação Futuro procura apoiar empreendimentos econômicos, sociais e culturais nas comunidades do Programa Rio Informático, bem como nos locais onde o Viva Rio desenvolve algum tipo de atividade. O programa visa basicamente a:

- garantir acesso aos serviços financeiros (crédito, seguro, poupança) e aos não-financeiros (capacitação, assessoria técnica) existentes;
- criar grupos de compras via internet para micro e pequenos empreendedores;
- investir na formação de cooperativas e associações de produtores locais;
- desenvolver um sistema de monitoramento no qual a referência para a elaboração e a avaliação dos indicadores sejam os próprios beneficiários;
- integrar os serviços já existentes no Viva Rio, como o microcrédito, a comercialização, o seguro social, o portal, a oferta de empregos e outros serviços comunitários da rede de proteção social, como educação, direitos humanos, meio ambiente e esporte (através de uma logística de centros de negócios).

A estrutura dos centros de negócios pode ser vista ao lado:

Figura 5: Centros de negócios no projeto Viva Rio

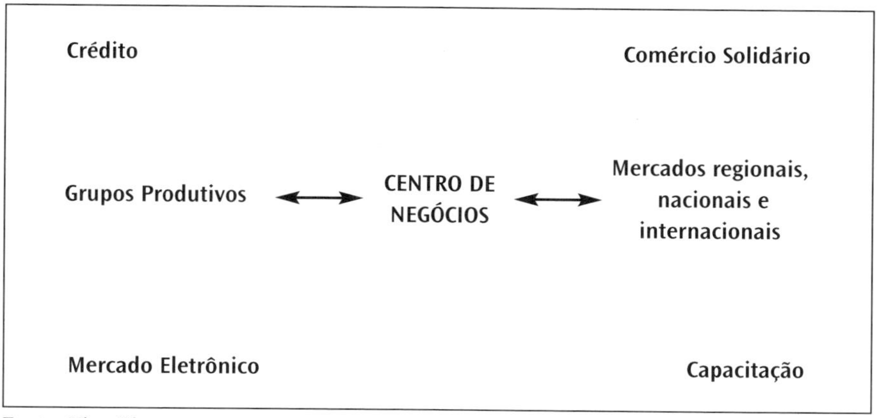

Fonte: Viva Rio.

De forma mais específica, esses centros de negócios possibilitam o desenvolvimento de atividades integradas, tais como:

- fomento à cultura empreendedora (apoio à gestão e ao desenvolvimento de negócios);
- divulgação de atividades de fortalecimento da cooperação econômica local (acesso a um sistema de informação de mercado, a redes de fornecedores e a redes de comercialização);
- diversificação de atividades produtivas territoriais (agentes de comercialização, serviços de projetos e serviços de apoio a novos processos produtivos);
- desenvolvimento de um mercado de trabalho local qualificado e com elevado grau de empregabilidade;
- melhoria do nível de informação e de capacitação gerencial dos empreendedores locais (serviços de assessoria gerencial e financeira);
- estímulo à integração econômica dos principais núcleos com mercados externos (promover formas de integração econômica vertical e horizontal).

Para que as relações entre os agentes de negócios se efetivem, foi criada uma estrutura de apoio capaz de potencializar essas relações, o portal Viva Favela, que integra a rede dos projetos comunitários pela internet, gerando novas formas de integração e redes econômicas. A estrutura do portal Viva Favela é apresentada abaixo:

Figura 6: Estrutura do portal Viva Favela

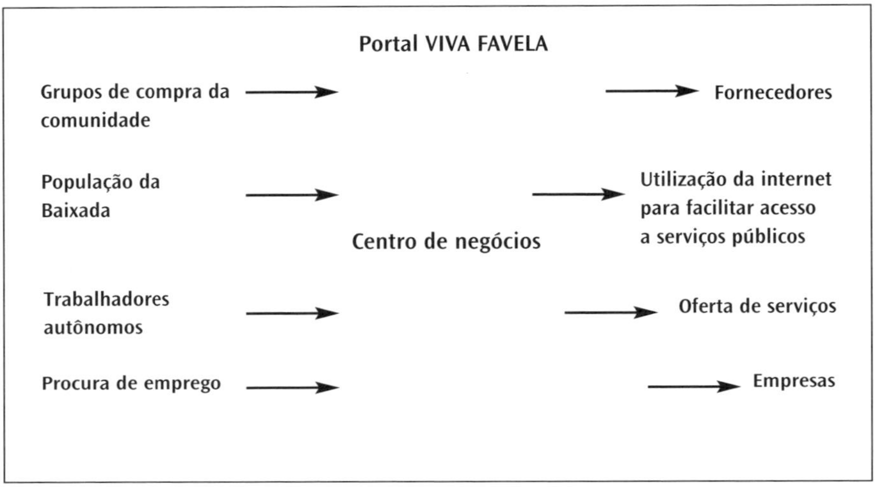

Fonte: Viva Rio.

O Dlis é entendido e apresentado como um projeto adequado aos tempos de globalização. Apesar de o conceito de globalização ser muito subjetivo, quase todo mundo identifica (ou pelo menos intui, através da percepção ou de cognição empírica) que se vive novos tempos. Projetos inovadores, mesmo que genéricos, ganham simpatia coletiva. A suposta adequação da idéia de Dlis ao processo de globalização estabeleceu possibilidades de adesão de vários atores na sociedade brasileira. Tratava-se de responder a antigos dilemas teóricos dos gestores de políticas sociais, que tinham dificuldades em articular sua ação à dimensão econômica, ou seja, compatibilizar políticas de combate à pobreza frente às variáveis macroeconômicas.

O conceito de Dlis, tal como apropriado no contexto brasileiro, foi entendido como uma estratégia capaz de garantir a inserção econômica competitiva de determinados locais no mundo globalizado, ao mesmo tempo em que se apresentava como uma contratendência aos efeitos perversos da reestruturação produtiva, resultado da mesma globalização. Esse movimento tornava compatível o dilema de conciliar a produção de políticas sociais de combate à pobreza com as tendências econômicas em curso no mundo contemporâneo. Além disso, procurava superar a reconhecida limitação das políticas sociais para enfrentar os desafios da pobreza. Assim, o Dlis passou a ser a principal oferta de ações inovadoras e multissetoriais.

Os projetos de Dlis têm elementos bastante sedutores para uma aproximação ao tratamento da pobreza, visto que incorpora o já tradicional modelo de práticas participativas, com a determinação de funções e lugares para as populações pobres no processo de desenvolvimento e no mundo globalizado. Os processos de capacitação (um dos eixos centrais das ações de Dlis) supõem a possibilidade de incremento da aptidão dos mais pobres (ou "excluídos") para o empreendedorismo (Miranda & Magalhães, 2001).

Projeto Banco do Nordeste e Metodologia Gespar

O Banco do Nordeste, ao desenvolver o Projeto Banco do Nordeste/PNUD, em 1993, criou a Metodologia Gespar (Gestão Participativa para o Desenvolvimento Local). Essa metodologia buscava, numa primeira fase, capacitar as organizações associativas dos produtores rurais e urbanos. A partir de 1996 passou a assumir a estratégia do desenvolvimento local como seu eixo (Silveira, 2001).

A Metodologia Gespar compreende três focos de desenvolvimento: o empresarial, o institucional e o comunitário. Os principais processos incluídos nessa metodologia são:

- mobilização e sensibilização;
- elaboração de pré-diagnósticos e planos referenciais participativos;
- capacitação organizacional, desenvolvimento empresarial e desenvolvimento institucional;
- formação de facilitadores/multiplicadores e estímulo ao surgimento de novas institucionalidades que reflitam o empoderamento dos atores locais.

Para Zapata *et al.* (2001), que se baseou na metodologia Gespar, o desenvolvimento local se baseia em um novo paradigma de desenvolvimento humano, caracterizado por quatro dimensões:

- **econômica:** centrada nos níveis de eficiência, através da capacidade de usar e articular os fatores produtivos endógenos, em busca de oportunidades de trabalho e renda, de maneira a integrar as redes de pequenas empresas e fortalecer as cadeias produtivas locais;
- **sociocultural:** busca maior equidade social, através do aumento da participação dos cidadãos nas estruturas de poder, tendo como referência a história, os valores e a cultura local;
- **político-institucional:** visa a permitir, através da expressão política e de maior representação dos segmentos sociais, a construção de políticas territoriais negociadas entre os agentes governamentais, do mercado e da sociedade civil, criando um ambiente inovador e favorável às transformações da economia local;
- **ambiental:** centrada na compreensão do meio ambiente como ativo de desenvolvimento, considerando o princípio da sustentabilidade em qualquer opção transformadora.

Trata-se de empreender um conjunto de ações em torno de três eixos que se articulam e se reforçam mutuamente: a formação do capital humano e do capital social, o desenvolvimento produtivo do território e a concepção participativa para a gestão do desenvolvimento (Zapata *et al.*, 2001).

Portanto, o que importa é entender o território como o "corpo" de um organismo socioeconômico, referindo-se a uma forma de sistema regionalizado ou, ainda, à forma de "meio". Seu surgimento ocorre quando as pessoas que nele vivem estabelecem relações formais (redes) e informais (interpessoais). Essa visão da realidade territorial, como será visto, se mostrará bastante útil para abordar o conceito de "meio inovador".

3

Desenvolvimento local: como?

Em um combate, não é o tamanho do cão que conta,
mas sim o desejo de vencer.
Provérbio chinês

Quem conhece Crouse Creek? Ninguém. E não é para menos: trata-se de um lugar perdido no norte do estado de Utah, nos Estados Unidos. Há alguns anos, um jovem enviou um pedido de socorro pela internet. Sua aldeia, habitada por menos de cem famílias, corria o risco de desaparecer. Ele pedia ajuda para tentar evitar o fim de sua comunidade.

Mais próximo dos canadenses, no Quebec, há Chandler, na Gaspésie. Quando a empresa Gaspésia fechou as portas, a população local se viu à beira da catástrofe. Ocorreu o que François Plassard chama um "acontecimento de microrruptura": a gota d'água que faz transbordar o copo (Plassard, 1988). Como se pode antever, esse acontecimento de microrruptura pode ser o fechamento da última empresa importante em uma dada sub-região, o fechamento da fábrica de uma cidadezinha monoindustrial, a imposição de novas cotas ao setor pesqueiro, o fechamento de instituições de ensino ou de saúde em decorrência de uma reforma administrativa etc. A ação torna-se a única escolha, e a coletividade atingida reage, criando meios para tomar seu destino nas próprias mãos.

Reencontra-se aqui a imagem de uma forma de "bricolagem" que traz um sentido às localidades nas quais surgem problemas de desenvolvimento. Mesmo que nenhuma história ou testemunho pareça ser semelhante a outro, considerando-se as diferenças de contextos humanos e econômicos, podem ser retiradas lições de todas as experiências. Algumas constantes são sempre encontradas. Não se trata de pessoas, de acontecimentos ou de instituições, mas de funções preenchidas por diferentes atores, de forma mais ou menos consciente. Uma delas, chamada "função catalisadora", ilustra bem a expressão "isso não pode continuar assim".

A persistência de um nível elevado de desemprego, as buscas, em vão, por mudanças, as decepções com as intervenções governamentais e a redução dos serviços públicos são fatores passíveis de afetar um determinado meio. A reunião desses fatores estimula determinados líderes socioeconômicos a se reunirem para, no mínimo, avaliar a situação. A abertura para o mundo exterior se torna um dos componentes dessa função. O conhecimento daquilo que é feito em outros lugares para solucionar problemas semelhantes funciona como estímulo. Experiências bem-sucedidas em outros lugares permitem acreditar em novas possibilidades. "Por que não aqui?", será dito a testemunhas favoráveis. É com isso que o jovem de Crouse Creek contava. Seria oportuno lhe sugerir apelar para fontes de fora da sua aldeia, de modo a desenvolver diversas parcerias dentro de uma massa crítica suficiente para permitir idealizar um plano realista de desenvolvimento.

Estrutura piramidal x redes

Uma estrutura piramidal tradicional, utilizada ao longo de décadas na maior parte das organizações empresariais, assim como por um grupo de pessoas buscando realizar determinada tarefa e atingir um certo objetivo, pressupõe pessoas organizadas em níveis hierárquicos, cada um deles composto por um número menor de integrantes em relação ao nível imediatamente inferior. A base da pirâmide pode ser mais ou menos ampla, mas o topo é sempre composto por uma única pessoa, com muito poder e que tende a centralizar as decisões. Em termos de comunicação, as ordens tendem a ser passadas de cima para baixo e as informações de baixo para cima.

A organização piramidal pressupõe níveis de poder de decisão e a responsabilidade pela realização dos objetivos perseguidos está associada a ele. O poder e as responsabilidades vão se concentrando, cada vez mais, da base até o topo da pirâmide, passando por tantas instâncias intermediárias quantas forem os níveis hierárquicos, que refletem o tamanho da organização. Assim, na base da pirâmide trabalham muitos, com poucas responsabilidades e pouco poder; no topo, tem-se poucas pessoas, com um excesso de responsabilidades e de poder, muitas vezes, inclusive, utilizado de maneira inadequada, improdutiva e injusta.

O tipo de organização acima citado foi o que predominou durante muitas décadas e que, em grande parte, ainda predomina em muitas sociedades, por questões culturais. Uma alternativa à estrutura piramidal e que ganha cada vez mais espaço nas sociedades e mesmo no meio empresarial é a estrutura de redes. Nela, seus integrantes se ligam horizontalmente a todos os demais, diretamente ou através dos outros membros que os cercam (sem níveis hierárquicos). O conjunto resultante é uma malha com múltiplos fios, que se pode espalhar tanto quanto se queira, indefinidamente, para todos os lados, sem que nenhum dos nós seja o principal ou tenha autoridade e poder superior, exercendo comando e hierarquia sobre os demais. Assim, não há alguém hierarquicamente superior e que centralize as decisões e o poder, mas sim uma vontade coletiva de atuar em grupo e, dessa forma, atingir os objetivos estabelecidos.

Conceito de rede e sua utilização na prática

A palavra "rede" (em francês *réseau, résel*) é uma variante do francês arcaico *réseuil* (do latim *retiolus*, diminutivo de *retis*, "rede", que também originou a palavra francesa *rêts*). Rede define um conjunto de linhas entrelaçadas. Por analogia com a imagem original, chamam-se "nós" da rede todas as intersecções dessas linhas. Os nós são considerados acessos a determinados locais, ou vias de comunicação pelas quais circulam elementos vivos ou informações. Desse modo, a rede se propaga através de fluxos passíveis de quantificação ao longo de arcos agenciados, de acordo com determinadas estruturas, como demonstra a teoria dos grafos (Parrochia, *apud* Racine & Villeneuve, 2001).

A teoria e a utilização prática das redes têm uma acentuada conotação política de afirmação da liberdade e da democracia, uma vez que se considera a ordem como objeto de reinvenção permanente. Assim, pode-se apresentar as redes como um processo de organização social apto a responder às exigências de flexibilidade, descentralização e democracia do mundo contemporâneo, permitindo o exercício da autodeterminação e da autonomia (Martinho, 2001).

As redes são estruturas dinâmicas e indeterminadas, com configuração flexível e regidas por mecanismos de auto-regulação, como são os sistemas adaptativos. Como não têm um centro definido, qualquer ponto da rede é um centro em potencial. As redes, muitas vezes, passam a existir simplesmente fazendo referência à sua existência, como um reflexo da realidade virtual.

Conforme observado por Martinho (2001), os pontos fundamentais que caracterizam a existência das redes são: valores e objetivos compartilhados (que unem os diferentes membros), autonomia de cada integrante, vontade de entrar e permanecer na rede, multiliderança (em vez de hierarquia), descentralização e múltiplos níveis ou segmentos autônomos como possíveis desdobramentos da rede.

Os elos básicos que dão consistência a uma rede são o conjunto de informações que circulam pelos canais que interligam seus integrantes. Pode-se inclusive organizar redes com diferentes objetivos, como acontece em muitos casos. Pretende-se implantá-las cada vez mais no mundo empresarial das pequenas e médias empresas, com o objetivo único de intercâmbio de informações e auxílio mútuo entre elas. Isso será discutido com mais detalhes nos Capítulos 4 e 5.

Nas estruturas de redes todos têm aproximadamente o mesmo poder, já que cada um decide sobre a sua própria ação, não existindo dirigentes e dirigidos. O nível de responsabilidade entre eles também é muito próximo, transformando-se em co-responsabilidade sobre as ações do grupo como um todo. Dado que as redes não comportam níveis muito diferenciados de poder, isso afeta positivamente a circulação de informações, que flui muito mais livremente. Assim, a comunicação melhora muito, contribuindo para um maior envolvimento, comprometimento e motivação de todos, e a livre circulação das informações passa a se tornar uma condição essencial para o bom funcionamento das redes.

Pode-se considerar a situação do poder na rede como seu principal caráter diferenciador em relação aos demais modelos organizacionais. A rede se caracteriza como um conjunto dinâmico de elementos, que mantêm relações isonômicas e de empoderamento entre si. Todos partilham o mesmo grau de poder na rede e isso é o que lhe confere natureza de rede. Em termos práticos, só existe rede com o poder diluído. Esse conceito de diluição do poder, das responsabilidades e das operações estratégicas está na origem da Arpanet, a rede criada pelo Departamento de Defesa dos Estados Unidos para impedir a destruição do sistema de comunicação do país, em caso de conflito nuclear, e que resultou na internet como hoje é conhecida. O princípio era o de distribuir amplamente a capacidade de ação do sistema pelo maior número possível de pontos, de maneira a mantê-la ou ampliá-la (Martinho, 2001).

As redes estão normalmente abertas à entrada de novos membros, desde que estes aceitem as regras de comunicação, de tomada de decisão e de co-responsabilidade envolvidas nelas. Isso não impede que essas regras e definições da rede sejam revistas à medida que esta vá realizando seus objetivos, redefinindo-os ou criando novos. Por outro lado, a saída de alguma pessoa da rede não deve se constituir num problema, visto que a capacidade de auto-organização da rede é muito grande e, assim, o direito à plena liberdade para todos os membros da rede fica, normalmente, assegurado durante todo o tempo.

As redes e o desenvolvimento local

Martinho (2001) apresenta alguns pontos para discussão, com o objetivo de desmistificar o modelo e colocar as redes em prática, visando ao desenvolvimento local. Assim, ele aponta os seguintes aspectos da utilização das redes para o desenvolvimento local:

- **fomento à articulação:** necessário numa perspectiva de incentivo ao desenvolvimento local;
- **capacitação e formação de lideranças:** só assim os processos de coordenação das redes são realizados em sua potencialidade;
- **a pedagogia da prática:** só se aprende a fazer rede fazendo;
- **profissionalização da animação da rede:** nas redes, a animação é tarefa fundamental para o sucesso da iniciativa;
- **tensão entre a fluidez dos fluxos de troca e a permanência de estruturas fixas de gestão:** este fator deve ser superado para consolidar a criação das redes;
- **a rede como ator político:** talvez o maior desafio seja conseguir fazer com que a rede seja um sujeito político, interlocutor legítimo de governos, ONG e empresas, no debate sobre políticas públicas (porém, é fundamental manter coerência na horizontalidade da gestão e democracia nos processos decisórios).

Assim, as redes podem ser consideradas o padrão organizacional mais compatível com as necessidades dos processos de desenvolvimento emancipatórios. Porém, pode-se estar disposto em rede sem operar efetivamente em rede. Ela não é apenas uma composição formal. O fato de seus membros estarem conectados entre si não é garantia de operação em rede. O que faz da arquitetura da rede uma verdadeira rede em termos efetivos é o seu modo de funcionamento. É preciso um modo de operar que contemple, pressuponha e atualize a autonomia dos membros da rede e que faça da horizontalidade, da descentralização, do empoderamento e da democracia uma ética de operação.

Como observa Silveira (2001), a relevância atribuída ao desenvolvimento local, seja como sujeito de reflexão, seja como campo de práticas transformadoras não é unânime. Alguns consideram essa ênfase apenas uma retórica para preencher um vazio, enquanto as dinâmicas estruturais seguem seu curso. Alguns chegam a afirmar que não existe um desenvolvimento local, defendendo a idéia de que o desenvolvimento está sempre articulado aos processos mais gerais. Porém, a idéia do desenvolvimento local ganha substância quando associada à hipótese de que as dinâmicas geradoras de desigualdade e exclusão não podem ser desconstruídas pelo alto ou substituídas por outros sistemas.

Quando se relaciona o potencial das redes com o desenvolvimento local, observa-se que, em geral, as funções dominantes tendem a ser organizadas em redes, enquanto as funções subordinadas e as pessoas tendem a se fragmentar em locais segregados e desconectados uns dos outros. A questão básica a ser avaliada é a relação entre redes e poder. Na ótica da inclusão social, do fortalecimento emancipatório (hoje conhecido por muitos como empoderamento) e de construção de novas esferas públicas, impõe-se a produção de fluxos comunicativos consistentes. É nesse sentido que vale a pena pensar de que modo uma lógica de redes (sobre bases sociais efetivas) pode estimular mudanças em padrões culturais já solidamente instalados (Silveira, *op. cit.*).

Coelho (2001) apresenta o desenvolvimento local constituído numa estratégia territorial que se contrapõe a visões de crescimento econômico mais tradicionais, centradas em setores econômicos de ponta e em locais capazes de uma integração competitiva nos mercados globais. Cooperação e competitividade se transformam em aspectos fundamentais para justificar as ações dos *clusters* e condomínios industriais. A relação entre cooperação e competitividade empresarial é que determina a estratégia a ser seguida no território. Assim, o desenvolvimento local deve ser pensado como um pacto territorial, tendo presentes as idéias de desenvolvimento e de alta mobilização dos recursos locais. Isso significa:

- uma estratégia integrada das instituições para enfrentar a fragmentação territorial;
- o fortalecimento de lideranças locais;
- a criação de uma identidade e de um sentimento de solidariedade social e territorial;
- o fortalecimento de um controle social e de uma cultura de responsabilidade pública;
- a mobilização de diferentes culturas, criando redes;
- a mobilização do conhecimento local, que cria uma cultura de projetos, reduzindo a dependência em relação a agentes externos.

Bocayuva (2001) fala de desenvolvimento local e redes socioprodutivas. Ele apresenta a temática do desenvolvimento local contextualizada a partir da globalização das redes transnacionais financeiras e de produção diante de seu impacto sobre as relações sociais e produtivas territorializadas. Além disso, estabelece a tensão dialética nos fluxos que atravessam os diferentes espaços produtivos e os sistemas e relações de trabalho no plano local.

No contexto espacial urbano, a gestão local deve propiciar as novas estratégias de desenvolvimento, que modificam os condicionamentos do processo de globalização, de forma a reorganizar as forças sociais e as redes nos territórios. A gestão local pode ser mais bem desenvolvida a partir da utilização das cidades como ponto de condensação dos fluxos, das trajetórias associativas e da consolidação das competências e dos conhecimentos. O contexto espacial urbano apresenta melhores possibilidades de resposta aos paradigmas gerados pelas mutações da revolução tecnológica, assim como para fazer frente às restrições geradas pelos padrões de exclusão e controle do capital global.

A sociedade em rede

Castells (2002) discute a globalização no contexto das sociedades estruturadas em rede, analisando as comunidades, as redes e a transformação do meio social, observando que a idéia de comunidade virtual, proposta pelos pioneiros da interação social através da internet, teve um grande mérito: desviou as atenções para o surgimento de novos apoios tecnológicos para a sociedade, induzindo a novos tipos de relação, não necessariamente inferiores às anteriormente verificadas.

As transformações na sociedade virtual, informatizada, levaram ao desenvolvimento de um amplo conjunto de questões, todas interligadas, que vão desde a evolução da informática às transformações no trabalho e nos costumes sexuais, por todo o mundo. Assim, uma nova rede de relações entre a sociedade e a tecnologia está surgindo, tendo como modelo e ponto de partida para o desenvolvimento das regiões a experiência verificada no Vale do Silício, na Califórnia, que teve uma importância fundamental na revolução das tecnologias da informação, verificada com muita intensidade nas últimas décadas.

A partir deste conceito, Castells (*op. cit.*) afirma que é o grau de conexão de uma sociedade que indica o seu nível de desenvolvimento. O fenômeno da globalização estende seus conceitos pelo mundo todo, incluindo países antes fora do núcleo das decisões. Isso permite que países como China, Índia, Espanha e Brasil, entre outros, possam ser hoje considerados sociedades informacionais ou em via de se tornarem informacionais. Estas sociedades se caracterizam pelo fato de a sociedade de informação ser uma sociedade em que as fontes de poder e riqueza dependem da capacidade de geração de conhecimento e processamento de informação. Tal capacidade depende da geração da interação entre recursos humanos, infra-estrutura tecnológica e inovação organizacional e estrutural. Nesse sentido, as sociedades caminham para estar conectadas globalmente em redes de informação, que, por sua vez, condicionam toda a sua dinâmica de atuação.

O fenômeno urbano, ocorrido em diferentes décadas do século XX, dependendo do país e da região, apresenta as grandes metrópoles, que se estendem no espaço e formam verdadeiras imensidões urbanas, como é o caso de Tóquio, Xangai, Cidade do México, São Paulo, Bombaim e Nova York. Essas metrópoles são os centros efetivos do sistema mundial. Porém, toda grande cidade é, de certa forma, global, em proporções diferentes; é também, ao mesmo tempo, mas de outra forma, local. A maioria das pessoas vive em âmbito local, mesmo estando dentro de grandes metrópoles, num contexto global.

Castells (2002) comenta ainda o conceito de cidade dual: são cidades informacionais que apresentam, simultaneamente, o melhor e o pior. Parte de suas populações estão conectadas à rede global, ao mesmo tempo em que outras estão desconectadas. Existe uma tendência de aumentar ou diminuir a desigualdade socioeconômica (dependendo da ênfase dada às políticas públicas), dentro de uma cidade informacional, em função do desejo contínuo de todos se conectarem à rede global.

As grandes metrópoles serão sempre os territórios que concentrarão os maiores problemas sociais e ambientais. Por outro lado, reúnem as maiores possibilidades de desenvolvimento, de novas oportunidades, de criatividade e de capacidade e poder político para alterar o contexto econômico, cultural e social. É bem verdade que as redes globais de poder e riqueza tendem a conectar a elas tudo aquilo que apresenta potencial de rentabilidade e pode gerar grandes lucros, ao mesmo tempo que desconecta automaticamente tudo o que não tem algum valor econômico por trás. Entra aqui, então, a grande importância das políticas públicas, assegurando que os interesses sociais sejam preservados, independentemente da questão econômica.

Com relação ao futuro, é fundamental que se possa combater fenômenos cada vez mais fortes, em especial em países em desenvolvimento, como a exclusão, a polarização e a desigualdade social. As transformações sociais apenas começaram em alguns países e, no Brasil, algumas grandes cidades tendem a ampliar sua área de influência. Urge incentivar uma interiorização do crescimento, como vem acontecendo nas últimas décadas, em especial no estado de São Paulo: a formação de novas aglomerações urbanas e a volta do crescimento da população rural, fenômeno que ocorre há algumas décadas em países da Europa, nos Estados Unidos e no Canadá.

Num futuro cada vez mais próximo, é provável que não se faça mais distinção entre o que tradicionalmente se chama de população rural e a população urbana. Um novo aumento da população rural, num movimento contrário ao que aconteceu durante o século XX, pode ser uma reação típica de sobrevivência às difíceis condições de vida existentes hoje nas grandes metrópoles, com a superpopulação, as dificuldades para conseguir emprego e as condições inadequadas de moradia, saúde e segurança. Porém, os espaços rurais tenderão a estar cada vez mais conectados às redes metropolitanas.

Desenvolvimento local: a busca de novos desafios

Os impactos sociais dos planos de estabilização econômica estão criando no Brasil um forte retorno às preocupações com as políticas públicas de desenvolvimento ativas. Depois de várias décadas de autoritarismo e de submissão das políticas econômicas aos interesses do Estado, o resultado disso teve como herança uma inflação elevadíssima durante muitos anos e o agravamento das desigualdades sociais.

A incapacidade do Estado de gerar e depois gerir processos reais de universalização dos direitos encontra hoje a incapacidade do mercado de se constituir numa dinâmica alternativa. O fenômeno geral que se vê é a corrida generalizada para o desenvolvimento local, que tem mobilizado administrações públicas locais e regionais, instituições de fomento ao desenvolvimento e instituições de pesquisa (Cocco & Galvão, 2001). Tem-se, assim, um conjunto de iniciativas que é proporcional ao vazio dos modelos de atuação, e que se traduz na multiplicidade das experiências e na pluralidade das abordagens. Não se trata de criar novas ferramentas de planejamento para substituir as velhas, nem de outro espaço ou outra escala para as políticas públicas.

Na verdade, não há um novo modelo estabelecido de desenvolvimento local em torno do qual seria possível criar e organizar um consenso. Não faz sentido, inclusive, tentar determinar um modelo único de referência. Isso significaria, por exemplo, que a experiência italiana dos distritos, que tantas vezes é citada como fonte de referência e que finca suas raízes no conhecimento e na capacidade de informação e comunicação, tenha de ser necessariamente o modelo a ser usado em qualquer contexto, independente da realidade local e das características culturais dos envolvidos no processo.

O futuro das atuais convergências sobre a necessidade de políticas voltadas ao desenvolvimento local não depende de uma linha comum de intervenção pública, mas sim da determinação de um novo modo de construção de políticas públicas. Assim, o desenvolvimento local será verdadeiramente um processo constituinte de representação estratégica da sociedade civil e não apenas a oportunidade de participação popular restrita à gestão da riqueza já produzida e já distribuída. Tornar constituintes as convergências para o desenvolvimento local significa, por um lado, dar consistência a algo que poderia se resumir a uma moda e, por outro, apostar seriamente na recomposição do econômico e do social, assim como na construção de uma sociedade civil que seja o fruto de um espaço público e comum (Cocco & Galvão, 2001).

O novo ambiente institucional depende da capacidade de organização das instituições do governo e dos agenciamentos públicos e privados. As novas políticas industriais e de ciência e tecnologia passam a levar em conta a autonomia dos arranjos e das redes socioprodutivas, que nascem a partir da possibilidade do trabalho cooperativo. Os elementos estruturais de longo prazo presentes no espaço são revalorizados na utilização das potencialidades locais, como ferramenta para o desenvolvimento sociosustentável. Os agenciamentos para o desenvolvimento local devem estar combinados com as esferas públicas para que os efeitos do desenvolvimento possam se generalizar, de forma a melhorar a qualidade de vida e a mobilidade econômico-social.

Quem fala em rede, pensa em parceria. Além da parceria, pensa em ponto de equilíbrio e é levado a ter fé, com motivos. De fato, os desafios da economia contemporânea são tais que mal se pode imaginar o sucesso de iniciativas realizadas de modo isolado em um contexto de economias locais, fragilizadas pelos diversos fatores internos e externos. Não faltam exemplos de comunidades fortemente afetadas pela transformação da sua estrutura econômica, em que a união de esforços de uma gama variada de interventores foi capaz de insuflar nova energia. Essas ações de parceria tomam forma com o auxílio de ligações sociais mais ou menos bem estruturadas que se apresentam como redes de troca de informação. Para aproveitar as potencialidades subjacentes às diferentes formas de inter-relação, existentes ou potenciais, entre os atores de uma zona de intervenção, é importante saber quem são esses atores e de que maneira se dão suas inter-relações em diferentes níveis.

Os atores em rede

Os empreendedores solidamente estabelecidos e, acima de tudo, aqueles que se lançam à aventura pela primeira vez, agem cada vez mais em colaboração com diversos outros atores. O reconhecimento desse fato, por volta do final dos anos de 1980, momento em que o conceito de rede ainda não estava bem estabelecido, pôs na boca de todos os interventores socioeconômicos esse novo conceito (Szarka, 1990). Exagerando um tanto a observação, chegou-se mesmo a escrever que a descoberta do conceito de "rede" constituiu, na época, uma das principais descobertas das ciências sociais.[1]

A figura a seguir mostra como se posicionam os atores socioeconômicos chamados a contribuir para o desenvolvimento local. Como se pode ver, além da dimensão econômica, os aspectos cultural, histórico, social e geográfico são levados em conta. É em tal contexto que as parcerias tomam forma.

Figura 7: Os atores do desenvolvimento local e seu ambiente

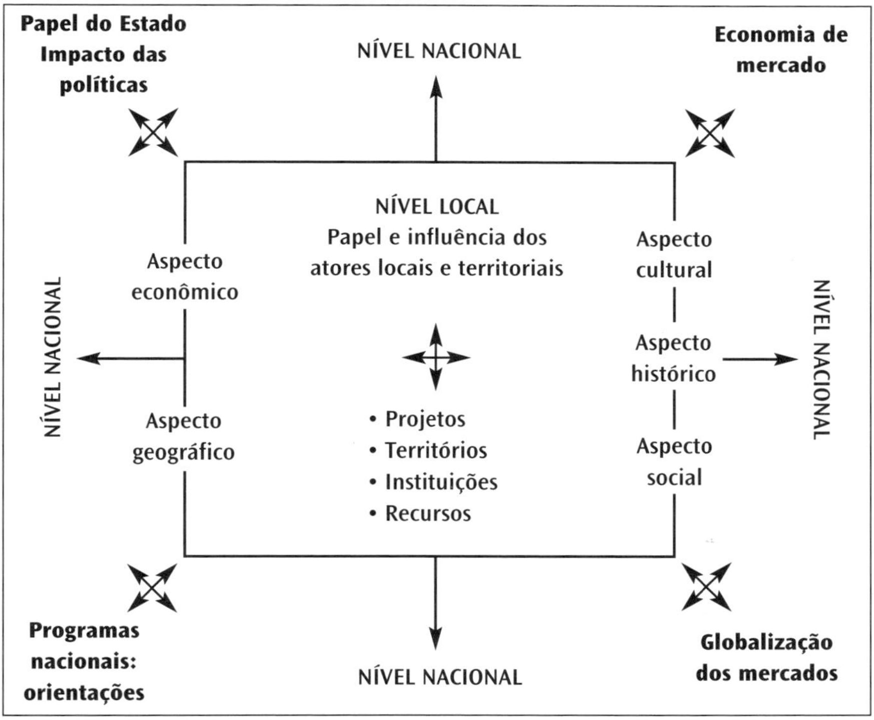

Fonte: Joyal (2002: 62).

[1] Em 1992, um jovem agente de desenvolvimento, recém-saído da Escola de HEC de Montreal, confidenciou a um dos autores deste livro sua confusão no momento em que foi encarregado de um CADC na Mauricie. Sua primeira tarefa consistia em identificar as redes de informação existentes na sua região. Seus professores na época não tinham como informá-lo sobre o conceito. Ninguém duvida que hoje suas notas teriam sido melhores.

Este esquema representa as dimensões que intervêm no nível dos sistemas local, regional e nacional. As interações são representadas por um sistema de flechas, que levam a compreender que todos esses elementos são dinâmicos e inter-relacionados, e que o sistema comporta um nível de influência complexo, apelando a uma pessoa como motor.

Ser parceiro significa compartilhar um interesse comum com um ou vários atores, cada qual apresentando uma contribuição relativa às características que lhe são próprias. O ato de parceria se manifesta como conseqüência da tomada de consciência de que as iniciativas individuais, se não recorrerem a qualquer forma de assistência de um modo ou de outro, são ao mesmo tempo insuficientes e muito frágeis para revitalizar um ambiente fortemente pressionado pela evolução permanente da conjuntura econômica. Para um empresário, agir sozinho em tal contexto se torna bastante arriscado, e apostar na concretização de tais atos corresponde, para uma dada comunidade, a uma atitude suicida. A gravidade da situação econômica de uma grande parte das regiões não-metropolitanas passa, portanto, pela parceria. E, de modo geral, ela é representada por uma associação entre interventores públicos e privados para elaborar um plano de ação que leve à implantação de iniciativas locais de criação de empregos.

Definir de modo preciso o conceito de parceria leva ao ocultamento de algumas das suas facetas. Contudo, há um entendimento para reconhecer suas diferentes formas: colaboração entre grandes e pequenas empresas em termos de P&D (Pesquisa e Desenvolvimento) em certas especialidades, união de esforços de pequenas empresas desejosas de ampliar seu mercado externo, colaboração no quadro dos tecnopolos, com o objetivo de transferir tecnologia etc. Também se pensa nas diferentes formas de parceria social, nos sindicatos, nas associações, nas instituições de ensino etc. Representantes dos escalões administrativos podem servir como agentes de ligação entre os grupos, antes de dar lugar a uma organização de apoio às iniciativas locais, devidamente eleitas para desempenhar tal papel. Os Estados Unidos freqüentemente servem como referência para ilustrar as vantagens decorrentes do envolvimento das autoridades públicas com representantes dos meios econômicos da realidade local. A expressão "trabalhar em conjunto" reflete bem esse desejo de reunir diferentes parceiros sociais para elaborar estratégias no nível de um dado território.

Por seu lado, com as especificidades que lhe são próprias, os japoneses disseminaram um conceito associado ao de parceria: o entrelaçamento. Ao focar a atenção na eficácia da administração da empresa, a idéia é perseguida no âmbito de uma cooperação entre empresas, às vezes sob instigação dos poderes públicos, para elaborar estratégias industriais de médio e longo prazo. A existência de diferentes formas de ações de parceria leva a tentativas de classificação que oferecem uma melhor percepção do fenômeno social em questão.

Diferentes formas de parceria

Juan-Luis Klein e Christiane Gagnon, respectivamente da UQAM e da UQAC (Universidade do Quebec em Chicoutimi), sugerem as seguintes formas de parceria:

- **parceria de acordo:** encontrada em uma zona de intervenção, em que uma organização responsável pelo estímulo das forças vivas do meio busca reagrupar, ao mesmo tempo, as idéias e as energias, para elaborar um plano de ação. Essa parceria busca mostrar que os diversos atores envolvidos encontram uma maneira de compartilhar os esforços que essa forma de intervenção pode concretizar;
- **parceria de estrutura:** essa forma de união de recursos humanos e financeiros é encontrada nos programas de valorização das regiões centrais das cidades (principal via de acesso ou as Societé d'Initiatives et de Développement des Artères Commerciales – Sidac do Quebec) ou ligados à implantação de investimentos em infra-estrutura (parque industrial, transportes, centro de pesquisa);
- **parceria de referência:** trata-se de uma parceria gerada em razão das dificuldades de implantação e gestão de operações situadas fora do campo de competência dos parceiros. Pensa-se, aqui, nas novas iniciativas que visam a uma diversificação da economia local: a implantação de um museu, a cria-

ção de uma organização que possa captar capitais de risco, a implantação de um projeto de ecoturismo, a reciclagem de trabalhadores da indústria de vestuário para o aumento da qualidade etc.;

- **parceria pontual:** diante de um fato inesperado (fechamento da fábrica principal de uma cidade pequena), surge uma parceria, pelo tempo que for necessário, para a elaboração de uma estratégia buscando se evitar o pior. Essa forma de parceria tende a se transformar em parceria de acordo (Klein & Gagnon, 1991).

A parceria também pode ser definida pelos parceiros envolvidos ou, em certa medida, como se acabou de ver, a partir das causas que levaram ao reagrupamento dos diversos atores. Mas, sabendo-se que a necessidade é a fonte da invenção, é diante do agravamento súbito da conjuntura econômica local (o evento de microrruptura) que os atores, que antes se ignoravam completamente, aceitam sentar-se à mesma mesa de negociações. A França, entre outros exemplos, apresenta o caso da Lorraine, uma região fortemente atingida no início dos anos de 1980 pelo desemprego no setor siderúrgico. Alguns anos depois, milhares de trabalhadores já estavam treinados em novas atividades. Esse treinamento só foi possível pela conjugação dos esforços de diferentes atores.

A utilização da negociação para o fortalecimento das redes

Para que as redes possam ser fortalecidas, o bom relacionamento entre as pessoas nelas envolvidas é essencial. Esse relacionamento depende muito da comunicação interpessoal e da maneira como as comunicações se desenvolvem em termos de transmissão e de recepção das informações. Para tanto, as negociações podem ser fundamentais, ajudando na solução dos conflitos que possam eventualmente surgir entre os participantes, de maneira a buscar um resultado ganha-ganha entre os envolvidos, ou seja, todos os participantes sentem que ganharam no processo e não apenas um deles, em detrimento dos demais.

O segredo do sucesso de uma negociação está em ser capaz de lidar efetivamente com as pessoas, ou seja, quanto mais positiva for a relação interpessoal, mais bem-sucedido é possível ser, inclusive tendo êxito nas soluções de problemas desagradáveis e aparentemente insolúveis.

A interação entre as pessoas permitirá entender que a negociação não é um jogo, não devendo, pois, fazer ganhadores e perdedores. A negociação deve produzir somente ganhadores; por isso, deve-se buscar utilizar as palavras negociação e negociador ganha-ganha. Os acordos devem ser bilaterais ou multilaterais, ou seja, interessantes para todos os participantes. É preciso dar e receber. Além do mais, a negociação não aponta previamente todos os riscos envolvidos, os quais irão surgir apenas no desenrolar das conversações, com as experiências adquiridas ao longo do processo. Desse modo, as partes devem estar seguras do cumprimento do acordo na prática, conhecendo as vantagens do mesmo, sabendo com quem estão lidando e estando à vontade para negociar.

Embora muitas vezes não se tenha um ambiente de negociação no qual a preocupação seja com o ganha-ganha, no que se refere aos objetivos iniciais da negociação na prática, quando se tem uma negociação administrada de maneira competente, provavelmente seu desfecho, em termos de resultados finais, será o de um ganha-ganha, com todos os envolvidos se sentindo beneficiados no processo.

Para obter um acordo ganha-ganha, é preciso identificar as metas desejadas, não só as próprias, mas também as do outro negociador. Esse planejamento ganha-ganha permite que se relacionem as metas comuns, não desperdiçando tempo para negociá-las, pois elas são concordantes entre os membros envolvidos. Isso não quer dizer que todas as metas e objetivos devam ter os mesmos valores para os envolvidos, mas que há boas possibilidades destes alcançarem objetivos cooperativos com sucesso. Além do mais, é preciso determinar alguns fatores que influenciam a negociação ganha-ganha, como quão bom negociador é cada um dos envolvidos, como cada parte se prepara para negociar, como é a coesão entre os times (caso seja negociação entre grupos), como cada parte persegue seus objetivos/questões, e qual a força/resistência de cada um dos negociadores.

A partir de então, é possível desenvolver soluções alternativas para conciliar pontos em que há discordância dentro dos limites impostos pela situação. A criatividade e as diferenças de opinião ajudam a estabelecer o melhor acordo ganha-ganha, que certamente atenderá aos objetivos de todos. A flexibilidade é uma condição para o bom planejamento, necessária pelo fato de que, mesmo levantando todas as informações e dados aparentemente disponíveis, nunca se têm todas as variáveis envolvidas presentes no processo de maneira clara e evidente.

O acordo ganha-ganha também envolve pessoas abertas, relaxadas, à vontade para negociar. Entretanto, não há como negociar abertamente com alguém desconhecido. Então, faz-se necessário buscar relações ganha-ganha, ou seja, os indivíduos envolvidos têm a intenção de ajudar um ao outro; deve existir a preocupação de um relacionamento não apenas no momento da negociação, mas também a preocupação com um relacionamento futuro, que possa ser duradouro.

A questão não é apenas dobrar o "adversário" a seu favor, mas sim achar a melhor solução, que satisfaça todos os envolvidos, permitindo que o relacionamento continue bom e com algum grau de amabilidade, o que provavelmente existia antes de o conflito surgir, afinal, o relacionamento deve ser sempre o mais importante. A esse respeito, Fisher & Ury (*apud* Jandt, 1985) comentam que, se uma das partes nunca ceder, não estará negociando, e sim forçando o oponente a curvar-se diante de suas posições.

Para tanto, é importante planejar ações que proporcionem oportunidades para o desenvolvimento de relações positivas, criando atividades apreciadas por todos, de modo a promover o relacionamento. Facilita-se, assim, o cultivo do sentimento de confiança mútua, tratando o outro negociador da maneira como gostaria de ser tratado, com gentileza, afabilidade, sociabilidade, polidez e honestidade, cumprindo sempre sua palavra (é importante lembrar que cada promessa cumprida fortalece os laços de confiança entre as pessoas). Assim, certificar-se de que não se envolverá em discussões de negócios até a exaustão, antes de ter a certeza de que o relacionamento com a outra parte teve oportunidade de se desenvolver plenamente, faz parte das premissas para ter maiores chances de obter o acordo ganha-ganha.

Desse modo, é possível que cada parte proponha soluções viáveis, sem desmerecer uma à outra. Quando surgem propostas discordantes, um *brainstorming*, buscando gerar soluções criativas e a confiança na idéia do outro, ajuda muito, resolvendo, enfim, qualquer divergência remanescente.

Os acordos de parceria: foco nos relacionamentos de longo prazo

Nesse contexto, surgem os acordos de parceria, com foco nos relacionamentos de longo prazo, que estão sendo considerados vantagem competitiva em tempos de globalização. Enquanto eles representam uma mudança de pensamento, sendo preciso equilibrar forças de competição e de compartilhamento, levando a contratos de longo prazo, *joint ventures*, troca de parte do controle acionário com outras companhias ou uma contabilidade aberta, os acordos de parceria exigem alguns ajustes no processo envolvido na negociação.

Os acordos de parceria devem ser baseados nos interesses de longo prazo dos participantes, devendo ser fechados com duração suficiente e sendo interessantes para todos e, principalmente, devem incorporar a confiança na competência do parceiro e levá-lo a conhecer os seus objetivos. Esses ajustes são essenciais, à medida que o ambiente e os interesses são mutantes, e a parceria, para sobreviver em meio às turbulências, deve ser revista constantemente, sempre privilegiando os interesses comuns de maneira positiva, fortalecendo o acordo.

Segundo Robinson (1996), as principais vantagens das parcerias são:

- consistência em termos de especificação e qualidade;
- custos mais baixos devido ao fato de serem feitas ofertas e negociações durante a vigência do acordo;
- conhecimento dos principais itens dos seus custos básicos de operação;
- as queixas aos fornecedores podem ser feitas de uma maneira mais rápida e harmoniosa;

- o fornecedor pode investir em maiores facilidades com maior confiança;
- as pessoas podem estar mais treinadas para lidar com os produtos específicos que virão;
- os controles operacionais do planejamento poderão ser implantados mais facilmente.

As desvantagens seriam:

- o negociador está restrito a determinadas condições de mercado, mesmo que estas mudem favoravelmente;
- os contatos com preços e com qualidade, no mercado em geral, podem ser perdidos;
- há o risco de surgir um contrato melhor depois que ele já foi assinado;
- se o mercado do negociador for declinante, ele poderá estar obrigado a comprar uma quantidade que não poderá assumir;
- o fornecedor pode não atuar a contento, em termos de prazos e qualidades, porém fica-se amarrado a um contrato por um longo período;
- as habilidades do negociador, em termos de marketing e vendas (ou de compras) podem diminuir, pela falta de utilização delas.

Outra mudança no pensamento, envolvendo a negociação entre parceiros, está no fato de ver no parceiro um colaborador e não um oponente, em que o espírito de confronto dá lugar à colaboração, envolvendo cooperação e suporte mútuo.

Resultados positivos dos conflitos em uma negociação ganha-ganha

Normalmente, os conflitos surgem quando duas ou mais pessoas ou grupos buscam obter os mesmos objetivos, ocupar o mesmo espaço ou alguma posição exclusiva (desempenhando papéis incongruentes ou mantendo metas inconciliáveis), ou empreender fatos/atitudes mutuamente incompatíveis para alcançar suas propostas. Mesmo numa negociação ganha-ganha, o impasse ocorre e pode ser algo positivo, visto que outros pontos de vista podem surgir, mais idéias podem ser discutidas e mais possibilidades de acordo podem ser elaboradas.

Assim, o conflito é inevitável no dia-a-dia, não sendo necessariamente prejudicial. Atualmente, é quase impossível ter uma organização sem conflito. Alguns tipos de pessoas podem contribuir imensuravelmente para a saúde e o bem-estar da empresa, por exemplo por meio do estímulo de competição produtiva.

Um time de futebol pode ser citado como exemplo de conflito com conseqüências positivas, pois cada jogador está em conflito com seu provável substituto; contudo, esse conflito servirá para que ambos se aperfeiçoem e conquistem da melhor forma suas posições. Então, o conflito pode ser gerenciado, de forma a minimizar perdedores e maximizar ganhadores. Daí a necessidade de cooperação, ressaltando vantagens competitivas individuais, que podem e devem ser compartilhadas com os outros, na tentativa de realizar o melhor acordo ganha-ganha cooperativo.

É importante ressaltar que o resultado final de uma negociação ganha-ganha não é apenas elaborar um acordo ganha-ganha. O fundamental é fazer com que o acordo funcione, pois ele não garante, por si só, o desempenho futuro. Um incentivo pode ser uma boa opção. A segurança de que o incentivador irá cumprir sua parte também é essencial para manter a negociação e o acordo ganha-ganha. Além disso, deve haver manutenção da relação ganha-ganha, inibindo o desgaste do relacionamento e deixando espaço para negociações futuras. A negociação ganha-ganha é um processo contínuo e assim deve ser encarada ao longo de todo o tempo.

Nas negociações do tipo ganha-perde, o insucesso se mostra presente e os envolvidos não se sentem motivados a cumprir o acordo estabelecido; não há satisfação de todos os interesses, mas apenas de uma ou de outra posição. De algum modo, essa situação gera também um relacionamento insatisfatório, eliminando qualquer possibilidade de novas conversas. Esses negociadores podem, inclusive, ultrapassar barreiras éticas para conseguir vantagens exclusivas, independentemente das metas dos demais.

Se em uma negociação uma das partes quiser algo e a outra não tiver interesse algum, ou se algo interessa da mesma forma para as partes, pode-se ter um conflito. Em virtude desse conflito, conseqüências destrutivas podem ocorrer e também gerar uma negociação ganha-perde. O fato de um negociador usar sua influência para prejudicar seu oponente ou sabotar um acordo por ter mais poder que o outro envolvido, direciona negativamente a possibilidade de acordo.

Dessa forma, o importante é saber transformar uma possível negociação ganha-perde em um acordo ganha-ganha. Alguns passos podem ajudar na redução do conflito e na facilitação de um acordo ganha-ganha:

- **gerenciar o conflito de maneira satisfatória:** a parte que deseja reduzir o conflito pode propor algumas possibilidades de acordo, cedendo em alguns pontos não comprometedores. Essa estratégia deve ser bem planejada, e sua tendência é mudar a natureza do relacionamento, de hostil para aberto e confiável, em que cada envolvido pratica gestos confiáveis e recompensa o outro lado com maiores esforços de cooperação;
- **melhorar a precisão da comunicação:** a questão negociada deve ser entendida pela outra parte exatamente como ela é. A comunicação torna-se essencial quando o conflito assume maiores proporções, possibilitando concentrar esforços no gerenciamento das emoções envolvidas. As partes devem saber ouvir e discutir, no momento apropriado, os pontos que não forem comuns. Uma terceira pessoa, neutra, pode auxiliar nessa etapa (um mediador ou um árbitro);
- **controlar as questões envolvidas**, principalmente as que possam gerar grandes disputas.

Ser um negociador efetivo ajuda a "negociar ganha-ganha", em vez de ganha-perde. Para tanto, o negociador efetivo deve:

- ser um bom negociador, isto é, aproveitar, positivamente, as oportunidades a todo tempo;
- ser extrovertido, capaz de relatar facilmente, para todos, os objetivos e a as propostas da negociação;

- ser um bom líder no time de negociação, de forma a contribuir para a finalização de uma negociação ganha-ganha;
- não temer um comportamento autoritário do oponente;
- ter habilidade para encontrar seu nível máximo de negociação, para aceitar desafios e detectar possíveis riscos;
- conhecer suas limitações e saber superá-las;
- ser flexível, adaptando-se às situações encontradas;
- ser paciente e se avaliar constantemente.

As redes como um fator de colaboração solidária

Mance (1998), ao analisar a viabilidade da colaboração solidária como estratégia para organização de uma sociedade pós-capitalista, apresenta as redes que conectam unidades de produção e consumo, em um movimento recíproco de realimentação, permitindo, de um lado, a geração de emprego e renda, e de outro, o fortalecimento da economia e do poder locais, assim como uma verdadeira transformação cultural, com alterações nos princípios dominantes em termos de ética e de diferentes visões de mundo. O objetivo apresentado é o de dar início à utilização de redes de colaboração solidária locais, regionais, nacionais e internacionais, construindo uma alternativa viável à globalização em curso, gerando emprego e distribuição de renda, além de promover o crescimento ecológico e socialmente sustentável.

Conforme observado por Mance (*op. cit.*) no relatório do Programa de Desenvolvimento Humano da ONU, intitulado "Consumo para o Desenvolvimento Humano", enquanto os 20% mais ricos da população mundial são responsáveis por nada menos que 86% do total dos gastos em consumo privado, os 20% mais pobres têm em suas mãos apenas 1,3% desse consumo. Assim, mais de um bilhão de pessoas são privadas de suas necessidades básicas de consumo.

Dessa forma, a importância da implantação das redes, viabilizando a produção econômica solidária, se torna ainda mais evidente. A efetivação, em termos práticos, dessa alternativa de produção depende, em grande parte, da difusão do consumo solidário. Mance (*op. cit.*) classifica o consumo nas seguintes categorias: alienante, compulsório, em razão do bem viver e solidário. O consumo solidário é aquele que ocorre quando a seleção daquilo que se consome é feita não se considerando apenas o bem-estar pessoal, mas também o bem-estar coletivo, visto que a produção só se completa com o consumo e que este tem impacto sobre todo o ecossistema e sobre a sociedade em geral.

Prosseguindo com Mance (1998), ele observa que, dado que as unidades produtivas comunitárias já existem – tais como produção de gêneros alimentícios, peças de vestuário, produtos de higiene, entre outros – pode-se desenhar a organização econômica de uma rede de colaboração solidária, conectando tais unidades em cadeia produtiva, com a produção voltada para o atendimento de demandas de consumo solidário, gerando, com isso, empregos locais e distribuindo a renda, segundo um modelo ecologicamente sustentável.

Os elementos básicos dessa rede são as células de consumo e de produção e as conexões entre elas. Já suas propriedades básicas são:

- **autopoiese:** é a qualidade que a rede tem de reproduzir-se a si mesma, na medida em que é capaz de produzir os bens e os valores necessários para satisfazer suas próprias demandas;
- **intensividade:** qualidade de envolver o maior número possível de pessoas no consumo e na produção;
- **extensividade:** propriedade de gerar novas células de produção e de consumo em regiões distantes;
- **diversidade:** capacidade de gerar o maior número possível de produtos, visando a satisfazer as necessidades e os desejos de todos os consumidores solidários;
- **integralidade:** cada célula está conectada, através da rede, a todas as outras células, sendo afetada pelo crescimento das demais e por seus problemas e dificuldades;
- **realimentação:** dado que uma célula demanda produtos e serviços de outras, isso permite o crescimento sustentável de todas, simultaneamente, e da rede como um todo;
- **fluxo de valor:** o valor econômico produzido em cada etapa da cadeia produtiva circula pela rede;
- **fluxo de informação:** o que é produzido em uma célula pode ser consumido como insumo produtivo ou como produto final por outras células, de modo que uma realimenta a outra;

- **agregação:** propriedade das redes locais de se integrarem em redes regionais, e essas em redes nacionais, que por sua vez aderem a redes internacionais, integrando, por fim, uma rede mundial de colaboração solidária.

A gestão da rede deve ser necessariamente democrática, visto que ela depende totalmente de colaboração solidária, em todos os sentidos, o que supõe a adesão e a participação livre de cada um dos membros. Assim, deve-se ter:

- **descentralização**, dado que não há um núcleo central e que, a partir de cada célula, novas redes complexas podem ser construídas;
- **gestão participativa**, visto que todos os trabalhadores e consumidores participam das decisões sobre a criação de novas células e daquilo que deve ser produzido;
- **coordenação**, que deverá ser eleita democraticamente pelas células, com um mandato revogável;
- **regionalização**, com as instâncias democráticas organizando-se das células de consumo às instâncias regionais, nacionais e internacionais, até a mundial.

Em termos de dinâmica das células, observa-se que cada uma delas possui um grau de conectividade com as demais. Células hiperconectadas precisam ser fracionadas, de modo a garantir à rede crescimento seguro. O consumo é efetivado por todas as células, e toda forma de consumo pode realimentar a rede como um todo, desde que as células de produção e de serviço sejam capazes de atender a tal demanda. Isso confirma a visão sistêmica, que prevalece nas redes, e o funcionamento delas como autênticos sistemas, inseridos em outros mais amplos.

Outro aspecto fundamental para que as redes possam realizar as suas funções de maneira adequada se refere ao gerenciamento preciso das informações que circulam nas redes. Isso é particularmente importante para as redes de pequenas e médias empresas, que serão abordadas e exemplificadas nos Capítulos 4 e 5. Os sistemas de informação e comunicação das redes podem recorrer a diversos tipos de prática para cumprir suas funções, desde simples reuniões presenciais, registros manuscritos e utilização do correio tradicional, até práticas mais ágeis e sofisticadas, tais como a internet a intranet e outras redes de comunicação de dados.

A observação dos fatos

Ainda resta separar os mitos da realidade. Há dúvidas sobre a pertinência da aplicabilidade, no contexto norte-americano, das propostas européias sobre redes, considerando-se os fatores culturais ligados às mesmas. A partir de diferentes estudos sobre PME realizados nos Estados Unidos, não se tem prova, ao menos no meio rural, da presença de redes passíveis de levar a uma verdadeira revitalização do ambiente comercial (Sommers, 1998).

Com muita freqüência, essas PME se envolvem em atividades de resistência que utilizam fontes de informação como parte da sua proximidade organizacional. É, de algum modo, o que demonstram Laurent Deshaies e André Joyal (1996), ao destacar as principais fontes de informação dessas PME, que, em sua maioria, se localizam fora da sua região de origem. A outra explicação da fraqueza dos elos da rede, em um dado local, é a ausência de "meio", como mencionado no capítulo anterior, levando-se em conta a baixa densidade da população no Quebec central (como em toda a América do Norte, no que se refere ao mundo rural).

Por fim, as empresas estudadas eram todas bem-sucedidas, firmemente implantadas há vários anos, muitas vezes, inclusive, há muitas décadas. Em conseqüência, seus dirigentes tinham o hábito de investir principalmente em si mesmos. Pode e deve ser diferente para os jovens dirigentes de empresas, com maior nível de escolaridade e, portanto, mais suscetíveis a aceitarem melhor as novas práticas existentes no momento de criação das suas empresas. Mas ainda seria preciso que eles tivessem, em seu ambiente imediato, uma camada social suficientemente densa para que as atividades de criação de redes sejam possíveis. Crouse Creek e Blanc Sablon, na Basse-Côte-Nord, têm como única saída apostar em sua pequena comunidade. Isso explica, no Quebec, a tendência, que se generaliza, de utilizar a MRC como espaço de intervenção.

O que fazer?

Voltando ao nosso elemento de microrruptura e sua função catalisadora, o que fazer quando uma grande empresa de uma cidade monoindustrial ameaça fechar as portas ou as fecha como aconteceu em Chandler e em Piraí (conforme será visto, no item "Projeto de Desenvolvimento Local em um pequeno município urbano: o exemplo de Piraí")? Não interferir, para retomar o *slogan* tão caro à maioria dos economistas liberais, seria um grande erro. É preciso agir sem cair no ativismo cego e inconsciente. Sempre há algo a ser feito, teria respondido Forest Miller, um agente de desenvolvimento local do estado de Washington, baseado em seus vinte anos de experiência, ao rapaz de Crouse Creek. Ele lhe teria enviado seu *One-Minute Guide to Economic Development for Remote and Rural Small Towns.*[2] Encontra-se nele um *modus operandi* comprovado para as comunidades afetadas.

Para Miller (2000), diante de um evento de microrruptura, é preciso:

- permanecer calmo;
- avaliar os fatos;
- pensar.

Eis o início das propostas sábias. Uma vez delimitado o perímetro de intervenção (no Quebec será uma MRC, na França, um "país"), o processo deve levar a uma mudança significativa na economia local, em três fases:

1 – Tomada de consciência

Trata-se, antes de tudo, de se organizar. Não existe desenvolvimento local sem uma organização, que deve ser especialmente dedicada à diversificação da economia local. Pode ser uma organização já existente, ou criada nesse momento, partindo do zero. Ca-

[2] Guia de um minuto para o desenvolvimento econômico de pequenas cidades afastadas e rurais, encontrado hoje em dia em diversos sites na internet (www.globenet.org/horizon-local, entre outros).

berá a ela definir o problema a ser enfrentado. Posteriormente deverá ser feito um inventário dos recursos disponíveis. O diagnóstico dos pontos fortes e fracos deve evitar a síndrome derrotista, freqüentemente encontrada nas elites das regiões afastadas, ao buscarem um bode expiatório fora de sua região.

2 – Consolidar a organização local

Para ser eficaz, uma estratégia de desenvolvimento local exige uma primeira seleção dos parceiros iniciais. Os criadores do projeto global devem formar um comitê restrito, devidamente eleito para realizar as tarefas designadas por um comitê ampliado. Desse modo, é necessário utilizar a diplomacia, para que os principais grupos sejam bem representados, tanto pela preocupação com a melhor representatividade possível, quanto para garantir o envolvimento de determinados parceiros, cuja contribuição poderá parecer indispensável aos olhos dos promotores.

A composição do comitê restrito também deverá levar em consideração a preocupação com uma boa divisão geográfica dos participantes, bem como com uma boa divisão entre homens e mulheres e, por fim, com uma divisão inter-regional justa. Contudo, por conta de um oportunismo conveniente, os promotores deverão considerar a utilidade da obtenção de colaboração de determinadas competências específicas. Pensa-se aqui, por exemplo, em um representante de uma câmara de comércio ou de uma associação de administradores de empresas, para se beneficiar de seus conhecimentos empresariais. Por motivos similares, seria oportuno acrescentar os serviços de um representante de uma instituição financeira, bem como de uma instituição de ensino e, por fim, de um ou outro dos diversos níveis governamentais. Esse comitê, tendo responsabilidades diante do comitê ampliado, não poderá assumir qualquer grande iniciativa sem obter o aval do comitê maior. Desse modo, é importante que as informações entre os dois níveis circulem regularmente e sem qualquer entrave. De fato, a falta de transparência é um dos principais obstáculos contra os quais os promotores deverão se prevenir.

Todos os organismos de apoio ao desenvolvimento local recém-criado devem, necessariamente, apelar para fontes de financiamento. O que importa, aqui, é evitar a dependência total de um ou outro dos diferentes níveis governamentais. Mas, acima de tudo, é preciso ter em mente que o processo de desenvolvimento local pode ser iniciado utilizando-se apenas trabalho voluntário. Evita-se, assim, a armadilha da obrigação de associar pessoal remunerado a intervenções voluntárias, o que pode gerar atritos. Não é raro ver um comitê de ação local dedicar um ou dois anos de esforços não remunerados para implantar uma estratégia de desenvolvimento que leva à contratação de um agente de desenvolvimento cujo salário lhe permite privilégios em "seu" território.

O *One-Minute Guide* insiste justamente na necessidade de não confiar demais em "gurus" do desenvolvimento que, em troca de uma remuneração generosa, trazem a "sua" solução para a população local. Os consultores devem ser contratados com parcimônia, e em base pontual.

A busca do maior consenso possível exige que se tenha em mente que o desenvolvimento local não pode envolver Deus e todo mundo. É utópico acreditar que grande parte de determinada população aceitará as reuniões freqüentes para se decidirem ações concretas. O excesso de democracia gera o risco de comprometer o bom andamento de um plano de ação. Ainda assim, é desejável ouvir o maior número possível de interventores e, a partir dessa consulta, redefinir a problemática já identificada. É nessa fase que o diagnóstico feito deve ser objeto de uma revisão e de acréscimos, quando necessário, para se ter a melhor visão possível do caminho planejado.

3 – Entrar em ação

O planejamento estratégico leva ao planejamento operacional. É nesse momento, por exemplo, que a organização de base atua junto aos empresários locais, para ajudá-los em suas novas iniciativas. Essa responsabilidade não exclui o recrutamento de PME vindas de fora.

Porém, como o desenvolvimento local obriga o pensamento global, uma gama variada de iniciativas deve ser considerada no plano de ação. Elas se referem aos serviços sociais, às infra-estruturas e à qualidade de vida, sempre tendo-se em mente que nada é definitivo. E, principalmente, como destaca Forest Miller, é importante evitar projetos do tipo "vaca sagrada" (Miller, 2000). Também é preciso se precaver contra os efeitos da moda (o que é bom para o vizinho deve ser bom aqui) ou projetos que beneficiem apenas alguns indivíduos (interesses financeiros). Em uma região no sul do Quebec, a ausência de parceria entre as várias comunidades locais teve como resultado a construção de quatro centros de esqui para atender a uma população de cerca de 50 mil habitantes, o que teve como conseqüência previsível que nenhum deles se tornasse rentável.

Por fim, é preciso reativar as várias iniciativas envolvidas em um processo de tentativa e erro, dando lugar a uma avaliação rigorosa e contínua. Um último conselho de Forest Miller: conservar o senso de humor. Assim sendo, a conselheira de Twillingate, uma aldeia no norte de Terra Nova (região na parte norte da província do Quebec, pouco habitada e muito fria), estava falando sério ou dando prova do seu senso de humor, ao sugerir que se construísse no mar, a meio quilômetro da aldeia, um *iceberg* de plexiglas? Ela queria fazer para esse vilarejo de menos de 2 mil habitantes o equivalente à torre Eiffel para Paris ou à CN Tower para Toronto, a fim de estimular o turismo. Um meio como outro qualquer de chamar a atenção para a existência da sua aldeia, criando para ela uma imagem e, assim, contribuir para torná-la conhecida.

Esse *One-Minute Guide* se soma às recomendações de Luc Gwiazdzinski que, para desenvolver o sentimento de dependência de uma coletividade, propõe o seguinte:

- produzir conhecimento sobre o território;
- difundir e compartilhar essa informação;
- definir um projeto comum a todos;
- utilizar as ferramentas (*Le pays, espace pertinent de synergie territoriales*).[3]

Esses últimos se referem às diferentes iniciativas que contribuam, segundo o dito popular quebequense, para colocar uma região no mapa (em inglês, *to put on the map*). Pensa-se, aqui, em um festival anual, na valorização de um recurso natural (por exemplo, um rio para a prática de *rafting*), preparo de um circuito para turismo local (hospedagem em fazendas), exploração de uma velha mina, na

[3] Disponível no site www.globenet.org/horizon-local

forma de museu de interpretação e, por que não, um *iceberg* de plexiglas em Blanc-Sablon, sem a necessidade de "puxar o tapete" dos pés dos seus vizinhos de Terra Nova.

Posteriormente, os agentes de desenvolvimento devem fixar-se sempre nos riscos a serem evitados. Dentre eles está a possível diferença entre a realidade e a imagem criada, quando uma região pode ter uma economia diversificada e aberta para o exterior. Luc Gwiazdzinski cita o exemplo da Alsácia folclórica dos cinco "c": catedrais, gaiolas (*colombage*), chapéus, cegonhas e chucrute. Por outro lado, é preciso se precaver contra o perigo inverso: acreditar que sua região é o centro do mundo, é a mais bela, e seus trabalhadores são os melhores. Tal cegueira pode levar a amargas desilusões.

Como passar à ação? Como se envolver em um processo de planejamento estratégico tal como preconizado pela "nova política regional" do governo quebequense em meados dos anos de 1990?

O velho e o novo

Será preciso lembrar, para desgosto dos inveterados admiradores da racionalidade moderna, que o planejamento não é um fenômeno novo, ao contrário, possui profundas raízes históricas? Consta de um relatório sobre planejamento estratégico, apresentado por ocasião do colóquio anual da ASRDLF (Association de Science Régionale de Langue Française – Associação de Ciência Regional de Língua Francesa) de 1994 em Tours, na França, que os vestígios das cidades, estradas, obras de irrigação e outras construções demonstram que civilizações antigas não viviam sob o jugo da improvisação. Além disso, os dois princípios fundamentais do planejamento, a globalidade e a racionalidade, não se encontram naquilo que Platão considerava a cidade-estado ideal?

Aplicado à região, o planejamento tem suas origens nos idealistas do século XIX, dos quais Charles Fourier é um dos representantes mais famosos. Sua concepção do papel das comunidades com finalidade humana inspirou grande número de visionários de um mundo melhor. Isso representa um importante esforço de integração das verdadeiras necessidades do homem em uma reflexão global e racional da sociedade. É desnecessário dizer que esse plano articulado de uma comunidade ideal carecia de realismo, em especial do ponto de vista econômico e político.

No início do século XX, o inglês Howard, o francês Vidal de la Blache e o escocês Geddes contribuíram para retirar do planejamento seu caráter quase exclusivamente utópico. E, de fato, pretendendo melhorar o destino de uma comunidade, esses pioneiros ofereceram ao planejamento uma capacidade real de aplicação graças à inclusão de uma fase específica de observação sistemática da situação. Com esse acréscimo bastante sistemático, o planejamento se tornou um método, uma estratégia e um procedimento para administrar melhor a realidade. Com o passar dos anos, várias regiões se beneficiaram do planejamento como procedimento de organização de sua região, com o objetivo de alcançar o desenvolvimento. A aplicação do plano de desenvolvimento do Vale do Tennessee, mencionado no primeiro capítulo, é um exemplo de sucesso nesse sentido.

Quanto à necessidade de organizar o território ou estimular o desenvolvimento nas regiões economicamente frágeis, a tática preconizada era sempre a mesma, caracterizada pelo conhecimento e pela ação: identificação da situação, identificação das forças e das fraquezas, levantamento de alternativas para os problemas identificados, seleção de projetos ou iniciativas, avaliação da exeqüibilidade dos projetos e iniciativas, implantação de determinados projetos e iniciativas, avaliação dos primeiros resultados e reajuste do plano de ação. Esse foi o enfoque que ajudou o Baeq em sua época áurea.

No que se refere a um organismo local, tratava-se de colocar em prática um processo de decisão e de gestão linear, que envolvia diferentes etapas determinadas, com a ajuda de um calendário, idealizado com o objetivo de acompanhar o desenrolar das operações, geralmente por um período mínimo de três anos. Os responsáveis por tal operação, ao longo das diferentes etapas, deviam consultar as populações com as quais e para as quais deviam implantar um plano de ação.

Desse modo, de etapa em etapa, com os inevitáveis ajustes de percurso, parecia realista acreditar no progresso de uma região, no sentido de um certo nivelamento das disparidades em relação às regiões mais prósperas. Seria o caso de um planejamento estratégico precoce? Os planejadores ou animadores das organizações dedicadas ao desenvolvimento regional durante os anos de 1960-1970 seriam os senhores Jourdain[4] do desenvolvimento econômico, tal como entendido hoje em dia? Ou, ao contrário, com o planejamento estratégico, estar-se-ia realmente diante de uma nova abordagem?

Essa última questão tem uma resposta afirmativa, considerando-se que o planejamento estratégico não significa dar uma nova apresentação a um produto tradicional. É agir através dessa abordagem, como escreveu Christopher Bryant, da Universidade de Montreal, para quem o planejamento estratégico consiste em gerar a mudança (Bryant, 1992). Mais que buscar responder ao espinhoso problema da criação de empregos com a vinda providencial de importantes investimentos de origem externa, os animadores do desenvolvimento local, através do planejamento estratégico, implantam principalmente projetos de pequena dimensão, baseados na diversificação de atividades, e que se utiliza dos promotores locais. Para chegar a esse ponto, deve-se dar atenção especial às parcerias.

Por fim, não são mais as intervenções voltadas somente para as regiões periféricas que se espera atrair para o seio da economia nacional. Evita-se dar prioridade às empresas vindas de fora, e os projetos de infra-estrutura baseados em transferências financeiras não são suficientes. Além disso, todas as regiões e seus subconjuntos são considerados em uma base permanente, pois, em função das primeiras experiências, é preciso renovar constantemente o processo. Eis a essência da abordagem estratégica implantada pelos partidários do desenvolvimento endógeno.

A elaboração de um projeto associado ao desenvolvimento local apela para a contribuição de um número variado de interventores dentro de uma dada comunidade. Essa união de recursos humanos para alcançar um objetivo coletivo representa uma problemática particularmente complexa, em que cada um dos elementos deve ser objeto de uma atenção especial, sem a qual o conjunto do projeto pode rapidamente dar lugar a uma retomada passível de comprometer sua realização. É importante prestar atenção

[4] Trata-se de um ditado muito popular em francês: M. Jourdain escrevia prosas sem saber que o que ele escrevia eram prosas.

às modalidades de funcionamento dentro de uma dinâmica que utiliza a contribuição de indivíduos e de organizações diversas, com seus conceitos próprios, tendo, às vezes, interesses particulares a satisfazer. Cabe aos responsáveis pela organização criadora de uma idéia de conjunto levar em consideração as diferentes modalidades de funcionamento requeridas por todo empreendimento coletivo, a fim de evitar os obstáculos (por exemplo, as precipitações) passíveis de impedir a evolução bem-sucedida do projeto.

Admitir a complexidade do empreendimento coletivo e reconhecer as ciladas que podem afastá-lo dos objetivos iniciais são pré-requisitos indispensáveis a toda ação. Os iniciadores do processo devem considerar a identificação das pessoas chamadas a nele intervir, além da previsão de possíveis problemas, sabendo que suas responsabilidades deverão desaparecer à medida que o projeto global avançar.

Mesmo que uma personalidade marcante esteja na origem de uma idéia que convoque a contribuição de diferentes recursos de uma comunidade, ela não pode, sozinha, implantar um processo, pois isso requer a reunião de diversas energias e competências. É através de uma organização estabelecida e reconhecida que essa pessoa irá agir ou, ainda, em uma nova organização, criada especialmente para satisfazer as necessidades da causa ao redor da qual se reúnem pessoas, reconhecidas no meio por seu engajamento em favor dos interesses da comunidade.

Repetindo, a primeira responsabilidade desse organismo iniciador ou autor do projeto é fazer um inventário dos recursos humanos do meio que possam ter interesse nos projetos a serem implantados. Com base nos envolvimentos passados e presentes, é fácil imaginar o grau de interesse de uns e outros em determinadas fases do projeto ou em seu conjunto. Uma vez contatados os indivíduos ou as organizações, a partir de uma apresentação das linhas gerais do projeto, é necessário determinar a contribuição possível de cada organização, naturalmente de acordo com sua experiência e razão de ser, mas também de acordo com os objetivos específicos considerados.

Entra aqui um elemento delicado. Se a reputação de uma organização oferece todas as garantias sobre a natureza da contribuição esperada, os apresentadores do projeto devem garantir que a organização em questão entenda claramente a necessidade de se envolver em um processo que lhes é pouco familiar, e que exigirá de sua parte esforços específicos, que deverão levar em consideração o redirecionamento necessário de uma parte das suas atividades. A título de ilustração, pode-se supor a solicitação de contribuição de duas organizações bem inseridas no meio há uma década: um abrigo para jovens e um abrigo para mulheres vítimas de violência doméstica. É fácil imaginar os objetivos e as modalidades de funcionamento de tais organizações, bem conhecidas nos bairros desfavorecidos dos grandes centros e na maioria das cidades de pequeno e médio porte.

Dessa vez, essas organizações são chamadas a intervir em um quadro que ultrapassa seus objetivos imediatos, sendo convidadas a se envolver com outros interventores para alcançar objetivos de maior alcance. Além de continuar se dedicando ao abrigo (objetivo de curto prazo), tais organizações são chamadas a se dedicar à busca de soluções para problemas mais amplos que os ligados à sua clientela habitual: tornar os jovens e as mulheres mais autônomos, por meio de sua inserção no mercado de trabalho.

Portanto, os responsáveis por essas organizações são chamados a aderir a um planejamento de caráter econômico. Em conjunto com outros grupos, igualmente convidados a esquecer temporariamente seus objetivos principais, deve-se discutir a formação geral ou profissional, ou todas as iniciativas passíveis de aumentar o grau de empregabilidade de uma mão-de-obra à margem do mercado de trabalho regular e mesmo, eventualmente, a criação de pequenas empresas, com ou sem fins lucrativos, que permitam que desempregados encontrem uma solução para o seu principal problema econômico. Desse modo, pela primeira vez tais organizações poderão se envolver em um projeto empresarial que necessariamente as obrigará a trabalhar com novos parceiros.

Eis um desafio de grande importância para essas organizações, desafio esse que pode ser abordado com entusiasmo, na medida em que os autores do projeto consigam destacar o interesse que ele possui para todos os interventores. Em resumo, trata-se de estimular um sentimento de frustração bastante freqüente nas organizações que trabalham com clientelas em dificuldades, pois não podem ir além do oferecimento de abrigo. A possibilidade de tornar a busca de emprego mais fácil para alguns de seus clientes representa com muita freqüência um objetivo novo para tais organizações, que têm motivos para se entusiasmar, pois finalmente podem ter algo de concreto para oferecer às pessoas. Esse entusiasmo é freqüente nos representantes de organizações bastante satisfeitas por poderem sair do seu isolamento e se envolver em um projeto de parceria.

A referência ao desenvolvimento local é sempre acompanhada da palavra "estratégias", no plural. Como se pode esperar, dependendo do contexto, os agentes de desenvolvimento podem atuar dentro de um grande leque de opções. Cada uma delas diz respeito a uma visão realista, que poderá ser assumida pela coletividade no futuro. Uma avaliação a mais precisa possível da situação inicial, e dos fatores passíveis de interferir no caminho, são dimensões de uma estratégia de desenvolvimento. Mas, para que sejam bem compreendidas as especificidades da estratégia, é preciso compreender os diferentes componentes do planejamento estratégico.

Os componentes do planejamento regional

A ciência regional destaca quatro princípios fundamentais que justificam o uso do planejamento regional:

- **princípio da democracia:** respeito pelos gostos e preferências da população e participação desta nas tomadas de decisão;
- **princípio da justiça social:** correção de disparidades regionais e respeito pelas identidades culturais;
- **princípio da eficácia econômica:** melhor conhecimento dos recursos a serem explorados e a serem renovados, e adaptação das políticas nacionais à realidade da região;
- **princípio de coerência administrativa:** visão global da região a ser desenvolvida e melhor integração do setor privado nas orientações estratégicas e nas ações do setor público.

Esses quatro princípios fundamentais, que justificam o uso do planejamento regional, também permitem que se avaliem as reformas governamentais, visando à melhoria do planejamento no nível local. Os planejadores regionais, em geral, surgem como defensores de um mundo melhor, propondo um nível de organização social mais próximo dos problemas, das necessidades, das oportunidades e das restrições vividas pela população, pelos trabalhadores e pelas organizações. Naturalmente, os partidários do planejamento estratégico para fins de desenvolvimento endógeno também pensam nisso.

Sobre tais bases, a abordagem estratégica recorre a diferentes dimensões: a **antecipação**, a **arbitragem**, o **conteúdo**, a **implantação** e a **avaliação**. Esses componentes são intimamente interdependentes, de modo a evitar, apesar da lógica aparente (supõe-se uma certa antecipação antes da implantação), uma evolução linear do conjunto do processo. A função da circularidade é explicada pela necessidade de prever que a todo momento novos elementos podem ser considerados, ao contrário da antiga abordagem, em que o respeito pelas diferentes etapas tornava problemático voltar atrás. Além disso, essa ausência de flexibilidade reduziu muito o interesse pela abordagem tradicional.

Entre as diferentes dimensões, por mais indispensáveis que sejam, é a **arbitragem** (uma das alternativas para a busca de um consenso) que constitui, com maior freqüência que qualquer outra, o principal obstáculo. Essa dimensão está associada à definição das regras do jogo a serem respeitadas para a solução do problema apresentado. A complexidade dos problemas e a multiplicidade de atores exigem uma atenção extrema ao processo de decisão: quem decide, e quem é consultado? Como a decisão é tomada, seja no momento da elaboração da política, seja o da sua implantação? O jogo dos atores que buscam influenciar política, social e economicamente a decisão representa um motivo permanente de preocupação.

Admitindo-se essa realidade, antes de comentar com mais detalhes o que pode ser o planejamento estratégico, é importante ter em mente seus principais objetivos:

- oferecer à coletividade maior controle sobre as mudanças que não podem ser evitadas;
- permitir que as coletividades façam escolhas sobre as variáveis que influenciam sua qualidade de vida;

- apresentar um quadro de referências favorável à tomada de decisão para um ambiente aberto, dinâmico e incerto;
- maximizar a eficácia das decisões passíveis de imprimir uma orientação favorável à coletividade.

A consecução dos diferentes objetivos é função da inter-relação entre um dado número de dimensões que, apesar de uma lógica evidente no seu desdobramento, como indica a figura abaixo, sempre podem ser objeto de atividade, em uma ordem indiferenciada, devido às circunstâncias.

Figura 8: As dimensões da abordagem estratégica

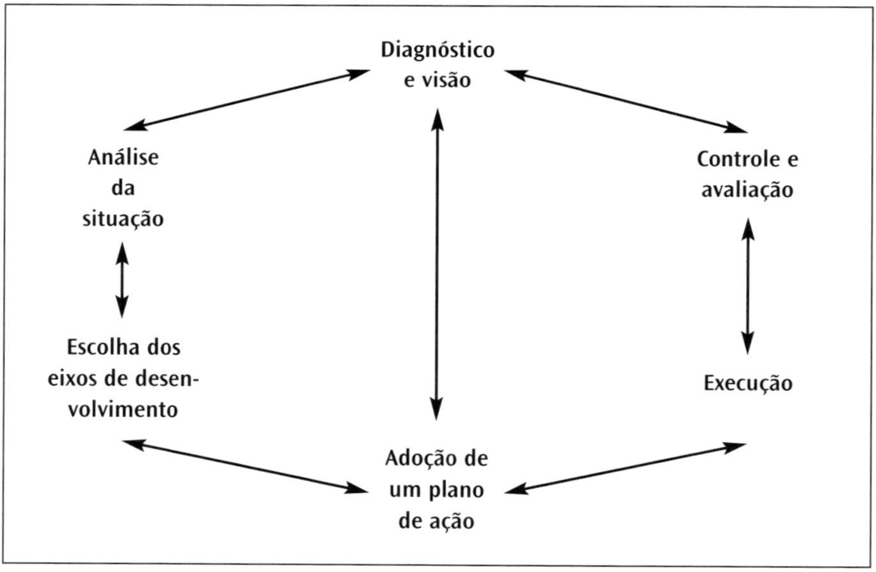

Fonte: Joyal (2002: 77).

Diagnóstico e visão: não é preciso uma longa explicação sobre o que seja diagnóstico. As regiões quebequenses e suas MRC foram objeto de diversos diagnósticos nos últimos anos. Aliás, menos conhecido que o diagnóstico é o processo que leva à obtenção de uma visão clara e precisa da forma que as coletividades podem assumir. Quanto à visão, esta em geral está relacionada com a situação desejada pela sociedade para um período de cinco a dez anos. A diversificação da economia, para reduzir a dependência de atores externos, pode ser um objetivo definido como parte dessa visão.

Uma vez reunidos para formar um conjunto das informações disponíveis e dos objetivos envolvidos no projeto global, os diferentes interventores aproveitam a ocasião para se conhecerem melhor e para tomarem conhecimento dos seus interesses comuns. Com muita freqüência, é nesses momentos que a maioria das organizações se dá conta das possibilidades de lucro com as contribuições umas das outras. Rapidamente torna-se possível levantar uma série de iniciativas ligadas às aquisições de cada organização, que podem se mostrar bastante úteis durante a primeira etapa do planejamento estratégico. Pensa-se, assim, em uma implantação comum:

- de estudos de casos;
- de bancos de dados;
- de recursos bibliográficos ou documentais;
- de material didático;
- de contatos com o exterior, com outras organizações, com instâncias governamentais etc.

A identificação de possíveis grupos que venham a contribuir com o projeto global pode ser objeto de uma primeira tentativa. Mais tarde, diferentes interventores poderão se unir. Pode-se imaginar que, apesar de toda a boa vontade, os iniciadores do processo podem não ter identificado, de maneira exaustiva, seus futuros parceiros.

Análise da situação: feito o diagnóstico, é o momento de avaliar os pontos fortes, os pontos fracos, as oportunidades e as ameaças que caracterizam toda a comunidade. Essa atitude, de acordo com a visão escolhida, leva à adoção de uma estratégia de conjunto para os anos futuros.

Escolha dos eixos de desenvolvimento: essa etapa consiste em definir as linhas gerais, como turismo e lazer, serviços relacionais, valorização das florestas, desenvolvimento da terceirização, apoio ao empreendedorismo, melhoria das infra-estruturas físicas e culturais etc. Nessa etapa, nenhum projeto é objeto de decisão.

Um clima de confiança é desenvolvido, como conseqüência dos primeiros entendimentos do processo de planejamento estratégico. Essa confiança não deve ocultar as origens das divergências. Ao contrário, é exatamente porque há confiança que uns e outros devem ter a coragem de pôr todas as cartas na mesa, para defenderem seus pontos de vista sem medo de prejudicar o conjunto das operações. Os promotores do projeto devem estar cientes da necessidade de evitar o acúmulo de fontes de inquietude, bem como os problemas não resolvidos, sob o pretexto de ser preciso antes implantar os elementos unificadores. Ao contrário, o importante é buscar soluções para determinados problemas, identificados a partir do início do processo de negociação entre os diferentes parceiros.

Ao estarem convencidos de terem um lugar entre os interventores, os representantes de determinados grupos considerarão útil expressar suas objeções ou reservas sobre diferentes pontos, ao invés de manifestarem sua discordância, afastando-se do grupo maior. Ao favorecer a manifestação dos pontos de vista de cada um dos interventores, sem exceção, não só são garantidas melhores chances de evitar o acúmulo de problemas e tensões, mas também se evita a formação de clãs passíveis de provocar oposição entre os grupos de interventores.

Contudo, a simples evocação dos problemas nem sempre leva à formulação de soluções. Sua persistência pode justificar a formação de um comitê *ad hoc* para melhor se dedicar à busca de uma solução. Ou, ainda, recorrer a um árbitro pode se mostrar bastante útil para aproximar os grupos opostos, ao eliminar mal-entendidos, preconceitos ou "qüiproquós" que estão na origem de um problema.

Mas está claro que é o respeito ao princípio fundamental, ou seja, a manutenção do processo democrático, que garante o desenvolvimento e a persistência de um consenso entre os diferentes interventores. É importante lembrar que uma das características fundamentais desse processo é o papel, cada vez mais apagado, que os promotores do projeto global devem desempenhar. Esses promotores devem estimular o surgimento de uma liderança móvel, ou seja, agir de modo que uma se destaque regularmente e de acordo com a evolução dos relatórios e das circunstâncias, e que o peso das iniciativas não caia sempre sobre os mesmos ombros.

Além disso, é ao dividir responsabilidades que se garante o envolvimento de todos, e que se desenvolve uma verdadeira identificação com o projeto como um todo.

Adoção de um plano de ação: os projetos, bem como os seus autores, são submetidos a uma primeira avaliação, com base nas escolhas adotadas, e sujeitos a revisão. Estudos de aplicabilidade permitem conservar as idéias mais realistas e mais vantajosas, com base em critérios múltiplos. Toda iniciativa deve se basear no que já existe. Portanto, não se trata de fazer "tábua rasa" das iniciativas existentes, e de reinventar a roda. Na verdade, com muita freqüência, a estratégia implantada consiste em trazer novos apoios a velhas idéias, ou em fornecer os elementos que faltam aos grupos que há tempos desejam acrescentar uma dimensão à sua vocação habitual.

Desse modo, entre as primeiras iniciativas adotadas, pode haver idéias veiculadas por um ou vários grupos há algum tempo. Sua escolha poderá ser justificada com base na experiência adquirida ou no progresso já realizado, tendo em vista sua implantação. Sob essas condições, será importante respeitar a paternidade dos projetos em andamento, evitando que o mérito de sua realização seja dado a outros, que não seus autores. Caso contrário, haverá um rápido aumento do risco de desmobilização e do questionamento do projeto como um todo. Por fim, nessa forma de aprendizagem através da ação, é preciso ter bem claro que todo fracasso é uma lição, e que, em vez de levar ao derrotismo, deve representar uma fonte preciosa de ensinamentos, com o objetivo de evitar, no futuro, a repetição dos erros já cometidos.

Implantação: em geral utiliza-se, no Quebec, uma estrutura de apoio já existente (um CLD ou uma SADC), ou criada com o propósito de ser a coordenadora da realização dos projetos escolhidos. Seus responsáveis têm obrigações para com o conjunto dos atores pertencentes ao contexto socioeconômico, que continuam sendo os principais arquitetos do conjunto do processo.

A escolha das primeiras ações a serem feitos em favor das iniciativas escolhidas se baseia na experiência vivida por todos. A reunião das idéias e das iniciativas possíveis de serem objeto de uma primeira forma de intervenção dá lugar a um primeiro conjunto, que permite a organização dos projetos que serão priorizados com o passar do tempo. Não se trata de uma classificação em função da sua importância, mas antes em razão daquilo que a preocupação com o realismo impõe como prioridade, tendo o tempo como base das suas exigências. Compreende-se a necessidade de não se precipitar nada, e de não pensar muito grande no início, pois ambições desmesuradas nesse período correm o risco de gerar decepções, rapidamente, cujas conseqüências podem ser sentidas por um tempo indefinido. Portanto, é melhor ser modesto, escolhendo um ou dois projetos de pequena envergadura, que permitirão uma aprendizagem da ação comunitária em um contexto de intervenção de parcerias.

As escolhas feitas devem se basear na melhor avaliação possível das suas implicações. Algumas vantagens serão mais importantes para alguns, enquanto os outros deverão aceitar fazer concessões, ou seja, esperar sua vez para ver uma de suas idéias implatada, sabendo que, para esses últimos, trata-se de uma exceção, e não da regra. Uma vez estimulado o processo em favor de uma iniciativa, esta deverá ser objeto de avaliações regulares, sem temer recuos ou retornos, em caso de necessidade. A paciência é uma virtude que todos os interventores deverão praticar, ao reconhecer que não há melhor estimulante que uma experiência bem-sucedida, apesar das virtudes pedagógicas dos fracassos.

Controle e avaliação: é preciso destacar que essa etapa é crucial. O excesso de boas intenções cria esperanças não satisfeitas pela falta de um acompanhamento adequado. Projetos morrem prematuramente por falta de atenção suficiente às diferentes etapas de sua evolução. Acompanhar de perto, e ajustar o rumo conforme necessário, é uma necessidade absoluta.

O ponto de partida ou a súbita separação do criador de um projeto representa um problema bastante conhecido dos praticantes da ação comunitária. Quantas vezes uma idéia brilhante não tem seqüência devido à aposentadoria do seu propositor? Se um cenário é bastante móvel, o mesmo vale para o meio comunitário. Às vezes, as pessoas se envolvem com grande entusiasmo, investindo boa parte do seu tempo, para, de repente, descobrir um interesse por outra causa, ou por causa similar, mas em outros ares. A falta de previsão de um sucessor prejudica de maneira brutal o progresso do conjunto, podendo levar até ao encerramento do projeto.

Para evitar tal desenlace, é importante que os autores do projeto consigam dividir suas idéias, de modo que, no caso de uma desistência precipitada, o projeto possa ser confiado a novos responsáveis. O melhor meio de consegui-lo não é somente convencer os diferentes parceiros da sua pertinência, e mesmo da inevitável necessidade do projeto, mas permitir uma divisão gradual das responsabilidades e, naturalmente, das informações disponíveis. Os criadores do projeto poderão, eventualmente, desistir ou abandonar a região, mas a estrutura montada permanecerá e, graças à experiência adquirida, uma nova liderança poderá ser instaurada, sem se tornar onipresente. É preciso lembrar que o desenvolvimento local consiste em tornar as pessoas mais autônomas, por meio da ação de diversas organizações. Se para dar início a uma iniciativa é necessário utilizar facilitadores, é preciso evitar que eles se tornem indispensáveis.

Apesar da circularidade entre as diferentes etapas da Figura 8 (p. 134), impõe-se a lógica de se começar pelo diagnóstico e pela visão. De fato, o mecanismo de mercado que forma a base do nosso sistema econômico exige uma grande flexibilidade na implantação do processo. Nada pode ser planejado em caráter definitivo. As variáveis existentes, dado o contexto de uma economia aberta, são estimuladas a mudar continuamente. Desse modo, pode-se acrescentar novas idéias aos projetos a todo momento. A existência de um plano de ação não deve ser obstáculo à consideração de novas idéias. Ao contrário, a implantação de um processo de planejamento estratégico deve facilitar a adoção de novos elementos. O mesmo vale para os ajustes que se tornam necessários após alterações do ambiente externo, como a chegada inesperada de uma multinacional, uma alteração importante dos níveis de mudança, o aumento drástico das tarifas dos recursos energéticos, alterações importantes das regras do comércio internacional, a entrada de novos países concorrentes (em vias de desenvolvimento ou países antes socialistas), as possíveis conseqüências da implantação de uma zona de livre comércio das Américas etc.

Cabe às "forças vivas" de um determinado meio entregarem aos agentes de desenvolvimento a responsabilidade de trilhar as diferentes etapas que devem levar à adoção de um plano de ação. As idéias apresentadas e passíveis de dar lugar às primeiras iniciativas não devem, de modo algum, ser a expressão de alguns indivíduos agindo em causa própria, pouco preocupados em representar os desejos da comunidade. **Informar**, **animar** e **agir** são as três palavras-chave que definem a natureza do papel da organização responsável por dar à coletividade um novo ânimo.

Os obstáculos ao planejamento estratégico

Apesar da concordância geral quanto à necessidade de certas ações na atividade empresarial, o consenso desejado para evitar o desperdício e a dispersão de energia não é obtido com facilidade. O acordo é difícil, pois o terreno sempre tem determinadas armadilhas. Políticas com segundas intenções acompanham rivalidades sempre presentes. Para que o procedimento funcione, tudo deve ficar bem claro, diante de garantias de competência e de possibilidades de negociação. Diversos elementos criam obstáculos ao bom desenvolvimento de uma abordagem estratégica: dúvidas sobre sua pertinência, dúvidas sobre a existência de conceitos confiáveis e a dificuldade das organizações gestoras em adotar uma atitude estratégica.

Os principais atores envolvidos não demoram a constatar até que nível o terreno pode estar minado. Na verdade, é preciso levar em consideração a existência de diversas intervenções que, embora não sigam o padrão do planejamento estratégico, têm nitidamente os mesmos objetivos, mas em contextos e em prazos diferentes. Em que medida, no Quebec, os planos de ação – preparados pelas SADC – poderão incluir uma operação semelhante, que deve ser realizada pelas MRC e, em seguida, pelas regiões a que pertencem? De que modo sua ação pode ser associada à dos CLD e das outras organizações responsáveis por estimular o desenvolvimento econômico de um dado meio?

Novamente há o problema de arbitragem, que se torna cada vez mais complexo, graças ao emaranhado de jurisdições dos três níveis de governo. Os representantes eleitos têm prioridades bem estabelecidas, freqüentemente em função de calendários eleitorais, pressionados a cortar fitas e a tirar fotos para o jornal local, o que tem como conseqüência privilegiar o curto prazo nos projetos ligados a todas as situações de conflito com os atores não eleitos. Eleitos e funcionários federais podem ter prioridades diferentes dos seus similares provinciais. Mas não se conhecem projetos que possam dispensar o apoio dos vários níveis do governo, o que explica o número de negociações exigidas antes de se lançar a pedra fundamental.

A essas complicações se junta a escolha da localização de uma iniciativa que atraia a contribuição de diferentes municipalidades. Se a idéia da criação de um museu ecológico chega à fase do pré-projeto, seu caminho até a concretização exigirá um consenso sobre o local da implantação. A arbitragem necessária para levar a cabo tal projeto conseguirá superar o grande obstáculo bairrista, que só leva os atores envolvidos a participarem do projeto se ele for implantado em sua região?

Na época da operação *Relance économique* (Renascimento econômico) da região metropolitana de Trois-Rivières, no final dos anos de 1990, o principal obstáculo identificado na fase do diagnóstico foi exatamente o bairrismo das três principais cidades envolvidas. Uma vez resolvido o espinhoso problema da localização, resta garantir que os diferentes parceiros saibam respeitar seus compromissos e assumam sua parte do financiamento requerido.

Quaisquer que sejam as boas intenções e a competência declaradas pelos interventores das SADC – os CLD e aqueles encarregados de preparar os eixos de desenvolvimento no nível das regiões administrativas do Quebec –, os resultados dependerão da boa vontade em colaborar e da solidariedade das diferentes coletividades envolvidas. Os ambientes organizacionais considerados são bastante complexos, e precisam de atores que trabalhem em um grande número de setores (privado, público, das associações etc.) e nos diferentes níveis territoriais. Portanto, o planejamento regional só pode ser concebido através da coordenação, segundo um eixo horizontal intersetorial e, por outro lado, segundo um eixo vertical interterritorial. Resumindo, levar em conta tais imperativos certamente permite que o planejamento estratégico seja uma estratégia bem melhor que a não-intervenção.

Uso da mediação na solução de conflitos

Em muitas situações de conflito com as quais as pessoas se deparam no dia-a-dia, é útil contar com a participação de uma terceira pessoa para auxiliar no encaminhamento da solução. Essa pessoa deve ser alguém que não esteja diretamente envolvido na situação, mas que possa ser útil para resolvê-la. Esse indivíduo deve ser imparcial, podendo ser um amigo ou alguém absolutamente neutro, mas que ambas as partes aceitem, pois será alguém que terá como função auxiliar no processo; pode ser ainda um profissional, habilitado para exercer esse tipo de atividade e que seja experiente nessas situações.

Os principais tipos de participação de uma terceira pessoa na solução de conflitos são **mediação** e **arbitragem** (conforme pode ser visto em Martinelli & Almeida, 1998).

Segundo Lewicki *et al.* (1996) as principais vantagens de se contar com uma terceira pessoa para solucionar um conflito são:

- as partes ganham tempo para se acalmar, já que interrompem o conflito e o descrevem para uma terceira parte;
- a comunicação pode ser melhorada, visto que a terceira parte interfere na comunicação e ajuda as pessoas a serem objetivas, além de trabalhar para que os envolvidos ouçam melhor a outra parte;
- freqüentemente, as partes têm que determinar quais questões realmente são importantes, visto que a terceira parte pode pedir prioridade para alguns aspectos;
- o clima organizacional pode ser melhorado, visto que as partes podem descarregar sua raiva e hostilidade, retornando a um nível de civilidade e confiança;
- as partes podem procurar melhorar o relacionamento, principalmente se essa tarefa for facilitada por uma terceira pessoa;
- a estrutura de tempo para resolver a disputa pode ser estabelecida e revista;
- os crescentes custos pela permanência no conflito podem ser controlados, principalmente se a disputa estiver custando às pessoas dinheiro ou oportunidades;
- acompanhando e participando do processo, as partes podem aprender com a terceira pessoa para, no futuro, serem capazes de resolver as suas disputas sem a necessidade de um mediador;

- as resoluções efetivas para a disputa e para o desfecho podem ser atingidas mais facilmente.

As desvantagens da participação de uma terceira pessoa podem ser:

- o enfraquecimento potencial das partes, que pode criar uma imagem de certa incapacidade para resolver os conflitos existentes;
- uma inevitável perda de controle do processo ou dos resultados (ou de ambos), dependendo da pessoa que for contratada como terceira parte.

Lewicki *et al.* (*op. cit.*) apresentam quatro tipos de envolvimento de uma terceira parte na disputa, conforme apresentado na figura abaixo:

Figura 9: Diferentes tipos de envolvimento de uma terceira parte na disputa

Nível de controle da terceira parte sobre a saída (colunas) / **Nível de controle da terceira parte sobre o processo** (linhas)

	Alto	**Baixo**
Alto	**Inquisição**	**Mediação**
Baixo	**Arbitragem**	**Negociação**

Fonte: Lewicki *et al.* (1996: 181).

No caso de negociação sem uma terceira parte, os opositores mantêm controle tanto sobre o processo quanto sobre o resultado. Com a mediação, eles perdem o controle do processo, mas mantêm o controle dos resultados. Já na arbitragem, eles perdem o controle sobre os resultados, porém mantêm o controle do processo. No quarto caso (o da "inquisição"), as partes não têm controle nem sobre o processo, nem sobre os resultados, e na verdade não há negociação.

A mediação normalmente é baseada em regras e em procedimentos preestabelecidos. O objetivo do mediador é de ajudar as partes a negociarem de maneira mais efetiva; ele não resolve o problema nem impõe uma solução. Sua função é de ajudar as partes a buscar o melhor caminho e fazer com que elas estejam de acordo depois de encontrada a solução.

Assim, a terceira parte tem controle do processo, mas não dos resultados. O maior interesse do mediador é ajudar as partes nas questões de comunicação, com o objetivo de maximizar a utilização das habilidades das partes, de forma a capacitá-las a negociar na maneira mais efetiva possível. Outro aspecto muito importante da negociação mediada é que o relacionamento entre as partes é uma questão fundamental. Por esse motivo, busca-se desenvolver ao máximo as habilidades que possibilitam a resolução de problemas no conflito.

O mediador tem sempre um papel muito ativo no processo. Normalmente ele inicia o trabalho fazendo uma reunião com as duas (ou mais) partes envolvidas, visando a estabelecer regras gerais segundo as quais o processo de mediação irá ocorrer. A função básica do mediador é fazer com que as partes definam algumas regras de procedimentos, concordem em se ouvir mutuamente e, finalmente, cheguem a uma solução negociada entre elas. É importante destacar que o mediador não deve resolver a disputa, e sim fazer com que as partes cheguem à melhor solução por sua própria conta.

Durante a sua atividade, o mediador procura ouvir as duas partes, isoladamente ou em conjunto, tentando entender as questões apresentadas por ambas e identificar interesses, prioridades e desejos, de forma a levar o conflito para uma solução colaborativa ou de compromisso. O mediador procura, então, juntar as partes, levando-as a explorar as soluções possíveis.

A fase final do processo de mediação é o acordo, que pode ser tornado público através de uma declaração, normalmente feita por escrito, e que pode inclusive ser assinada pelas partes. Muitos mediadores preferem que esse acordo seja feito por escrito, para que as funções e as responsabilidades de cada parte após o acordo fiquem claramente definidas, além de obter um comprometimento efetivo entre eles.

A duração de um processo de mediação é muito variável, em razão da natureza e do grau de dificuldade associados ao conflito. Durante o processo, o mediador, além de facilitar a própria negociação em si, pode auxiliar as partes envolvidas nas suas concessões, nos acordos e desacordos que surgem no processo, e assim por diante. Dessa forma, é difícil estabelecer um período para a mediação, uma vez que este pode estender-se muito além daquilo que seria previsível, ou encerrar-se muito antes do que se poderia esperar.

A mediação pode ser útil em várias situações de conflito, como em relações de trabalho, em negociações contratuais, em pequenas exigências, em divórcios, em disputas civis ou comunitárias, entre outras. Sua utilização tem sido cada vez mais intensa em disputas comunitárias por terras, entre vendedores e clientes, em locações de moradias estudantis e entre diferentes grupos de estudantes que disputem determinado espaço nas escolas ou nos espaços comunitários.

De acordo com as estatísticas, a mediação tende a ter sucesso entre 60 e 80% dos casos nos quais ela é aplicada. Conforme Carnevale & Pruitt (1989), as situações com maiores chances de sucesso são aquelas em que:

- o conflito tem características moderadas;
- o conflito não é excessivamente emocional ou polarizado;
- há alta motivação de ambas as partes envolvidas;
- as partes estão comprometidas a seguir o processo de mediação;
- os recursos não estão limitados de maneira muito séria;
- as questões não envolvem conflitos básicos de valores;
- o poder entre as partes é equilibrado;
- a mediação é vista como vantajosa em relação à arbitragem ou à falta de acordo;

- os envolvidos têm experiência e compreendem o processo de "dar e receber", assim como os custos da não obtenção de um acordo.

Esse processo pode consumir muito mais tempo que a arbitragem, visto que as partes costumam utilizar um tempo muito longo explicando a disputa para o mediador, e depois participando do processo de busca de uma solução. Além disso, há o risco de a disputa recomeçar no momento seguinte e continuar, muitas vezes assumindo proporções ainda maiores.

A arbitragem como alternativa quando do surgimento de conflitos

A arbitragem é considerada a forma mais comum de resolução de disputas por meio de uma terceira parte. Em um processo de arbitragem, cada parte apresenta sua posição para o árbitro, que por sua vez estabelece uma regra ou um conjunto de regras a respeito das questões envolvidas. Os pedidos das partes podem ser aceitos ou não, dependendo das regras do processo. As decisões do árbitro, por sua vez, podem ser voluntárias ou obrigatórias, dependendo das regras e dos compromissos prévios entre as partes (Martinelli & Almeida, 1998).

Durante a negociação, o árbitro tanto pode optar pela solução proposta por um dos participantes, quanto propor, ele mesmo, uma solução completamente diferente ou, ainda, chegar a um meio-termo entre as propostas dos dois lados envolvidos. Nos procedimentos formais, que são regidos por lei ou por acordos contratuais, como questões trabalhistas ou acordos empresariais, normalmente há uma posição muito clara e rígida a respeito de um conjunto de políticas sobre as quais as regras de arbitragem devem se apoiar.

As arbitragens são muito utilizadas em conflitos empresariais, em disputas entre empresas e uniões de trabalhadores, em relações trabalhistas, e em contratos de um modo geral (em especial no setor público).

As principais vantagens da utilização da arbitragem são (Lewicki *et al.*, 1996):

- tornar possível uma solução clara para as partes (embora possa não ser a opção principal de uma ou de ambas as partes);
- há a opção de escolher ou não a solução indicada;
- os árbitros normalmente são escolhidos por serem justos, imparciais e sábios e, dessa forma, a solução vem de uma fonte respeitada;
- os custos de uma longa disputa são evitados. É interessante destacar que as decisões dos árbitros tendem a ser coerentes com os julgamentos recebidos dos tribunais.

A arbitragem, porém, apresenta uma série de desvantagens:

- as partes tendem a abandonar o controle sobre os resultados; assim, a solução proposta pode não ser a preferida;
- as partes podem não gostar do resultado, podendo inclusive impor-lhes custos e sacrifícios adicionais;
- se a arbitragem é voluntária, as partes podem sair perdendo, caso decidam não seguir a recomendação do árbitro;
- há um efeito de aceitação da decisão que mostra que existe um menor comprometimento com soluções arbitradas por dois motivos: as partes não participam do processo de formar os resultados e a decisão recomendada pelo árbitro pode ser inferior àquela que eles prefeririam;
- a pesquisa em arbitragens freqüentemente mostra que há um "efeito frio" (isso ocorre pelo fato de os negociadores, ao perceberem que a negociação se encaminha para uma arbitragem, mudarem a sua postura);
- há também um efeito de desinteresse, ocorrido quando as partes, ao saberem que há uma longa história de recorrência às arbitragens, tendem a perder o interesse pela negociação, tornando-se passivas e dependentes da terceira parte, buscando, no máximo, auxiliá-la na solução do conflito;
- outro efeito é o da utilização cada vez mais intensa da arbitragem, o que faz com que os resultados se tornem cada vez menos satisfatórios;
- há, ainda, o efeito dos vieses, em função dos quais os árbitros podem ser percebidos como parciais, incorporando ao

> processo os seus próprios vieses. Isso tende a ocorrer quando um árbitro toma uma série de decisões seqüenciais que favoreçam sempre o mesmo lado. Quanto maior o conflito, maior a tendência de as partes acreditarem que o árbitro está viesado.

Dessa forma, é realmente fundamental que antes de utilizar uma terceira parte num processo de solução de conflitos, as partes reflitam sobre a conveniência da solicitação dessa terceira parte. Para isso, é muito importante que se pense no tipo de conflito existente, nos estilos das pessoas envolvidas, na importância do conflito para elas, no tempo disponível para a negociação, nos custos envolvidos no processo e na disponibilidade de recursos existentes, nos poderes que estão por trás das pessoas envolvidas, no volume e na qualidade das informações disponíveis, além da frequência da utilização de uma terceira parte no processo de solução do conflitos.

Se, após pesar todos os prós e contras, as partes realmente optarem pela utilização de um mediador no processo de solução do conflito, é fundamental avaliar também qual será a melhor opção para a utilização dessa terceira pessoa no processo, considerando criteriosamente as vantagens e desvantagens de cada uma das opções de solução com ajuda externa.

Para o desenvolvimento local, a arbitragem pode ser usada como um importante instrumento para se discutir e preparar um plano de ação para uma determinada região, sendo papel do árbitro tomar as grandes decisões, referentes aos pontos polêmicos, sobre os quais não se consiga obter consenso, visando sempre à estruturação do programa a ser colocado em prática.

O uso dos estilos de negociação no comportamento nas redes

O conhecimento dos estilos de negociação pode ser muito importante para a análise, o encaminhamento e a solução dos conflitos. Há várias classificações diferentes, segundo as visões dos diversos autores e os enfoques utilizados na identificação e na descrição desses estilos.

O uso dos estilos de negociação pode auxiliar na busca de respostas para certas questões fundamentais (Martinelli, 2002): O que é um comportamento efetivo de negociação? Seria um tipo de comportamento de negociação mais bem-sucedido ou mais efetivo que outro? O entendimento do conceito dos estilos de negociação e dos seus limites pode ser útil, tanto em termos conceituais quanto em termos práticos, no que se refere ao desenvolvimento de suas habilidades ou ao enfrentamento de uma situação corrente de negociação.

Reconhecendo o estilo da outra parte, os negociadores podem prever as ações que são parte dele. Em geral, os negociadores têm um estilo primário e pelo menos um secundário, sendo mais comum a existência de dois estilos secundários. A análise dos estilos primário e secundário do oponente é muito importante, inclusive para enumerar os passos que os negociadores devem considerar quando estiverem lidando com eles.

Para se ter uma idéia dos estilos de negociação, pode-se apresentar a classificação baseada no modelo de personalidade, desenvolvida pelo psiquiatra suíço Carl Jung, conforme apresentado por Sparks (1992). Jung dava ênfase aos impulsos que dirigem nossas ações, em vez de enfatizar o desenvolvimento sexual passado, como fazia Sigmund Freud.

Existem quatro estilos primários usados pelo oponente não orientado pela questão. Cada estilo se baseia em um conjunto de suposições. Em geral, dois impulsos agem em comum para criar esse conjunto de suposições sobre a outra parte. Os impulsos são os seguintes (Sparks, 1992):

- **Controle:** impulso para dominar e governar outros; crença na correção da rivalidade direta e desenfreada;
- **Desconsideração:** impulso para rebaixar outros; crença de que a tolerância passiva e a extrema atenção são da mais alta importância;
- **Deferência:** impulso para deixar outros assumirem o comando; crença de que o desinteresse ou a impaciência tem o mais alto valor;
- **Confiança:** impulso para incluir outros como parceiros no trabalho; crença de que o melhor é a colaboração.

Figura 10: Os quatro estilos básicos do modelo de Jung

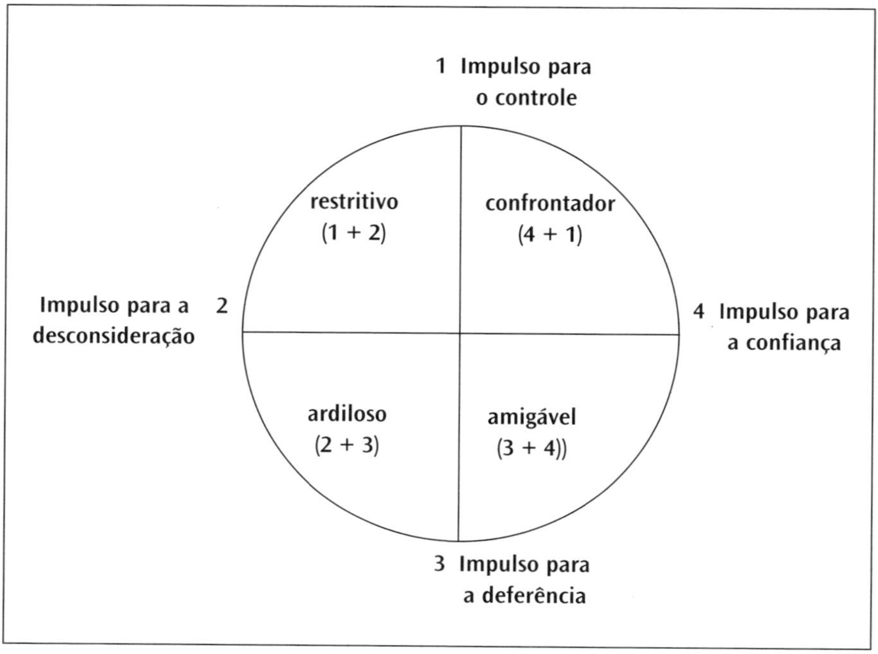

Fonte: Sparks (1992: 156).

Segundo Sparks (1992), os estilos restritivo e confrontador são iniciadores, ao passo que o ardiloso e o amigável são, em sua maioria, reativos. Os oponentes de estilo restritivo e os de estilo confrontador têm, normalmente, o número mais alto de acordos. Entretanto, o comprometimento com o acordo de um oponente de estilo restritivo é, muitas vezes, menor que o de um oponente de estilo confrontador.

Segundo Sparks (*op. cit.*), cada estilo tem uma única aplicação ótima, que, evidentemente, difere de estilo para estilo. O **estilo restritivo** parece sábio quando é do tipo em que "tem que se chegar a um acordo", quando envolve altos interesses ou implica um conflito terminal.

O **estilo ardiloso** tem seu principal mérito quando a questão é de rotina, quando envolve muitos detalhes que requeiram um exame rigoroso ou quando outros fatores, como a obediência à política, têm prioridade sobre a necessidade de fazer um acordo.

O **estilo amigável** é aplicável em casos que requeiram exuberância, entusiasmo, diplomacia e tato, assim como para aplainar irritações ou quando o detalhe não é crítico.

A **confrontação** é o estilo mais adequado quando a questão é do tipo que visa a buscar o melhor acordo possível, quando envolve altos interesses ou quando se trata de um conflito litigioso.

Gottschalk (1974) apresenta o conceito de estilos de negociação, selecionando quatro deles, cada um com vários componentes, conferindo ao enfoque um alto grau de flexibilidade. Gottschalk define estilo de negociação como "a descrição de todas as características de comportamento de um indivíduo envolvido em um encontro de negociação". O conceito de estilo inclui uma gama de ações, ou *inputs* que, se tomados individualmente, podem não proporcionar por si só nenhum *insight,* mas, se, integrados, proporcionam uma estrutura.

Segundo Rojot (1991), o ponto de partida para a análise dos estilos de negociação é a personalidade. Variáveis de personalidade podem desempenhar um papel-chave ao determinar se as pessoas irão se expor em situações de negociação, mas o seu poder de predizer o comportamento dos "atores" nas reuniões é limitado. Entretanto, as estruturas básicas da personalidade de um negociador estão no âmago do estilo de negociação.

Gottschalk (1974) apresenta quatro estilos totalmente diferentes entre si: estilo duro, estilo caloroso, estilo dos números e estilo negociador. Cada pessoa se identifica com determinadas características e constrói seu estilo a partir de certos fatores facilmente identificáveis. Mas é importante saber que cada estilo em uma mesa de negociação é a combinação de um estilo de negociador individual (para o qual ele é atraído naturalmente) e de seu estilo adaptativo (aquele que o negociador acredita que se adapta melhor à negociação específica que está se desenvolvendo).

O **estilo duro** tem como características principais ser dominante, agressivo e orientado para o poder. Esse estilo dá uma primeira impressão de alguém orientado para tarefas e para objetivos. As negociações correntes são vistas sob uma perspectiva de curto prazo. O negociador parece precisar dominar e dirigir.

As principais características do **estilo caloroso** são: apoiador, compreensivo, colaborador, orientado para as pessoas. Esse estilo procura acomodar a situação, construir e fortalecer os relacionamentos. Um ambiente confortável é importante para dar apoio ao processo, evitando tensões pessoais desnecessárias.

Já o **estilo dos números** constitui-se em um estilo analítico, conservador, reservado e orientado para as questões do dia-a-dia a serem discutidas. O comportamento e as razões da outra parte serão julgadas pelo seu método de trabalho, pela sua competência técnica e por questões complexas, bem como pela sua disposição para evitar envolvimento pessoal em questões triviais.

O **estilo negociador**, por sua vez, apresenta como características principais a flexibilidade, o compromisso, a integração e a orientação para resultados. O indivíduo de estilo negociador busca reconhecimento e apreciação como uma pessoa que consegue forçar o surgimento das coisas no momento adequado, bem como um reconciliador de situações supostamente difíceis. O negociador desse estilo deve ser levado a reconhecer o impacto desse comportamento de curto prazo sobre a viabilidade da manutenção de um relacionamento de longo prazo.

A classificação dos estilos Lifo (Life Orientation – Orientação para a Vida) (Bergamini, 1980) é muito semelhante à de Gottschalk (1974), apresentada anteriormente, e mostra quatro estilos básicos, a saber:

a – Dá e Apóia (D/A);
b – Toma e Controla (T/C);
c – Mantém e Conserva (M/C);
d – Adapta e Negocia (A/N).

Essa tipologia dos estilos comportamentais, conforme apresentada por Bergamini (1980), parte do princípio de que o esforço para conhecer as pessoas e classificá-las dentro de certas categorias tem sua origem nas tentativas feitas pelos estudos de tipologias humanas, que, por sua vez, têm suas raízes nos ensinamentos dos primeiros pensadores que a humanidade conheceu: os primeiros filósofos. Com isso, percebe-se que a ambição humana de conhecer melhor a si mesmo sempre existiu.

A intensidade com que cada pessoa utiliza os quatro estilos depende da sua maneira de ser, assim como da situação que ela esteja enfrentando. Segundo os autores do Lifo, um conjunto particular de combinação de estilos aparecerá em cada situação diferente.

Outras classificações de estilos, de perfis psicológicos e de papéis gerenciais podem ser vistas (Martinelli, 2002: 86-113).

Os perfis psicológicos e sua utilização na identificação de características culturais

Outra classifição interessante desses estilos é apresentada por Ackoff (1996), como os perfis psicológicos, partindo da classificação de Jung dos tipos psicológicos em introvertidos e extrovertidos. Esses tipos são ampliados e, com hipóteses adequadas, são usados para explicar a qualidade das interações entre membros de pares ou pequenos grupos. Isso pode ser particularmente importante nas interações e nas redes de cooperação.

O introvertido seria aquele indivíduo voltado para dentro (chamado por Ackoff de *internalizer*) e que modifica-se a si mesmo, enquanto o extrovertido seria aquele elemento voltado para fora (conceituado como *externalizer*) e que tende a agir modificando o ambiente. Esses tipos psicológicos podem receber dois grupos diferentes de estímulos: estímulos internos (provenientes deles mesmos) ou estímulos externos (provenientes do ambiente que os cerca).

Assim, para o desenvolvimento local é importante que se tenha os dois tipos, de maneira que haja uma influência sobre o ambiente local e que as pessoas envolvidas no processo possam também se modificar a si mesmas, incorporando as mudanças que poderão surgir no ambiente em que estão inseridas.

Evidentemente, quando se desenvolve uma análise adequada para tipos individuais, pensa-se em como os indivíduos do mesmo tipo ou de tipos diferentes interagem entre si. A primeira crença provavelmente seria a de que os tipos diferentes se atrairiam, enquanto os iguais se repeliriam, por estarem desempenhando essencialmente as mesmas funções, existindo assim uma possível disputa entre eles.

Ackoff e Churchman (*apud* Ackoff, 1996) chegaram à conclusão de que os pares seriam tanto mais balanceados quanto mais próximos estivessem do ponto central. Assim, pontos simétricos seriam absolutamente balanceados e os pontos menos balanceados seriam exatamente aqueles que tivessem um dos pontos muito próximos do centro e o outro o mais distante possível (Martinelli, 2002).

Esses conceitos podem ser aplicados também às personalidades dos membros de uma família, de um grupo de funcionários de uma empresa ou de uma rede de cooperação. Assim, as famílias, que no fundo representam pequenos grupos, tendem a crescer e a estabelecer contratos, como acontece com a maior parte dos grupos. O mesmo aconteceria com os funcionários de uma empresa ou uma rede envolvendo um grupo de atores para o desenvolvimento local.

É importante notar que a introdução de um novo membro no grupo tende a aumentar ou diminuir a compatibilidade entre seus membros. Assim, a personalidade de uma criança é altamente influenciada pela maneira como ela é tratada pela família. Nota-se que as famílias acabam desenvolvendo a personalidade das crianças de maneira a aumentar a estabilidade do grupo como um todo.

Nas redes de cooperação esse mesmo raciocínio pode ser aplicado. Assim, a introdução de um novo membro no grupo pode alterar seu equilíbrio, fortalecendo alguma característica antes pouco utilizada ou pouco presente nas atividades, podendo ainda vir a estabilizar uma rede muito instável e absolutamente desequilibrada.

Quando se procura estender esse raciocínio para grupos de tamanho maior, é natural que se pense em aplicá-lo às sociedades em geral e às suas respectivas culturas. Considerando-se que a cultura é para a sociedade aquilo que a personalidade representa para as pessoas (Ackoff & Emery, 1972), os tipos de personalidade podem também servir como tipos culturais.

Dessa forma, Ackoff fez, nos EUA, um teste com um grupo de especialistas em características de países estrangeiros (Martinelli, 2002). Nesse grupo, cada um foi chamado a responder sobre características da personalidade de habitantes de 25 países diferentes, bem conhecidos pelo especialista. Houve um nível de congruência muito grande entre as respostas, com pequenas exceções nos casos de países com os quais os EUA estavam interagindo muito pouco nos últimos anos.

Viu-se que os EUA eram guiados pelas suas próprias opiniões, necessidades e desejos, muito mais que os desejos de outros. Por outro lado, observou-se que este país teria tendência a manipular os outros e a agir sobre o ambiente externo.

Os autores identificaram também que a antiga União Soviética é mais orientada por eventos externos, aos quais ela demonstrou ser mais sensível que os EUA. Por serem tão manipuladores do ambiente quanto os estadunidenses, os soviéticos enfrentaram dificuldades de conviver com aqueles.

Os franceses, ao contrário dos russos, podem ser considerados como introvertidos puros (segundo a visão de Jung), tendo assim uma possível convivência pacífica com os soviéticos, na medida em que são diametralmente opostos, podendo estabelecer entre eles um ponto de equilíbrio bastante adequado.

A introversão dos franceses também explicaria uma freqüente queixa dos turistas americanos em relação a eles: o povo francês se mostra inóspito e ressente-se da presença dos americanos. Por outro lado, os franceses vêem os americanos como muito falantes e impertinentes.

Os alemães são classificados como os americanos, embora não tão radicais como eles, tendo, assim, dificuldades de relacionamento com os próprios americanos, além de um relacionamento menos estável com russos e franceses. Já com os ingleses e canadenses, os alemães tenderiam a ser relacionar melhor, por serem opostos e se complementarem mutuamente.

Por outro lado, ao analisar um dos mais antigos e difíceis conflitos mundiais ao longo dos anos, o dos árabes e judeus em Israel, vê-se que ambos os grupos, classificados pelos especialistas como movidos por impulsos internos e agindo sobre o ambiente externo, os dois tentando manipular o outro lado para satisfazer as suas finalidades, deixam um espaço muito limitado para a cooperação entre eles, reduzindo as chances de solução do conflito.

Analisando-se as características dos países, vê-se que os ingleses poderiam perfeitamente se constituir num facilitador mais adequado para essa disputa, podendo agir como mediadores ou mesmo como árbitros na tentativa de solução do conflito.

Os tipos de personalidade também podem ser utilizados para analisar, prever e explicar os comportamentos dos consumidores de determinados países, em termos de desejos e decisão de compra de certos produtos. Na verdade, os tipos de personalidades já foram muito utilizadas e podem continuar sendo, principalmente no que se refere a produtos de consumo popular.

Um exemplo de planejamento: o plano de desenvolvimento estratégico da Mauricie (1999-2004)[5]

Como mencionado no documento-síntese do plano de ação da Mauricie, seus elementos resultam de uma análise de cada um dos diferentes setores da atividade socioeconômica regional. Além de enumerar os pontos fortes e fracos, há também a definição de um perfil com as características comuns a todas as regiões: influência da globalização do comércio, da nova economia, da ampliação do abismo entre ricos e pobres, e o não-envolvimento do Estado.

Mais especificamente na Mauricie, observa-se:

- uma demografia estagnada e caracterizada pelo envelhecimento da população, que era de 260 mil habitantes em 1996;
- uma compensação pela queda do setor manufatureiro, através do desenvolvimento do turismo.

Fiéis aos princípios do desenvolvimento local, foi bem especificado que seu plano estratégico favorece o desenvolvimento global, durável, endógeno e estruturado, de forma a impedir qualquer forma de exclusão. Os grandes temas do plano estão relacionados à cultura regional, ao desenvolvimento da economia, do emprego, da qualidade de vida e relacionam-se também às estratégias que envolvem os jovens, a condição feminina, os idosos, as comunidades culturais, os deficientes e a nação indígena Attikamek.

Dentro do tema "desenvolvimento da economia e do emprego", no subtema relativo ao desenvolvimento da empresa, após identificar os pontos fortes e fracos, encontram-se quatro eixos, com uma descrição de suas prioridades e dos meios para alcançar seus objetivos:

[5] Disponível no site do CDRM: www.crd-mauricie.qc.ca

- desenvolver e estimular uma cultura empresarial;
- apoiar a diversificação da economia regional;
- apoiar os esforços de desenvolvimento tecnológico;
- decidir e implantar uma estratégia regional comum e integrada de desenvolvimento econômico.

Para terem sucesso, os meios apontados estão relacionados, entre si, às facilidades de financiamento, ao apoio às novas formas de empresas, ao apoio da tecnologia tradicional, ao estímulo da exportação, aos trabalhos de pesquisa e desenvolvimento, ao apoio à produção de valor agregado, ao auxílio ao entrelaçamento e à parceria para a realização de projetos de inovação tecnológica.

Como se vê, o conjunto assume a forma de um programa típico de um partido político de centro. Poderia ser diferente, no contexto de uma economia de mercado? Um conselho regional de desenvolvimento, com poderes bastante limitados, só pode ter o papel de oferecer pontos de referência que possam orientar os verdadeiros tomadores de decisão econômica, ao mesmo tempo em que buscam criar um clima favorável às orientações escolhidas.

A Sociedade de Diversificação Econômica das Regiões (Société de Diversification Économique des Régions – SDER)

A SDER foi criada em setembro de 2000, colocada sob a responsabilidade de um conselho administrativo formado por atores envolvidos no desenvolvimento e na diversificação das seguintes regiões: Bas-Saint-Laurent, Saguenay-Lac-Saint-Jean, Mauricie, Estrie, Abitibi-Témiscamingue, Côte-Nord, Nord-du-Québec, Chaudière-Appalaches, Lanaudière, Laurentides, Montérégie e Centre-du-Québec. Essas regiões compartilham um fundo de Can$ 50 milhões (aproximadamente US$ 33 milhões), destinados a apoiar as iniciativas de diversificação da economia regional. Portanto, são priorizados aqueles projetos capazes de gerar um efeito de alavanca, ao se voltarem para atividades inovadoras e estruturadoras nas regiões envolvidas.

Comitês regionais de conselheiros, em colaboração com os Conselhos Regionais de Desenvolvimento (Conseils Régionaux de Développement), têm a tarefa de elaborar uma estratégia relativa à diversificação econômica, identificando as prioridades regionais e sugerindo as prioridades de intervenção.

Como se pode supor, ao incorporar o planejamento estratégico, o Quebec mostra que faz parte de um grupo. Se a França, com seus "países", considera oportuno recorrer às atividades estratégicas, o mesmo ocorre em outros lugares. Como exemplo, apresenta-se a estrutura adotada pela cidade brasileira de Novo Hamburgo, no estado do Rio Grande do Sul.

Uma aplicação brasileira de planejamento estratégico: Novo Hamburgo

Como foi visto no capítulo anterior, desejando depender menos do setor de couro e calçados, os atores locais dessa cidade do sul do Brasil se envolveram em um processo de planejamento estratégico, tal como descrito aqui. Esses atores são o Centro Universitário Feevale, universidade privada da cidade, a Associação Comercial, Industrial e de Serviços de Novo Hamburgo, o grupo de imprensa Sinus e a Prefeitura.

A operação tem como objetivo estimular a melhoria nas condições de vida da população local, através de uma maior diversificação econômica. Inspirando-se em outras experiências de desenvolvimento local, foi adotado um plano de ação, baseado em um diagnóstico preciso dos pontos fortes e fracos do local, favorecendo a elaboração de uma nova visão. Esperava-se, assim, estimular a implantação de novas atividades nos setores de informática, química e metalurgia, bem como o potencial turístico da região. A implantação de uma incubadora de empresas no *campus* do Centro Universitário ilustra bem esse desejo dos atores locais de estimular um novo progresso empresarial. Suas forças vivas estão buscando alterar radicalmente a imagem tradicional da cidade, insuflando uma nova energia.[6]

[6] www.acao21.sinos.net/

Como se vê, o desenvolvimento local exige delicadeza de intervenção e habilidade especial, de modo a garantir que os diferentes atores possam agir da melhor maneira possível.

Um projeto de desenvolvimento local em um pequeno município urbano: o exemplo de Piraí

O municipio de Piraí é uma pequena comunidade urbana, com uma população de pouco mais de 20 mil habitantes (22.118, segundo o Censo 2000 do IBGE). Esse município foi muito marcado pelo processo de privatizações nos anos de 1990, visto que a Light era um de seus principais empregadores. Logo após a privatização dessa empresa, mais de 1.300 pessoas perderam seus empregos. Isso representa uma porcentagem significativa da população economicamente ativa dessa comunidade.

Com isso, em 1997 a administração municipal realizou um levantamento para identificar quais eram efetivamente as potencialidades de Piraí. Assim, foi elaborado o perfil econômico local (Perfil Econômico do Município – PEM), utilizado como base para a elaboração do programa. A partir daí, foi sugerido um programa de desenvolvimento econômico local em três frentes:

a) Programa de Promoção de Trabalho e Renda na Área Rural e o Pólo Regional de Piscicultura: o PEM verificou que a piscicultura era uma atividade muito lembrada pelos produtores, o que demonstrava um grande potencial do município, que tem hidrografia e topografia adequadas para desenvolver essa cultura. Com isso, a implantação do programa de geração de trabalho e renda para a área rural se efetivou através do projeto de piscicultura.

b) Programa de Geração de Renda, Emprego e Desenvolvimento do Comércio, Indústria e Serviços e o Condomínio Industrial: no setor industrial, a iniciativa mais marcante foi a criação do Condomínio Industrial de Piraí, através de um projeto de atração de empresas âncoras, após uma pesquisa sobre as oportunidades e demandas levadas ao município por diferentes empresas. A primeira empresa a se instalar foi uma indústria alimentícia, seguida de uma indústria cervejeira e, na sequência, uma fábrica de gabinetes de computadores. A demanda criada por essas duas empresas já tem sido suficiente para ocupar outras áreas do condomínio industrial e, com outras indústrias que estão chegando.

c) Programa de Geração de Trabalho e Renda com Fomento do Cooperativismo: visa a oferecer instrumentos e condições para que produtores locais formem cooperativas, aproveitando as potencialidades do território.

O programa, que se iniciou como um projeto da Secretaria de Planejamento, se caracteriza hoje como um programa de governo, intersetorial, e que envolve diversas secretarias, integradas através do grupo de trabalho do programa.

O objetivo geral do projeto é apoiar a promoção e o fomento de empreendimentos econômicos no munícipio de Piraí, principalmente nas comunidades pobres. Seus objetivos específicos são: fomentar o desenvolvimento de empreendimentos, integrando o meio urbano e o rural, criar um ambiente favorável ao desenvolvimento local, criar uma infra-estrutura de apoio, integrar empreendimentos, garantir o acesso da população a diferentes serviços, criar meios de acesso à internet e desenvolver projetos de comércio solidário, que garantam uma demanda sustentável para os grupos produtivos da comunidade.

O projeto de desenvolvimento busca desenvolver uma cultura empreendedora, de forma a constituir organizações e empreendimentos auto-sustentáveis. A implementação do plano de desenvolvimento urbano/rural significou uma mudança de cultura da gestão municipal, que estava até então voltada fortemente para serviços urbanos e não para o desenvolvimento econômico e social como um todo.

Além disso, integrou a economia solidária, agricultura, indústria e mercado numa visão mais ampla, procurando atrair empresas com o perfil dos produtores locais. A capacidade empreendedora foi retomada com o resgate da auto-estima local. Esse projeto se legitima socialmente, a partir de uma visão democrática e participativa.

O mecanismo de avaliação do projeto de desenvolvimento local é constituído pelo perfil econômico local e pelos indicadores criados no seu interior. A capacitação que vem sendo implantada é realizada diretamente no local de produção.

O programa tem três beneficiários diretos, a partir dos três projetos acima mencionados. O Condomínio Industrial visava basicamente a atender o quadro da população economicamente ativa do município. Ate 2001, o Condomínio já havia gerado mais de 1.200 empregos. O projeto de piscicultura se iniciou com cinqüenta produtores cadastrados, 20% deles atendidos já na primeira fase e, no momento do relatório apresentado pela Prefeitura, 35 produtores já estavam participando do projeto, gerando uma produção cada vez maior para o entreposto. No projeto das cooperativas, inicialmente foram novecentos treinandos para os cursos de capacitação oferecidos.

A imagem que a Prefeitura tem da proposta de desenvolvimento do município é a de "uma moça bonita, mas interiorana, que tomou um banho de loja e de boas maneiras". Imagina-se um município planejado e ordenado com seus equipamentos urbanos, atendendo seu pólo industrial e oferecendo lazer à população, com grande incremento do turismo e crescimento planejado, sem perder as características do interior, com emprego e os problemas sociais controlados, além de desenvolvida economicamente, mas com manutenção da qualidade de vida. Em suma, o que se busca é uma Piraí desenvolvida, preservando a cultura do seu povo e uma boa qualidade de vida, tão essenciais à população.

Os recursos envolvidos no programa, nos seus três projetos, são compostos de fundos municipais, estaduais e federais, da Fundação Banco do Brasil, da Embratur (Instituto Brasileiro de Turismo) e, em maior escala, das empresas privadas que lá se estabeleceram nesse período. Os recursos humanos fixos do projeto envolvem dois grupos de trabalho por secretarias: um para o acompanhamento do perfil e um para a implantação do programa de cooperativas.

Cada um dos projetos tem as suas parcerias, envolvendo o Senac (Serviço Nacional de Aprendizagem Comercial), o Sebrae (Serviço Brasileiro de Apoio às Micro e Pequenas Empresas), o Banco do Brasil, o Ministério do Trabalho, o Ministério da Agricultura, a Emater (Empresa de Assistência e Extensão Rural do Estado), a Fiperj (Fundação Instituto de Pesca do Rio de Janeiro), entre outros.

Evidentemente, não é nada fácil desenvolver um município, atrair investimentos, construir parcerias, criar uma cultura empreendedora, gerar um clima de auto-estima e de cooperação, visando a melhorar as oportunidades de emprego na cidade. A Prefeitura trouxe para si a incumbência de resolver o problema da perda de empregos com a privatização da Light. Com certeza, o esforço foi muito grande, mas os resultados concretos mostram por si só o acerto das medidas e a importância dessa ação para o desenvolvimento local e para a manutenção dessa comunidade.

O mais importante, além daquilo que é mostrado pelos números, é o fato de essa iniciativa ter gerado uma nova cultura e uma imagem segura de um município empreendedor. Como escreveu um dos secretários municipais, em um seminário de planejamento estratégico: "[...] queremos uma cidade desenvolvida economicamente, mas com qualidade de vida, atraente pelas suas festas e por seu povo alegre e trabalhador [...]. Enfim, um lugar de onde nossos filhos não tenham de ir embora".

Nos depoimentos dos empreendedores beneficiados com a iniciativa, vê-se que o distrito industrial não foi feito apenas para abrigar empresas de fora, uma vez que que os empresários da cidade também puderam se beneficiar desses investimentos. Além disso, equipamentos parados ou subutilizados foram colocados para trabalhar com força total; convênios com o Projeto Viva Rio, para desenvolver o projeto de comercialização dos produtos lá fabricados, viabilizaram a colocação desses produtos no mercado.

O reconhecimento do projeto e do esforço da gestão municipal, com suas ações inovadoras e de estímulo e fortalecimento das pequenas e médias empresas e da cultura empreendedora, é amplo e disseminado, seja entre a população, seja entre os políticos, nas esferas estaduais e até fora do estado do Rio de Janeiro. Trata-se de um exemplo que pode e deve ser seguido por outras comunidades, com o objetivo de encontrar as suas verdadeiras vocações e viabilizar o desenvolvimento local de maneira segura, consistente e, acima de tudo, durável.

O financiamento do desenvolvimento local

"Financiamento não é problema; basta termos um bom projeto, e encontraremos um meio de financiá-lo". Essa observação, vinda de diferentes atores locais presentes em um colóquio da UQAR no início dos anos de 1990, tem sua pertinência. Um responsável por um Ciel (Centres d'Investissement pour l'Emploi Local – Centros de Investimentos para o Emprego Local) de Nicolet (conforme já comentado) pensa de maneira semelhante: "Já há alguns anos o dinheiro não é problema, as coisas mudaram muito em vinte anos". Essas opiniões estão de acordo com as informações divulgadas durante um colóquio sobre financiamento do desenvolvimento local, patrocinado pela *L'Action nationale*, realizado em janeiro de 2001.[7] Nesse encontro, o ex-ministro e ex-responsável pela Caisse de Dépôt,[8] Jean Campeau, observou que, embora o Quebec esteja em primeiro lugar entre todas as províncias canadenses, no que se refere às quantias destinadas ao capital de risco, ainda parece haver problemas de acesso a esses fundos.

Como também foi observado nesse congresso, em 1999, de um total de 2,7 milhões de dólares injetados na economia canadense na forma de capital de risco, apenas 27% desse valor se encontrava no Quebec. Quando se sabe que o Quebec detém, em grande parte graças ao Fundo dos Trabalhadores (Fonds des travailleurs) da FTQ (Fédération des Travailleurs et Travailleuses du Québec – Federação dos Trabalhadores do Quebec), 52% do capital de risco do Canadá, parece haver aí uma contradição. Ou é preciso crer que, de fato, o dinheiro está disponível, mas que há poucos autores de projetos?

Benoit Lévesque, da UQAM, outro participante desse encontro, apresentou os resultados dos seus trabalhos mais recentes sobre os fundos regionais e locais. Esses últimos se distinguem dos pagos pelos bancos, na medida em que fornecem às empresas uma participação no capital acionário ou a quase eqüidade, na forma de empréstimos participativos. Ao investir sem exigir garantias, esses

---

[7] Ver o excelente artigo publicado em *L'Action nationale*, v. XCI, n. 1 e 2, jan./fev./2001.

[8] Órgão financeiro do governo do Quebec.

fundos também apóiam a gestão, a fim de minimizar os riscos. De acordo com a estrutura do desenvolvimento local, as empresas encontram, através desses fundos, parceiros cuja contribuição é freqüentemente considerada indispensável. Dos 231 fundos existentes em 1996, eles passaram a 331 em 2000, dos quais 277 têm *status* de organização sem fins lucrativos.

A chegada dos CLD e de seus fundos (Fundo Local de Investimento e Fundo de Economia Social) não é estranha a esse crescimento especulativo. A eles se somam a Fundação da CSN (Confederação dos Sindicatos Nacionais), baseada no modelo dos trabalhadores da FTQ, e alguns novos Solide (Societés Locales d'Investissement dans le Développement de l'Emploi – Socieda-des Locais de Investimentos no Desenvolvimento do Emprego). As SADC e as Solide (conforme já indicados) representam sozinhos 140 fundos com *status* de OSBL (Organisms Sans But Lucratif – Organismos Sem Fins Lucrativos). Desse modo, 43% dos fundos foram criados a partir de 1997, e 74% a partir de 1994, o que demonstra com clareza o crescente interesse pelo desenvolvimento local, por parte dos setores público e associativo. Lévesque (*op. cit.*) menciona que o setor privado está pouco representado.

O destino das regiões periféricas depende, em certa medida, da existência desses fundos. Mais uma vez, é preciso que os autores dos projetos utilizem os fundos. Seus números, em algum as regiões periféricas no Quebec, são os seguintes: Bas-Saint-Laurent (25), Saguenay-Lac-Saint-Jean (18), Abitibi-Témiscamingue (18), Gaspésie-Iles-de-la-Madeleine (19) e Côte-Nord (20).

A Figura 11, de autoria de um professor de Universidade de Sherbrooke, Denis Martel, ilustra a realidade do financiamento local.

Figura 11: Atores e inter-relações dos financiamentos regional e local

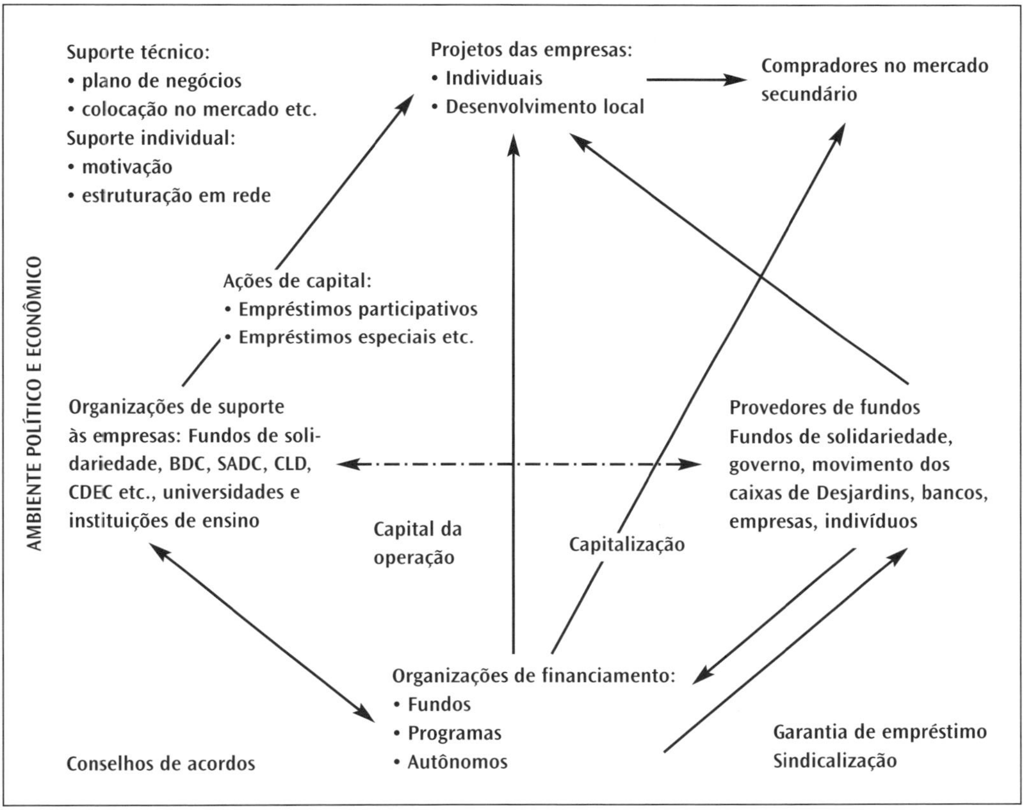

Fonte: Martel, *apud* Joyal (2002: 89).

A importância do microcrédito e o apoio aos pequenos empreendedores

O apoio aos pequenos empreendedores é uma das formas mais importantes e efetivas de incentivar o desenvolvimento local. A concessão de crédito para novos empreendimentos é uma das ferramentas fundamentais para dar condições ao desenvolvimento de novos negócios, emergentes ou não, que possam ser concretizados a partir de idéias preexistentes ou de oportunidades de negócios que surjam no mercado.

Assim, o apoio aos pequenos empreendedores é fundamental, seja nos grandes centros, seja nas comunidades menores e com menos opções de criação de novos negócios. Os programas de apoio financeiro, por meio do microcrédito (conforme apresentado no Capítulo 1) ou de outras políticas públicas e privadas de incentivo ao empreendedorismo, se constituem num instrumento importante e alavancador de novos negócios.

Um exemplo interessante de apoio aos pequenos empreendedores, com a utilização do microcrédito, diz respeito ao sistema Ceape (Centros de Apoio a Pequenos Empreendedores), hoje presente em treze Unidades da Federação, nas cinco regiões do Brasil (com maior concentração no Nordeste), que é responsável por um programa de apoio a pequenos empreendedores populares (conforme apresentado por Silveira, *in* Camarotti & Spink, 2001).

Constituindo-se em experiências praticamente desconhecidas no Brasil até o início dos anos de 1990, as iniciativas de microcrédito se transformaram, principalmente no final da década passada, em uma referência importante nas políticas de combate à pobreza e à exclusão social. O período atual marca uma nova etapa no processo histórico brasileiro, com a consolidação de uma série de experiências realizadas nas décadas de 1980 e 1990, principalmente por entidades não-governamentais, com o apoio de diferentes organizações internacionais. Assim, pode-se citar o Programa de Crédito Produtivo Popular do BNDES, em 1996, o CrediAmigo do Banco do Nordeste, em 1998, um conjunto de programas e ações denominado Brasil Empreendedor, em 1999, entre outros.

A primeira experiência de microcrédito, no contexto internacional, aconteceu justamente no Brasil, na década de 1970, embora tal fato seja quase desconhecido, até mesmo pela própria população brasileira. Em 1973, foi criado o Programa União Nordestina de Assistência a Pequenas Organizações (UNO), por iniciativa da Acción International, envolvendo entidades empresariais de Pernambuco e da Bahia. A Acción International é uma organização civil, privada, sem fins lucrativos, com sede nos EUA, que hoje envolve uma rede de programas em diversos países da América Latina, assessorando-os na metodologia de atuação e no desenvolvimento institucional. A UNO foi criada especificamente para desenvolver um programa de crédito e capacitação para microempreendimentos populares, particularmente no setor informal (Silveira, 2001).

A UNO acabou por desenvolver uma estrutura de análise de crédito adaptada à realidade do microempreendedor de baixa renda e sem garantias reais, além de ter formado profissionais com esse perfil e financiado vários microempreendimentos nos estados acima citados. A iniciativa, comandada pela UNO, incorporou novos elementos na concepção e na metodologia de concessão de microcréditos. Assim, ainda na década de 1980 (1986), surgiu o primeiro Ceape, no Rio Grande do Sul, a partir de uma experiência piloto promovida pelo Unicef (Fundo das Nações Unidas para a Infância), em parceira com a Acción International, implementando o projeto Apoio a Atividades Econômicas Informais de Mulheres e Famílias de Baixa Renda, em áreas periféricas de Porto Alegre. A partir dessa iniciativa, o projeto se institucionalizou como uma entidade civil sem fins lucrativos.

A consolidação do Ceape no Rio Grande do Sul estimulou a continuidade da parceria entre a Unicef e a Acción, que estenderam a experiência a outros estados, com prioridade para a região Nordeste. Os Ceape existem há mais tempo no Maranhão, no Rio Grande do Norte e em Pernambuco, onde já estão consolidados.

Partindo da sensibilização de atores locais, principalmente de entidades empresariais, esse trabalho propiciou a criação de novas organizações especializadas, com perfil semelhante ao do Ceape do Rio Grande do Sul, quanto a estrutura, metodologia e foco de atuação. A criação da Federação Nacional de Apoio aos Pequenos Empreendimentos (Fenape), em 1990, se constituiu no principal fator estimulador da expansão dos Ceape. A Unicef e o Banco Interamericano de Desenvolvimento – BID passaram a dar apoio técnico e financeiro, seguindo-se um conjunto de parcerias em cada local de implantação. Hoje participam da rede Ceape cerca de 120 entidades, através de seus conselhos.

Um aspecto inovador de todo esse processo foi a constituição de um órgão alavancador com o perfil da Fenape, que se constituiu num centro de articulação e expansão dos Ceape. A experiência dos Ceape, como acervo e referência, é hoje reconhecida por sua grande relevância para a formação histórica do microcrédito no Brasil (Silveira, 2001).

O público-alvo dos Ceape corresponde a pequenos empreendedores, em geral sem acesso ao crédito institucional. Constitui-se de homens e mulheres integrantes de famílias de baixa renda, que têm na atividade autônoma uma alternativa de vida. Os pequenos empreendimentos apresentam características e potencialidades que lhe são próprias, como a geração de ocupações a baixo custo, a função relevante na renda familiar e flexibilidade para se adaptar rapidamente às flutuações do mercado.

As entidades do sistema Ceape definem como sua missão básica "a melhoria da qualidade de vida dos pequenos empreendedores através da massificação do crédito orientado, em âmbito nacional, como estratégia de combate à pobreza". Associados a essa missão, são formulados objetivos múltiplos e interligados, destinados a fortalecer os pequenos empreendimentos (Silveira, 2001). Assim, o apoio creditício a pequenos empreendimentos constitui a essência das atividades dos Ceape.

Porém as experiências nos diferentes estados revelam ênfases distintas. No caso de Pernambuco, prioriza-se a agilidade do atendimento e a massificação do crédito, concentrando-se na rapidez e na amplitude do processo. Já no caso do Maranhão, há uma grande ênfase na cultura institucional e nas orientações gerenciais e comportamentais.

Alguns resultados parciais do sistema Ceape são apresentados por Silveira (*op. cit.*), em especial no que se refere aos Ceape de Pernambuco e do Maranhão. O público atendido indica uma proporção de 70 a 85% no setor de comércio. A maioria dos atendidos é composta de mulheres, atingindo até 75% do total de clientes em alguns estados. Há um grande predomínio de empreendimentos informais (em torno de 2/3 do total), quando comparados às empresas formalmente registradas. Os créditos renovados tendem a ser de valores muito mais altos que os créditos iniciais. O índice de inadimplência tem sido muito baixo (sempre abaixo de 5%).

Os Ceape trabalham com perspectiva de auto-suficiência operativa plena; as receitas da linha de crédito são suficientes para cobrir integralmente os custos operacionais. O resultado, apresentado em Pernambuco e no Maranhão, já amplamente favorável nesse aspecto, fornece a perspectiva de resultados semelhantes em todos os demais estados. A trajetória em busca da auto-suficiência passa pelo aumento previsto do número de clientes, além da busca contínua do aumento da produtividade.

Conforme observado por Silveira (2001), a criação e a expansão dos Ceape não teria sido possível se não fosse a construção e a manutenção de diversas parcerias ao longo do trajeto. Claro que ainda existem caminhos não trilhados, limites a serem transpostos e diferentes oportunidades que podem ser aproveitadas. Mas a formação de diferentes parcerias foi um elemento relevante desde a origem do sistema, tendo algumas um caráter alavancador e estratégico, e outras viabilizando apoio institucional ou possibilitando ações complementares, agrupando-se em um todo coerente e complementar para o desenvolvimento e o crescimento dos sistemas.

As Sociedades Locais de Investimento no Desenvolvimento do Emprego (Sociétés Locales d'Investissement dans le Développement de l'Emploi – Solide)

As primeiras Solide foram implantadas no início dos anos de 1990, com o objetivo de facilitar o financiamento para empresas nas regiões. O melhor exemplo que se pode encontrar, nas regiões quebequenses, de intervenção de parcerias contando com o apoio da Federação Quebequense das Municipalidades (Fédération québécoise des municipalités) é o Fundo de Solidariedade FTQ (Fonds de solidarité FTQ). Certos da contribuição de pelo menos seiscentos voluntários, seus promotores calculam ter conseguido desmistificar e democratizar o capital de desenvolvimento no nível local. Elas eram 86 em 2000, envolvidas em 975 projetos, para os quais uma média de Can$ 30 mil foram investidos, criando ou consolidando não menos que 8.700 empregos. A maioria (69%) dos projetos financiados está ligada ao setor manufatureiro. Seu funcionamento se dá em colaboração estreita com os CLD, as SADC e as CDEC. As Solide são coordenadas pela Solideq, cuja missão é apoiar o processo de implantação e de consolidação.

De modo geral, uma Solide dispõe de um fundo inicial de Can$ 500 mil, dos quais metade provém do meio (MRC, municipalidades, empresas, organizações, instituições financeiras) e do Ministério Quebequense das Regiões. A outra metade é financiada pela Solideq, sociedade em que o Fundo de Solidariedade FTQ injetou Can$ 30 milhões. Os fundos locais permitem duplicar o potencial de investimento.[9]

Capital Regional Cooperativo Desjardins

Como se já não houvessem fundos de capital de risco suficientes, em junho de 2001 descobriu-se que o conglomerado Desjardins[10] se preparava para entrar em cena com um novo fundo, denominado Capital Regional Cooperativo Desjardins (Capital régional coopératif Desjardins), administrado por Investissement Desjardins. Favorecendo um crédito de impostos, essa nova ferramenta poderia captar Can$ 1,5 milhão em economias, para investi-las 90% em capital de risco.

Para alguns, ele também teria lugar para o capital de risco do Quebec, quando comparado ao fundo existente nos Estados Unidos. Uma opinião que não é compartilhada por um responsável pelo Fundo Regional de Solidariedade da Gaspésie e das Iles-de-la-Madeleine, para quem sua região não precisa de um participante, pois o número de PME de tamanho suficiente para receber capital de risco não o justifica: "Com Desjardins haverá mais uma fonte de capital (além das CLD, da Solide, do Fundo Regional de Solidariedade do Accès Capital, filial da Caisse de Dépôt e da SADC), mas não creio que isso venha a gerar mais atividades econômicas" (*La Presse*, 2002).

Antes de passar ao capítulo seguinte, sobre desenvolvimento local no meio urbano, veja-se um exemplo de organização dedicada ao financiamento do desenvolvimento local no meio rural.

Os Centros de Investimento para o Emprego Local (Centres d'Investissement pour l'Emploi Local – Ciel)

No seu início, em 1985, o "L" dessa sigla significava Lotbinière, nome do condado onde está localizada Parisville, na margem sul do rio São Lourenço, onde esse fundo foi utilizado pela primeira

[9] www.solideq.qc.ca

[10] Rede de instituições financeiras muito importante no Quebec.

vez, destinado a fornecer capital de proximidade a jovens empresários. Na época, aproveitando o Ano Internacional da Juventude e um programa federal idealizado especialmente para a ocasião, três jovens desejaram iniciar seus negócios. Como era comum naquele período, foram de encontro ao ceticismo do meio bancário, e se viram na impossibilidade de obter o empréstimo indispensável. Sensibilizados por seus problemas, líderes locais tomaram a iniciativa de levantar fundos que pudessem oferecer um primeiro empréstimo de honra, sem juros. Essa quantia teve um efeito alavancador, que, por sua vez, facilitou a obtenção de um empréstimo adicional junto às instituições financeiras.

Era o que faltava para estruturar uma organização sem fins lucrativos, à qual foram entregues as contribuições de diversos cidadãos da cidade, que concordaram que 50% do total assumisse a forma de investimentos de risco. Essa era a sua contribuição para manter os jovens na comunidade. Em 1988, por ocasião de um encontro com a responsável por esse Ciel (uma professora aposentada, das mais dinâmicas), foi possível descobrir que os casos de delinqüência ou não reembolso por parte dos jovens empreendedores eram, na época, bastante raros. Tal constatação gerou novas contribuições dos moradores da cidade, estimulando o aporte de novos fundos, através de *brunchs* beneficentes, preparados com o auxílio dos comerciantes locais.

Desse modo, com o tempo, a quantia disponível no fundo rapidamente chegou a Can$ 120 mil e, permitindo oferecer anualmente de oito a doze empréstimos sem juros sobre quantias de, em média, Can$ 5 mil. É muito pouco em comparação com os investimentos que podem ser necessários, principalmente para as pequenas empresas do setor manufatureiro, mas essa primeira contribuição facilita a abertura de outras portas, considerando-se que cada projeto comercial é avaliado por voluntários com experiência no mundo dos negócios.

O sucesso obtido por essa iniciativa, embora modesto, gerou frutos na margem sul do rio São Lourenço. Desse modo, cinco outros Ciel surgiram na região central do Quebec, dos quais dois em Nicolet e arredores, incluindo Bécancour, que em 2000, ao final do primeiro ano de existência, havia concedido dez empréstimos no valor total de Can$ 32 mil. Segundo uma empreendedora, "o empréstimo nos traz um capital que serve como capital de giro. Isso nos ajuda a começar, retira a pressão e nos dá segurança" (*Le Nouvelliste*, 2001).

O programa Viva Cred

O Viva Cred é outro programa dentro do Viva Rio (conforme apresentado no Capítulo 2). Ele é um programa pioneiro de acesso ao crédito, sem burocracia, para a população de baixa renda. É voltado para o atendimento de pequenos empreendimentos nas áreas de comércio, serviços e produção de bens, e já havia atendido mais de 1.600 clientes até 2001. O Viva Cred foi criado com a finalidade de oferecer financiamentos de maneira permanente aos micro e pequenos empresários, especialmente das comunidades carentes.

Os principais objetivos declarados do Viva Cred são:

- oferecer acesso ao crédito para micro e pequenos empresários, sobretudo nas favelas e em bairros cuja população é carente;
- garantir acesso permanente ao crédito para o grupo-alvo, que é excluído do mercado financeiro formal, em condições normais de mercado.

O Viva Cred tem como parceiros institucionais o Viva Rio e a assessoria técnica da IPC (Internationale Projekt Consult), uma empresa de consultoria alemã com grande experiência em assessoria a instituições financeiras no campo do microcrédito. Tem como parceiros financeiros o Banco Fininvest (que concedeu uma doação de R$ 100 mil para o início das operações), o BNDES (que concedeu R$ 600 mil através do programa BNDES–Solidário, deixando por conta do Viva Cred a responsabilidade do fornecimento de financiamento aos micro e pequenos empresários na área metropolitana do Rio de Janeiro) e o BID (que fez um contrato para financiamento de pequenos projetos, com um verba total de US$ 1 milhão).

O programa CrediAmigo do Banco do Nordeste do Brasil

Um exemplo da necessidade de intervenção governamental que merece destaque é a experiência do Banco do Nordeste do Brasil (BNB), a partir de 1998, com o programa CrediAmigo. Trata-se, segundo Costa (2001), do único caso brasileiro de integração entre um banco público federal e o microcrédito. Embora ainda insuficiente, é a experiência que apresenta o melhor desempenho entre todas aquelas desenvolvidas no setor de microcrédito no Brasil.

Ainda segundo Costa, estima-se que no máximo 110 ONG de microcrédito operam atualmente no Brasil. Apenas seis delas atendem a mais de 2 mil clientes cada uma. O total das ONG atende a um número estimado de 76 mil micro e pequenos empreendedores dos setores formal e informal. No ano de 1999, sem considerar o BNB, foram realizadas cerca de 81 mil operações de microcrédito no Brasil. Porém, só o BNB realizou 176 mil operações nesse ano, ou seja, mais que o dobro das demais instituições juntas. Os valores totais de financiamento foram de R$ 84 milhões para as demais instituições contra R$ 198 milhões só do BNB, o que ressalta a importância desse órgão (com seu programa CrediAmigo) para esse tipo de atividade.

Uma das principais lições do programa CrediAmigo é que uma organização com infra-estrutura estabelecida (como a do BNB no Nordeste), mantendo um sistema descentralizado de monitoramento de carteiras de empréstimo, tem condições de se consolidar rapidamente no setor de microcrédito, por poder alcançar logo uma escala operacional nas suas atividades. Isso demonstra o potencial para atuação, nesse setor, de outros bancos públicos federais, em especial o Banco do Brasil e a Caixa Econômica Federal. Esses bancos têm escala de recursos e estrutura logística para atender a boa parte da população mais pobre, no plano nacional. Além disso, tais instituições já possuem uma tradição no processo de concessão de crédito. Poderiam, inclusive, estabelecer parcerias com cooperativas de crédito popular, para os programas de microcrédito, de forma que eles pudessem ter um impacto social mais significativo.

4

O desenvolvimento local em ambiente urbano

A maior parte do tempo, morremos de fraqueza,
morremos por não ousar.
Alain-Fournier

É preciso lembrar que desenvolvimento local é sinônimo de intervenções nas quais se estabelecem parcerias, com objetivos ao mesmo tempo sociais e econômicos. Do contrário, estar-se-ia diante de um pleonasmo de gosto duvidoso, pois todo desenvolvimento deve, necessariamente, ocorrer em um dado lugar. Daí a necessidade de destacar as diferenças em relação às iniciativas ditas localizadas, que nada têm a ver com o processo em questão nesta obra.

Vale destacar que o desenvolvimento local em ambiente urbano tem sido objeto de atenção somente há poucos anos. Georges Gontcharoff, da organização Unadel (Union Nationale des Acteurs et des Structures du Développment Local – União Nacional dos Atores das Estruturas do Desenvolvimento Local), o localiza nos anos de 1970 para a França, embora, a seu ver, já houvessem algumas iniciativas em andamento, entre as quais a mais famosa, a do "país" do Méné, na Bretanha, liderada pelo prefeito e padre Paul Houé.

O Quebec passou pelo mesmo processo. Antes do surgimento das três primeiras CDEC em Montreal, em meados dos anos de 1980, não se podia de fato falar em desenvolvimento local fora de determinadas regiões periféricas. Isso se deve ao fato de os gestos de solidariedade serem observados com maior freqüência no meio rural, em que as pessoas geralmente se conhecem há muito tempo e, portanto, têm maior propensão a agir em conjunto? Do contrário, como explicar que os Ciel florescessem no meio rural, como foi mostrado no capítulo anterior, enquanto em Montreal os Círculos de Empréstimo (Cercles d'emprunt) não tiveram a mesma envergadura? Será uma questão de mentalidade diferente? Procurar-se-á responder essas perguntas no capítulo seguinte.

Contudo, essa opinião não é compartilhada por Bocayuva (2001), para quem a gestão local propicia as novas estratégias de desenvolvimento, modifica os condicionamentos do processo de globalização, reorganiza as forças sociais e as redes no território, podendo ser mais bem desenvolvida a partir das cidades, como ponto de condensação de fluxos, de trajetórias associativas, de acúmulos culturais, de banco de competências e de conhecimentos. A seu ver,

> o contexto espacial urbano possui melhores possibilidades de gerar respostas aos paradigmas gerados pelas mutações da revolução tecnológica, bem como para fazer frente às restrições geradas pelos padrões de exclusão e controle do capital global.

Os exemplos quebequenses e franceses não permitem compartilhar esse ponto de vista.

Assim, no que se refere a Montreal, como observam Timothy Ayoub e Marie-Claire Malo, da Escola de HEC de Montreal, apesar da criação, em 1988, de um posto de agência de desenvolvimento dedicada ao desenvolvimento local, dentro da Comissão de Iniciativa e Desenvolvimento Econômico de Montreal (Commission d'Initiative et de Développement Économique de Montréal), hoje Serviço de Desenvolvimento Econômico Urbano (Service de Développement Économique Urbain), a maioria dos agentes de desenvolvimento da cidade sempre encontra dificuldades em transitar entre o desenvolvimento social e o desenvolvimento econômico. Portanto, têm dificuldades para reconhecer o trabalho das CDEC em favor de uma abordagem mais clássica do desenvolvimento econômico, que destaca a criação de mercados no território, enquanto as CDEC estimulam a revitalização dos bairros, através do fortalecimento (*empowerment*) das comunidades locais (Ayoub & Malo, 2001). As seções seguintes mostram que, ainda assim, as coisas andam, tanto em Montreal como no Rio de Janeiro. Chegou-se mesmo a afirmar que, em termos de desenvolvimento, a união dos aspectos urbano, social e econômico de Montreal oferecia um exemplo incomum.[1]

A seguir, apresenta-se o papel do empreendedorismo e a importância das PME (pequenas e médias empresas) para o desenvolvimento local no meio urbano. A relação entre PME e meio rural será objeto do Capítulo 5.

Empreendedorismo

Pequenos negócios enfrentam normalmente o desafio de serem competitivos em um mercado de concorrência muito acirrada com grandes empresas, em princípio mais preparadas para um mundo globalizado. O processo de novas e contínuas aberturas de mercado, com os acordos de livre comércio, são, ao mesmo tempo, um desafio a ser enfrentado, no que se refere a uma preparação para acompanhar essas mudanças, e uma oportunidade interessante, na qual novas opções acabam surgindo.

Nesse contexto, a capacidade de exportação pode se tornar um diferencial importante. Carrier (1999) dá conta de vários estudos que tinham como objetivo descobrir porque muitos gerentes proprietários de pequenas empresas nem sequer consideram as exportações como uma alternativa interessante de crescimento e desenvolvimento. Os resultados vêm demonstrando que as empresas muitas vezes enfrentam diferentes obstáculos para se voltar às exportações, incluindo-se aqui a falta de informações sobre oportunidades e mercados (Philippe, 1990; Ali & Swiercz, 1991; Dichtl, Koeglmayer & Muller, 1990; Brooks & Rosson, 1982), o pouco conhecimento das ferramentas de marketing e distribuição (Kedia & Chokkar, 1986;

[1] Propostas apresentadas pela sra. Sylvie Labelle, coordenadora do programa dos bairros vulneráveis, por ocasião de um encontro na UQAM, com estudantes de mestrado em geografia, no inverno de 2001 e 2003.

Ogram, 1982; Kathawala *et al.*, 1989) e a falta de recursos financeiros para enfrentar a complexidade das exportações (Nelson, 1984; Chenier & Prince, 1990).

Além desses fatores, Carrier (1999) aponta também a diferença de postura entre os gerentes de empresas exportadoras e não exportadoras, em termos de percepção de riscos e dificuldades associadas ao processo de exportação e suas orientações em direção aos negócios internacionais (Sharkley, Lim & Kim, 1989; O'Rourke, 1985; Axinn, 1988; Cavusgil & Naor, 1987; Daniels & Goyburo, 1976; Ogram, 1982). Assim, a determinação dos gerentes proprietários de levar as empresas a ingressarem no mercado exportador torna-se fundamental, conforme apontado por Leo, Monnoyer-Longe & Philippe (*apud* Carrier, *op. cit.*).

Em pesquisa exploratória sobre as dificuldades para exportar, o treinamento e o desenvolvimento requeridos para gerar uma atitude favorável e as habilidades necessárias para exportar, Carrier (1999) identificou como principal problema a falta de contatos estrangeiros; o segundo empecilho é a falta geral de conhecimento do potencial de mercados externos das empresas do setor e, em terceiro lugar, os aspectos técnicos dos métodos de pagamento das exportações. Porém, a autora aponta que a amostra pesquisada já percebeu que as exportações são uma necessidade, identificando fraquezas e obstáculos como pontos importantes para se investir em treinamento e desenvolvimento voltados para a prática das exportações.

As PME não-metropolitanas: uma comparação entre PME quebequenses e brasileiras[2]

Muitos são os critérios utilizados para definir ambiente urbano e ambiente rural, conforme comentado anteriormente. Nos Esta-

[2] As duas próximas seções foram tiradas de um artigo apresentado no Congresso da Associação Brasileira de Estudos Canadenses (Abecan), realizado em Porto Alegre em novembro de 2001: Joyal, Martinelli e Deshaies. "O acesso à informação pelas PME em meio não-metropolitano: uma comparação Brasil-Quebec".

dos Unidos, a definição mais comum de meio rural é utilizada para o conjunto de zonas com aglomerações de menos de 5 mil habitantes, localizadas longe dos grandes centros. Esse limite seria de 2 mil habitantes na França, de acordo com os dados da OCDE.

Em alguns países, o peso econômico da ocupação da mão-de-obra da agricultura é o principal critério para a definição de ruralidade. Em Israel, são consideradas urbanas as localidades em que dois terços dos chefes de família exercem ocupações não-agrícolas. No Chile, além do patamar populacional (1.500 habitantes), a localidade deve ter menos de 50% de seus habitantes ocupados em atividades secundárias (Dirven, 1997). A aplicação desse critério, em países desenvolvidos, aboliria seu espaço rural e faria com que seu peso fosse fortemente declinante nas nações em desenvolvimento.

Em Israel, conforme já salientado acima, uma localidade é considerada rural se um terço ou mais dos chefes de família exercem uma atividade agrícola. Vários países da América Latina (Argentina, México, Venezuela, Honduras, Nicarágua, Panamá) adotaram uma classificação que utiliza entre mil e 2.500 habitantes para identificar seus ambientes rurais. Com base em tal critério, a maior parte dos distritos brasileiros seria considerada como pertencente ao mundo rural, de tal modo que ao invés de 22%, a população rural brasileira passaria a 33%, e também aumentaria 5% entre 1996 e 2000.[3]

No Canadá, o Statistique Canada (Estatísticas do Canadá) considera que uma municipalidade é rural se possuir menos de mil habitantes. O órgão Solidarité Rurale du Québec (Solidariedade Rural do Quebec) considera adequado definir como meio rural as comunidades cuja população seja inferior a 5 mil habitantes. Joyal & Deshaies (1998), por sua vez, em estudo sobre PME quebequenses em meio rural, definem ambiente rural como aquele cujas cidades têm menos de 3 mil habitantes.

Diversos países consideram a população como critério para definir se uma localidade é rural ou urbana. Na Espanha, em Portugal, na Itália e na Grécia, são rurais os habitantes que vivem em assentamentos humanos que reúnem em habitações contíguas menos de 10 mil habitantes, guardando evidentemente uma certa distância dos centros metropolitanos (Bartolomé, 1995; Arnalte, 1998).

[3] www.fea.usp.br/professores/zeeli/

Por sua vez, o Statistique Canada considera como rural uma população exterior a uma Zona de Influência Metropolitana – uma ZIM corresponde a um centro urbano de mais de 100 mil habitantes, além de incluir os municípios em que 50% da mão-de-obra se desloca para a cidade principal para trabalhar. Desse modo, considera-se que são 35 o número de zonas rurais no Quebec, em um total de 202 no território canadense. Uma cidadezinha rural apresenta uma população que varia entre 1 e 9.999 habitantes, em que 50% dos residentes trabalham em uma ZIM, e menos de 25% dos empregos são ocupados por trabalhadores oriundos dessa mesma ZIM.

A população dessas pequenas cidades rurais no Canadá, cresceu cerca de 6% entre 1987 e 1997, o que representa quase 2 milhões de habitantes. As cidades que apresentam melhor desempenho, em termos de desenvolvimento econômico, o devem não às atividades ligadas à agricultura ou à mineração, mas principalmente aos setores manufatureiros e de serviços (Miller, 2000). Bollman e Beshiri (2000) observam que são as cidadezinhas do Quebec que registram o maior aumento das atividades manufatureiras.

Apesar das restrições já apontadas, o limite de 20 mil habitantes, proposto pelo sociólogo francês Henri Mendras (1995) é o parâmetro utilizado com mais freqüência em organizações internacionais. Esse critério amplia para 33% a população rural brasileira. Os diferentes limites para a definição de ambiente rural, assim como os diversos critérios para fazê-lo, têm o inconveniente de dificultar a comparabilidade internacional das informações sobre o meio rural.

Quanto à amostra brasileira, foi necessário utilizar uma maior flexibilidade na definição de um ambiente rural não-metropolitano. O IBGE considera como rural toda zona exterior ao perímetro urbano. Uma localidade rural é caracterizada por uma população pequena, reunida ao redor de uma igreja, com pouca atividade comercial, e sem qualquer relação com a propriedade do solo (IBGE, 1996). Na verdade, apesar desse esclarecimento, o mundo rural brasileiro inclui cidades importantes o bastante para que Abramovay (2000) fale em contradição, quando se refere às "cidades rurais". Ele observa que, em determinados países, é a importância da mão-de-obra que serve como principal critério para definir a ruralidade.

Assim, alguns ajustes têm de ser feitos sempre, para poder comparar dados de regiões e/ou países diferentes. Como afirma Abramovay (*op. cit.*), embora existam traços comuns da ruralidade, o meio rural se caracteriza por sua imensa diversidade. Assim, estabelecer tipologias capazes de captar essa diversidade é uma das mais importantes missões das pesquisas contemporâneas voltadas para a dimensão espacial do desenvolvimento.

A definição utilizada para este estudo, com relação à amostra quebequense, considera como aglomeração rural localidades com menos de 3 mil habitantes (Joyal & Deshaies, 1998); acima disso, as cidades já são consideradas aglomerações urbanas, o que pareceu mais adequado à realidade da região pesquisada no Quebec.

Já para a realidade brasileira, foi necessário verificar qual seria o tamanho de aglomeração que poderia proporcionar às PME da região uma infra-estrutura equivalente àquela do Quebec, nas regiões pesquisadas. Verificou-se, então, que no estado de São Paulo, uma comunidade de 20 mil habitantes seria mais ou menos equivalente, em termos de infra-estrutura e dependência em relação a centros maiores, a uma comunidade de 3 mil habitantes no Quebec, o que levou à utilização do critério proposto por Mendras (*op. cit.*) para a amostra brasileira. Assim, foram definidos esses limites acima para as duas regiões pesquisadas, no Brasil e no Canadá.

No que se refere às cidades brasileiras da amostra pesquisada, conforme já observado, foi preciso utilizar uma flexibilidade maior para definir ambiente rural. Pois, ao contrário do que se encontra com grande freqüência no Quebec, é muito difícil, no estado de São Paulo (como na maioria dos grandes estados brasileiros), encontrar em uma cidadezinha de menos de 3 mil habitantes uma empresa manufatureira. Isso será visto a partir da descrição da amostra envolvida na pesquisa, apesar dos esforços da equipe para encontrar pequenas cidades, na região pesquisada, que possuíssem empresas manufatureiras.

Considerando-se que o estado de São Paulo conta com mais de 37 milhões de habitantes (uma população maior que a de todo o Canadá), o que o torna, em termos populacionais, praticamente um país, considera-se que as empresas localizadas em centros urbanos de dimensões modestas para as proporções do estado, ou seja, entre 20 mil e 100 mil habitantes, poderiam ter de lidar com os mesmos desafios ou dificuldades que suas semelhantes quebequenses (cidades entre 3 mil e 20 mil habitantes), localizadas em meio não-metropolitano.

Assim, procurou-se comparar as realidades das cidades consideradas como rurais nas duas amostras (até 3 mil habitantes na província do Quebec e até 20 mil no estado de São Paulo), bem como as cidades consideradas urbanas, porém em áreas não-metropolitanas (de 3 mil a 20 mil habitantes no Quebec e de 20 mil a 100 mil habitantes em São Paulo).

A metodologia utilizada

As empresas foram selecionadas segundo um método não-probabilístico por cotas, com um número máximo de 250 funcionários (PME exportadoras e não-exportadoras). Isso é verdadeiro para a amostra quebequense. Para a amostra brasileira, considerando-se o contexto demográfico e geográfico, foi mais difícil encontrar PME exportadoras. Assim, buscou-se obter o maior número possível de empresas exportadoras, o que não foi fácil, considerando-se a região, o tamanho das cidades e o contexto estudado. Por esse motivo, a amostra brasileira ficou com um número pequeno de empresas exportadoras em relação às não-exportadoras. Foi solicitado que as empresas pesquisadas identificassem as várias fontes de informação indispensáveis para o seu bom funcionamento. Como nos trabalhos precedentes, realizados por André Joyal e sua equipe no Canadá, as PME estudadas no âmbito da presente amostra pertencem, em sua maioria, ao setor manufatureiro complexo. É preciso lembrar que a referência à complexidade diz respeito a diferentes considerações, como recorrer a procedimentos de fabricação computadorizados e investimentos em pesquisa e desenvolvimento, levando à colocação no mercado de novos produtos ou de produtos aperfeiçoados, além da qualificação de pessoal, tanto no nível da produção como da direção.

Para obter a informação desejada, o questionário da entrevista compreendia quatro partes, a saber:

a) **identificação da empresa:** verificar o setor de atividade da empresa e obter informações gerais relativas a seu ano de criação, número de funcionários, faturamento, qualificação e idade do entrevistado etc.;

b) **uso de recursos externos:** identificar a natureza das fontes de informação utilizadas e avaliar as respectivas importâncias, freqüência e qualidade dessas informações, a partir de um conjunto de treze fontes diferentes;
c) **caráter inovador:** avaliar a posição relativa da empresa no seu mercado, segundo a percepção dos seus dirigentes, com o auxílio de oito dimensões referentes à inovação;
d) **abertura para o exterior:** estabelecer uma relação entre os recursos externos e a importância da exportação. Para as empresas não-exportadoras, o questionário visava a conhecer as causas da ausência de envolvimento com o mercado externo, sempre com atenção especial para as fontes de informação.

O respondente, na maioria dos casos, era o proprietário-dirigente. Privilegiando uma abordagem qualitativa, o tratamento dos dados consistiu em diferenciar os casos estudados com o auxílio de índices que mensuravam as dimensões apresentadas, tanto no que se refere aos casos característicos, quanto aos relativos à origem das fontes de informação. Agindo assim, espera-se poder demonstrar as **diferenças entre as PME exportadoras** (em geral mais inovadoras) **e as não-exportadoras** (em geral menos inovadoras), para verificar se há pertinência na afirmação de que a carência de informação explica, antes de tudo, a ausência de envolvimento da maioria das PME com o mercado. Desse modo, em relação aos novos produtos, novas tecnologias, qualidade dos produtos, oportunidades de mercado, de investimento e de financiamento, identificou-se, ao mesmo tempo, a origem e a importância relativa das fontes de informação externas utilizadas pelas PME.

Descrição das duas amostras

A tabela ao lado apresenta os setores de atividade das empresas estudadas. Vê-se que as PME quebequenses não-exportadoras (32) são ligeiramente mais numerosas que as exportadoras (28).

Tabela 1: Divisão das PME quebequenses segundo o setor de atividade

Classificação das indústrias manufatureiras segundo Statistique Canada	PME não-export.	PME export.	Total de PME
Indústrias de alimentos e bebidas	3	5	8
Indústrias de produtos plásticos	1	1	2
Indústrias de couro e produtos conexos	1	–	1
Indústrias de produtos têxteis e vestuário	1	2	3
Indústrias de madeira	3	2	5
Indústrias de móveis e artigos de mobília	6	4	10
Indústrias de primeira transformação de metais	1	–	1
Indústrias de fabricação de produtos metálicos	5	2	7
Indústrias de maquinário	3	3	6
Indústrias de material de transporte	1	2	3
Indústrias de produtos elétricos e eletrônicos	2	–	2
Indústrias de produtos minerais não-metálicos	1	1	2
Indústrias químicas	1	1	2
Outras indústrias manufatureiras	3	5	8
TOTAL	32	28	60

Em relação aos ambientes, a amostra canadense apresentou 24 empresas em ambiente urbano, ou seja, 40% da amostra pesquisada. Segue abaixo a distribuição das empresas pesquisadas, segundo a população das cidades canadenses em que elas se encontram:

- cidades com até mil habitantes – 7 empresas (ambiente rural);
- entre mil e 3 mil habitantes – 29 empresas (ambiente rural);
- entre 3 mil e 5 mil habitantes – 14 empresas (ambiente urbano);
- entre 5 mil e 20 mil habitantes – 10 empresas (ambiente urbano.

Da mesma forma, foi possível selecionar sessenta empresas brasileiras, no estado de São Paulo (em três regiões, que serão descritas a seguir), localizadas em um ambiente não-metropolitano. Essas empresas foram selecionadas em igual número nas três sub-regiões escolhidas no estado de São Paulo, ou seja, nos arredores de Ribeirão Preto, de Piracicaba e de São João da Boa Vista.

Tabela 2: Divisão das PME brasileiras segundo o setor de atividade

Setores	PME não-export.	PME export.	Total de PME
Alimentação e bebidas	14	1	15
Produtos metálicos	7	2	9
Produtos têxteis	5	2	7
Indústria moveleira	3	0	3
Transformação de mineração	3	0	3
Produtos plásticos	3	1	4
Maquinário	3	1	4
Indústria química	2	0	2
Indústria do couro	1	0	1
Indústria de madeira	2	0	2
Indústria de brinquedos	1	0	1
Indústria gráfica	2	0	2
Setor de embalagens	0	1	1
Cerâmica	1	1	2
Rações	0	1	1
Implementos agrícolas	1	0	1
Mecânica	1	0	1
Artefatos de cimento	1	0	1
Total	50	10	60

Mesmo considerando ambiente rural no Brasil aquele que tem uma população inferior a 20 mil habitantes, a amostra brasileira é composta por apenas quinze empresas cuja localização foi considerada como um ambiente rural (25% do total). Assim, 75% da amostra foi caracterizada pela localização em ambiente urbano, diferentemente da amostra canadense. A seguir apresenta-se a distribuição das empresas brasileiras pesquisadas, de acordo com o tamanho das cidades:

- até 3 mil habitantes – nenhuma empresa;
- de 3 mil a 20 mil habitantes – 15 empresas (ambiente rural);
- de 20 mil a 40 mil habitantes – 32 empresas (ambiente urbano);
- de 40 mil a 100 mil habitantes – 13 empresas (ambiente urbano).

Aqui é importante salientar que, conforme apontado pelo IBGE (1996), a zona rural é classificada como toda zona exterior ao perímetro urbano. Assim, a maioria das cidades brasileiras possui uma parte da sua população na zona rural, independente do seu tamanho.

Segundo o censo de 2000, a população rural no estado de São Paulo é de pouco mais de 2,4 milhões de pessoas, representando 6,6% da população total do estado. A amostra pesquisada foi subdividida em três sub-regiões de características bastante distintas, para que fosse possível efetuar comparações entre elas. As regiões do estado de São Paulo que foram escolhidas, assim como os nomes que lhes foram atribuídos para o fim desta pesquisa são:

- **Região Norte:** ao norte da cidade de Ribeirão Preto (centro metropolitano, com aproximadamente 505 mil habitantes, segundo o censo de 2000 do IBGE);
- **Região Centro:** em torno da cidade de Piracicaba (também um centro metropolitano, com população de pouco menos de 330 mil habitantes);
- **Região Leste:** dentro do estado de São Paulo, porém muito próximo da divisa com Minas Gerais, tendo como centro metropolitano mais próximo, segundo o critério considerado, a cidade de Poços de Caldas – MG (com uma população de pouco mais de 135 mil habitantes).

Na tabela a seguir são apresentadas as cidades que foram visitadas nas regiões, com suas populações, porcentagem de população rural (segundo o critério do IBGE), tipo de ambiente e número de empresas visitadas.

Tabela 3: Cidades e número de empresas visitadas da amostra brasileira

Cidade	Pop. (hab.)	Pop. rural (%)	Região	Tipo de amb.	Nº de emp.
Viradouro	15.962	5,5	Norte	Rural	1
Colina	16.664	10,7	Norte	Rural	3
Monte Azul Paulista	19.553	10,2	Norte	Rural	3
Pitangueiras	31.156	5,9	Norte	Urbano	5
Orlândia	36.004	2,2	Norte	Urbano	4
São Joaquim da Barra	41.587	1,9	Norte	Urbano	2
Jaboticabal	67.408	5,3	Norte	Urbano	2
Saltinho	5.799	17,0	Centro	Rural	2
Iracemápolis	15.555	4,8	Centro	Rural	2
Rio das Pedras	23.494	6,6	Centro	Urbano	5
São Pedro	27.897	19,6	Centro	Urbano	3
Cerquilho	29.508	5,1	Centro	Urbano	1
Tietê	31.710	9,6	Centro	Urbano	3
Capivari	41.468	1,9	Centro	Urbano	4
Itobi	7.466	16,9	Leste	Rural	1
São Sebastião da Grama	12.459	39,8	Leste	Rural	2
São Simão	13.675	12,7	Leste	Rural	1
Santa Rosa do Viterbo	21.435	5,8	Leste	Urbano	3
Tambaú	22.258	14,4	Leste	Urbano	4
Casa Branca	26.800	19,3	Leste	Urbano	2
Vargem Grande do Sul	36.302	7,1	Leste	Urbano	2
São José do Rio Pardo	50.077	16,9	Leste	Urbano	1
Mococa	65.574	12,6	Leste	Urbano	3
São João da Boa Vista	77.387	7,3	Leste	Urbano	1

Observa-se pela tabela acima que apenas a região chamada de Norte apresenta uma média de população rural das cidades visitadas próxima da média do estado de São Paulo, em torno de 6%. Já a região Centro tem nas cidades visitadas uma média significativamente mais alta (10%), enquanto a região Leste tem uma média de população rural (aproximadamente 15%) mais que duas vezes superior à média apresentada em todo o estado de São Paulo.

A média da população das cidades visitadas foi muito próxima nas regiões Norte e Leste (em torno de 33 mil habitantes), apresentando-se significativamente menor na região Centro (aproximadamente 25 mil habitantes).

A tabela abaixo apresenta as principais características das duas amostras. Encontram-se grandes semelhanças entre essas amostras, no que se refere ao volume médio de negócios e à idade das empresas.

Tabela 4: Características das PME quebequenses e brasileiras

PME	Quebequenses		Brasileiras	
Características	Média	Mediana	Média	Mediana
Faturamento em 1998 (US$ mil)	3.190	1.333	2.780	734
Número de funcionários	39	21	51	24
Idade da empresa (em anos)	21	18	21	18
Proporção das PME exportadoras	46,7		16,7	
Porcentagem de vendas para exportação (só das empresas exportadoras)	26,7		8,0	
Tamanho da amostra	60		60	

Verifica-se que o número médio de funcionários das PME brasileiras é superior, mesmo que não seja possível chegar a conclusões relativas à representatividade das amostras. Contudo, é no item exportações que se registrou a maior diferença entre as duas amostras. A tabela acima mostra que a proporção de vendas para exportação das PME quebequenses é mais de três vezes maior que o valor das empresas brasileiras.

Enquanto os Estados Unidos, por motivos evidentes, representam de longe o mais importante cliente estrangeiro das PME quebequenses, suas equivalentes brasileiras exportam para os países do Mercosul (Argentina, Uruguai e Paraguai), além de terem como clientes os seguintes países: Chile, Peru, Venezuela e Bolívia na América do Sul, além de Porto Rico e Cuba na América Central, sem esquecer o Canadá e os Estados Unidos, na América do Norte. Na Europa, os clientes se encontram na Alemanha, na Áustria, na Espanha, na Itália e em Portugal.

Foco nas exportações

A grande diferença, no que concerne às exportações, entre as PME quebequenses e brasileiras, merece, porém, alguns comentários adicionais. Se há alguns anos lamentava-se que muito poucas PME quebequenses exportavam (12% em 1996 e 17% em 1999, segundo a definição utilizada), essa proporção é, ainda hoje, menor no estado de São Paulo, em que, de acordo com o Sebrae, apenas 2% das PME são exportadoras (Sebrae, 1998). Assim, a amostra obtida nessa pesquisa, no caso brasileiro, com 16,7% das empresas apresentando atividades exportadoras, já não reflete a realidade das PME brasileiras, representando um número obtido por conveniência, de forma a se poder fazer algumas análises da realidade dessas regiões do estado de São Paulo.

Mencionou-se acima que as PME brasileiras exportam pouco. Sua participação no comércio internacional de produtos manufaturados é de apenas 2%, enquanto essa proporção ultrapassa 50% nos Estados Unidos e 64% na Itália, no que se refere a empresas com mais de quatorze funcionários (*Folha de S. Paulo*, 1999). A diferença na população dos dois países (170 milhões de habitantes no caso brasileiro contra 30 milhões no Canadá), assim como o tamanho dos mercados externos mais próximos (260 milhões de norte-americanos, no caso canadense, contra populações muito menores na América do Sul, na realidade brasileira), sem falar ainda nas diferenças de poder aquisitivo das duas regiões, explica em parte essa diferença no nível da importância do mercado externo das empresas, à qual se soma, como grande obstáculo, o peso burocrático imposto a elas, e uma certa indiferença ou falsa segurança, no que se refere à globalização dos mercados.

A utilização dos recursos

A Tabela 5 trata da freqüência do uso de recursos. Os recursos que as empresas mais mencionam são também os mais utilizados: clientes, fornecedores, terceiros, consultores e meios de informação. Por outro lado, os recursos com os quais os dirigentes majoritariamente não estabeleceram contato são muito menos freqüentes.

Tabela 5: Freqüência do uso de recursos externos pelas PME

Tipo de recurso	Quebequenses[4]	Brasileiras[4]	Significância[5]
Clientes	6	7	—
Fornecedores	6	7	0,002
Terceiros	4	5	—
Associação setorial	2	2	—
Agente de desenvolvimento (comissário industrial)	2	0	0,000
Órgãos socioeconômicos	1	3	0,000
Órgãos governamentais	3	1	0,000
Feiras comerciais	3	2	0,014
Consultores	2	6	0,000
Meios de informação	5	4	—
Centro de pesquisa	1	1	—
Rede de negócios	2	1	0,007
Contatos informais com outras PME	2	5	—

[4] Codificação quanto à freqüência de uso:
nenhum contato = 0;
menos de uma vez por ano = 1;
uma vez por ano = 2;
duas vezes por ano = 3;
quatro vezes por ano = 4;
uma vez por mês = 5;
a cada três semanas = 6;
a cada duas semanas = 7;
pelo menos uma vez por semana = 8.

[5] Foi utilizado o teste não-paramétrico de Mann-Whitney para realizar o cálculo. A ausência de valor numérico indica uma diferença não-significativa entre as duas amostras (ao nível de significância de 10%).

Um tratamento semelhante dos dados da pesquisa, dessa vez diferenciando as empresas segundo sua atitude diante das exportações, permite observar que as PME exportadoras brasileiras se diferenciam mais das empresas não-exportadoras, enquanto as empresas não-exportadoras do Quebec são mais semelhantes às empresas exportadoras, em termos do uso de recursos externos (conforme se observa na Tabela 6). Além disso, uma diferença sensível ocorre em relação ao auxílio proporcionado pelos órgãos governamentais. Mais de 84% das empresas exportadoras quebequenses se beneficiam do apoio oferecido por esses orgãos, enquanto menos de um terço das PME exportadoras brasileiras o fazem. Por um lado, essa distinção é explicada por uma diferença na percepção que os dirigentes das empresas têm sobre os programas governamentais e, por outro, pelo maior apoio, de diferentes formas, disponível para as PME quebequenses.

Tabela 6: Uso de recursos externos pelas PME quebequenses e brasileiras, de acordo com sua postura quanto à exportação

PME	**Quebequenses**		**Brasileiras**	
Tipo de Recurso	Export.	Não-export.	Export.	Não-export.
Clientes	100	100	100	98
Fornecedores	100	100	100	100
Terceirizados	68,4	55,9	100	62,7
Associação setorial	56,8	32,4	50	33,3
Agente de desenvolvimento (comissário industrial)	55,3	41,2	10	0
Órgãos socioeconômicos	28,9	32,4	90	74,5
Órgãos governamentais	84,2	50	30	37,3
Feiras comerciais	84,2	72,7	100	49
Consultores	57,9	41,2	100	84,3
Meios de informação	81,6	76,5	100	58,8
Centro de pesquisa	33,3	21,2	50	31,4
Redes de negócios	47,4	41,2	40	15,7
Contato informal com outras PME	42,1	57,6	100	78,4

Consultores e fornecedores como fontes importantes de informação: uma empresa do setor têxtil

Conforme já observado, as empresas brasileiras, quando comparadas com as empresas quebequenses, tendem a utilizar muito mais os consultores como fonte de informação. Quanto ao uso de fornecedores com essa mesma finalidade, a realidade das empresas brasileiras é muito próxima das canadenses.

A empresa a ser descrita a seguir atualmente tem um volume de exportações de aproximadamente 5% do seu faturamento; porém, no momento, a empresa mostra-se muito preocupada em incrementar as suas exportações. No que se refere ao uso dos recursos, embora afirme utilizar de maneira muito intensa os consultores, tem nos fornecedores sua principal fonte de informação. Em termos de preocupação com as inovações, a empresa demonstra se voltar para todos os tipos consultados, com exceção apenas das inovações institucionais (representadas aqui pela ISO – International Organization for Standardization – Organização Internacional de Normatização), visto que afirma que o seu mercado não exige esse tipo de inovação. Essa, aliás, é uma característica muito forte da maioria das empresas brasileiras que, pelo fato de exportarem muito pouco, se preocupam menos com inovações dessa espécie, muito cobradas nos mercados externos.

A organização em questão é uma empresa do setor têxtil, que pertence a um grupo familiar e que possui outra empresa maior no mesmo grupo, em um ramo paralelo. A empresa está situada na região central do estado de São Paulo, a pouco mais de 100 km da capital. Trata-se de uma empresa fundada há 35 anos, contando hoje com aproximadamente cem funcionários.

A equipe foi recebida pelo diretor-presidente da empresa, um executivo de pouco mais de 40 anos, com formação superior e nível de pós-graduação, filho do fundador.

O número de funcionários da empresa é aproximadamente o dobro da amostra brasileira pesquisada (cem contra 51) e sua idade também é quase o dobro da média das demais (35 e 21). Porém, essa empresa fatura aproximadamente quatro vezes a média da amostra pesquisada, o que revela o bom aproveitamento do capital investido (embora essas comparações sempre sejam perigosas, pois isso pode variar muito de acordo com o ramo da empresa, a sua localização, o tipo de produtos vendidos, entre outros).

A empresa foi fundada na cidade (com aproximadamente 25 mil habitantes) porque a família do fundador vivia lá. Assim, ela foi classificada em um ambiente considerado urbano na pesquisa efetuada, e a cidade oferece uma infra-estrutura razoável para suas operações.

No momento, o volume de exportações da empresa é de 5% do seu faturamento, o que está um pouco abaixo do índice médio em relação à amostra pesquisada (8%, no caso das empresas da amostra que exportam). Isso se explica pelo fato de a empresa ter se voltado mais para as exportações no passado (que chegaram a representar 12% do seu faturamento); porém, nos últimos anos, o mercado interno tem se mostrado muito amplo para as empresas desse ramo que conseguiram manter suas atividades, após os sérios problemas enfrentados pelo setor nos anos de 1990, com a abertura da economia.

Com isso, falta, no momento, capacidade produtiva para a empresa se voltar mais para as exportações. Os dirigentes da empresa acreditam que há um amplo mercado interno a ser explorado, antes de serem feitos esforços mais intensos para se voltarem ao mercado externo. Dessa forma, a empresa tem procurado manter em um nível mínimo as suas atividades atuais de exportação, de maneira a não perder o contato com o mercado externo e poder intensificar esforços nesse sentido a médio prazo, retornando a um nível de 12 a 15% do seu faturamento proveniente das exportações. Sua política de exportações é formal.

As exportações são feitas através de vendas diretamente aos fabricantes e a divulgação da empresa no mercado externo é feita principalmente por meio de participação em feiras e exposições internacionais. Na opinião do presidente da empresa, suas principais vantagens em relação aos concorrentes no mercado externo são: tecnologia; visibilidade no mercado e boa reputação; produtos muito especializados ou de alta categoria; desempenho e confiabilidade dos produtos.

As principais estratégias utilizadas pela empresa no mercado externo são aquelas relativas ao mercado de um modo geral e aos produtos especificamente, sendo a última prioridade as estratégias de promoção e a publicidade da empresa. Suas principais preocupações quanto às suas atividades no exterior são referentes às informações de caráter geral sobre o mercado e a demanda e/ou as necessidades dos consumidores.

Seus principais concorrentes no mercado vêm da Ásia (principalmente Taiwan), tendo sempre um preço extremamente competitivo. Porém, a empresa continua altamente interessada em penetrar nos mercados externos, principalmente a médio prazo, por uma questão de orientação estratégica, por um desejo de crescimento mais forte e para buscar com isso uma vantagem tecnológica em relação aos seus concorrentes.

Em termos de localização das vendas, vê-se claramente que não se trata de uma empresa "local", como acontece com a maior parte das PME pesquisadas (que têm 75% das suas vendas dentro do estado, sendo 39% na região, ou seja, a menos de 75 km de distância). Esta empresa tem em torno de 64% de suas vendas fora do estado, sendo quase 40% fora da região Sudeste inclusive, o que lhe confere um caráter evidente de empresa de característica nacional, abrangendo quase todo o território do país.

Esta empresa se caracteriza por participar de feiras e exposições em âmbito nacional e inclusive continental, abrangendo toda a América Latina, o que mostra a sua preocupação com o aperfeiçoamento dos seus produtos, com as inovações e com o acompanhamento do mercado de um modo geral.

Em termos de inovação, a empresa se volta para todos os tipos pesquisados (tecnológico, comercial e organizacional), apenas não dando muita ênfase às questões institucionais, principalmente no que se refere à busca de certificação através da ISO, que a empresa considera não ser uma exigência imposta no seu mercado, e assim não a coloca como prioridade no seu planejamento. Em relação aos concorrentes, avalia que o seu principal diferencial está na concepção de novos produtos, aspecto no qual se consideram significativamente acima da concorrência.

Confirmando o que acontece com a maioria das empresas visitadas, os consultores são uma importante fonte de informação utilizada pelas empresas. Isso se verifica em parte por uma questão cultural e em parte pela ausência de outras fontes importantes para suprir esse tipo de atividade, que poderiam vir de maneira mais intensa através do Estado ou de associações de classe, o que acontece com mais freqüência em outros países, como nos Estados Unidos, no Canadá e em alguns países europeus.

Os consultores tornam-se uma importante fonte de informação sobre vários itens, como novos produtos, concorrência, qualidade e distribuição dos produtos no mercado, novas tecnologias já existentes ou em fase de desenvolvimento, fontes alternativas de investimento e financiamento, entre outras.

Assim, os consultores, além de seu papel específico de assessoria sobre determinado assunto (recursos humanos, logística, informática, questões fiscais e tributárias etc.), acabam tendo uma função geral mais abrangente, envolvendo-se com outras atividades nas quais, muitas vezes, nem são especialistas.

Porém, as fontes consideradas como as mais importantes nessa empresa são os fornecedores, com quem os dirigentes têm contato pelo menos uma vez por mês e que trazem um bom volume de informações, em um prazo considerado bastante razoável e de conteúdo adequado para as necessidades da empresa; são eles a Associação Setorial (no caso, a Associação Brasileira da Indústria Têxtil – ABIT), com a qual o contato se dá pelo menos a cada duas semanas, trazendo também uma gama muito grande de informações e com uma freqüência ainda maior que a dos fornecedores; e, principalmente, os órgãos socioeconômicos (aqui considerados o Sindicato da Indústria Têxtil – Sinditêxtil – e o BNDES): com estes o contato chega a ser de até mais de uma vez por semana, recebendo informações muito adequadas e atualizadas sobre novos produtos, a concorrência, preços do mercado, distribuição de produtos, novas tecnologias, comércio internacional, tendências do mercado, prazos de entrega, linhas de investimento e financiamento disponíveis, entre outras.

Uma empresa que fabrica uma *commodity* e usa os clientes como principal fonte de informação

Esta empresa do setor agroindustrial vende quase que exclusivamente para sua região, pois fabrica um produto que é praticamente uma *commodity*, o que dificulta a venda para regiões mais distantes, por causa do custo do frete. Apesar disso, é obrigada a trazer sua matéria-prima de longe (Rio Grande do Sul, Mato Grosso e até do Uruguai). Trata-se de uma empresa que demonstra pouco uso dos recursos para busca de informações e que tem, no momento, a sucessão como o seu principal desafio.

Com a baixa utilização das fontes de informação disponíveis, a empresa tende a concentrar nos seus clientes a busca de informações sobre o mercado, para poder desenvolver seu planejamento de atividades. Essa é uma característica também bastante comum nas pequenas e médias empresas brasileiras.

Esta empresa familiar, com aproximadamente 15 anos de existência, industrializando arroz de diferentes regiões, possui inclusive dificuldades para adaptar-se à vinda da matéria-prima de locais distantes, pois a chegada em momentos imprevisíveis atrapalha o processo produtivo, que chega inclusive a ser interrompido em alguns momentos.

A dificuldade de recebimento da matéria-prima chega a afetar a programação de compras e se constitui em um dos maiores desafios a serem superados por essa jovem empresa, comandada pela sua fundadora, que ficou sozinha à frente dos negócios após a trágica e precoce morte de seu marido.

A empresa está tentando superar esse problema com a manutenção de um estoque de segurança, o que, porém, gera o inconveniente de utilizar boa parte do já limitado capital de giro da empresa.

Os filhos do fundador, um economista, um administrador de empresas e um estudante de engenharia, em final de curso, já trabalharam na empresa, porém têm atuado no mercado, ganhando experiência para, no futuro, virem a se unir em torno da gestão da empresa e de sua consolidação no mercado. O filho mais velho tende a ficar parte de seu tempo na empresa, dividindo o comando com a mãe, sendo responsável pela produção e pelo gerenciamento financeiro, preparando-se para, possivelmente, assumir o comando da empresa na primeira sucessão.

A dirigente da empresa, que recebeu a equipe de pesquisa acompanhada de um de seus filhos, tem sua formação em área completamente diferente das funções que exerce hoje na empresa, o que, naturalmente, se constitui em uma dificuldade para o bom desempenho de suas funções; tal dificuldade, em seu caso, é superada com determinação e experiência no dia-a-dia na empresa.

A empresa foi criada em uma cidade de pouco mais de 30 mil habitantes (assim, já considerada como ambiente urbano), pelo fato de a família do fundador residir naquela cidade na época da criação da empresa. Além disso, o pai e o irmão do fundador já atuavam no ramo, nessa mesma época e cidade. Assim, vê-se que a decisão da localização foi totalmente influenciada por fatores familiares e pelas atividades já exercidas pela família.

As vendas da empresa são feitas na região, o que lhe confere características de empresa absolutamente local, apesar de a matéria-prima na maior parte dos casos vir de muito longe (Rio Grande do Sul, Mato Grosso e, atualmente, Uruguai).

O registro da principal marca de produto da empresa gerou problemas, em função de já existirem no mercado outras marcas com nomes semelhantes. Assim, quase foi obrigada a abrir mão do nome de seu principal produto, já conhecido no mercado. Não chegou a perder o direito à marca, embora ainda corra esse risco.

Então, esta empresa se antecipou ao possível problema, lançando uma marca para substituí-lo gradativamente, no caso de uma decisão judicial desfavorável quanto à sua marca principal. Com isso, reduziram o risco de perder essa marca, com possíveis conseqüências negativas para a empresa, porém tiveram de se empenhar para tornar a nova marca conhecida, o que representou dispêndio, atraso em sua veiculação e queda nas vendas.

A empresa ainda tem uma concentração de vendas na sua marca principal de um dos tipos de arroz industrializado, o que pode ser muito perigoso, deixando-a muito vulnerável, principalmente por ser uma marca com uma pendência judicial. Porém, o trabalho de investimento em outras marcas tende a reduzir esse risco a médio prazo.

Outro fator que tem atrapalhado as vendas e o crescimento tem sido a inadimplência, o que fez com que a empresa fosse obrigada a restringir suas vendas, com prejuízos sobre o faturamento e a rentabilidade a curto prazo, para evitar problemas futuros mais sérios, que pudessem vir a comprometer as finanças da empresa no médio prazo. Com isso, a redução do número de clientes da empresa foi de aproximadamente 40%, mantendo-se apenas aqueles que estavam com seu limite de crédito em dia.

A empresa vem trabalhando com um número mínimo de funcionários (oito), constituindo-se em uma das menores empresas visitadas (22% das empresas pesquisadas na amostra brasileira estavam na primeira faixa, empresas com até dez funcionários). Apesar disso, seu faturamento está em uma faixa intermediária, visto que 52% das empresas da amostra têm o seu faturamento em faixas menores que a ocupada por essa empresa.

Apesar da manutenção desse pequeno número de funcionários, a produção e as vendas da empresa aumentaram significativamente nos últimos meses, em razão da automação e mecanização do processo de empacotamento e da padronização da produção.

A empresa citada utiliza muito pouco as informações disponíveis, visto que, das treze fontes de informação consultadas, seis não são utilizadas em momento algum pela empresa, entre elas, a mídia escrita e eletrônica, as feiras e exposições e redes de empresas. Em parte, isso acontece pelo fato de o produto ser uma *commodity*, com baixo valor agregado e pouca possibilidade de diferenciação. Mas, com certeza, a empresa pode utilizar melhor as fontes de informação disponíveis, visando à redução de custos nas compras de matérias-primas, à obtenção de mais informações sobre o mercado, as tendências futuras e os interesses dos consumidores, além dos avanços tecnológicos no seu setor.

A fonte de informação mais utilizada ainda é a clientela, que a empresa julga ser uma fonte de grande importância e com quem tem contatos pelo menos uma vez por semana, recebendo informações que considera de boa qualidade, que chegam a tempo para a tomada de decisão, são suficientes e muito adequadas à empresa. Em geral, são informações sobre a concorrência, os preços do mercado e a qualidade dos produtos disponíveis no momento. Porém, são contatos de caráter estritamente local, restritos a uma área de atuação regional, muito próxima à empresa. No momento, a diretoria está começando a visitar pessoalmente seus fornecedores no Sul do país, além de iniciar um programa de visitas personalizadas aos principais clientes, feito diretamente pela sua presidente. Houve ainda uma tentativa de compor uma associação de produtores do ramo, com reuniões trimestrais, buscando normatizar as atividades das empresas. Essa iniciativa, porém, não foi bem-sucedida, em função da baixa adesão das demais empresas.

Em termos de desenvolvimento de inovações, esta empresa se julga razoavelmente abaixo dos seus concorrentes, concentrando suas atividades de caráter inovador na apresentação de seus produtos. Mas, mesmo nesse item, se coloca atrás dos seus principais concorrentes, que são de porte maior e possuem mais recursos para investir em pesquisa e desenvolvimento, na concepção de novos produtos, na formação interna do seu pessoal e em novas tecnologias de produção.

Apesar disso, a empresa apresentou recentemente algumas melhorias no seu processo produtivo, que refletem uma preocupação atual com a modernização, preparando a empresa para enfrentar um mercado cada vez mais competitivo. Assim, a maioria das antigas máquinas semi-artesanais foi trocada, e o processo de produção passou a ser praticamente todo automatizado, eliminando-se alguns gargalos na produção e obtendo-se um bom ganho de produtividade. Com isso, não há mais contato manual com o produto e o controle da qualidade e do peso passaram a ser feitos eletronicamente. Essas mudanças eram buscadas há tempos, mas só recentemente se tornaram possíveis na realidade da empresa.

Dadas as grandes restrições que a empresa possui, em termos de espaço físico, para possíveis ampliações, a opção de troca de equipamentos, possibilitando a modernização e o aumento da capacidade de produção, parece uma decisão bastante acertada e que poderá dar à empresa uma boa condição de crescimento e consolidação no seu mercado.

Talvez o maior desafio neste momento seja equacionar bem o processo de sucessão. A dirigente da empresa, na faixa dos 50 anos, pretende continuar à frente dos negócios. Porém, precisa da ajuda dos filhos para consolidar o processo de crescimento e fixação da empresa no mercado, de uma maneira definitiva.

O filho mais velho, economista de formação, quer assumir maiores responsabilidades na empresa, mas é barrado por dois fatores: o desejo da mãe de continuar à frente dos negócios e suas atividades de docência e estudos, inclusive em diferentes cidades da região. Além disso, seu desejo de ter maior autonomia na empresa choca-se com a postura mais centralizadora e conservadora da mãe, que atualmente se dedica integralmente às atividades do dia-a-dia na organização.

Esse impasse inicial poderia levar o filho mais velho a buscar outras atividades no mercado de trabalho, afastando-se ainda mais da empresa da família. Os dois irmãos mais novos, hoje, não têm condições de assumir funções de responsabilidade na empresa.

Porém, com a nova divisão das funções entre o filho mais velho e a mãe, e com a conseqüente definição das atividades a serem desenvolvidas por cada um, o desafio da sucessão começa a ser enfrentado. Os sócios acreditam que essa fase deve ser breve, com o filho mais velho assumindo o comando da empresa o mais rápido possível.

O segundo filho, administrador de empresas, brilhante aluno e empreendedor, teve uma boa oportunidade em uma multinacional francesa, na qual está há dois anos, ocupando um posto importante na área de vendas e residindo na capital do estado, a mais de 300 km da empresa. Sem condições de auxiliar no dia-a-dia da organização, pode apenas dar algumas contribuições nas discussões das questões estratégicas da empresa. Pretende, a médio prazo, intensificar seus estudos, no nível de pós-graduação, o que poderá deixá-lo ainda mais algum tempo longe das atividades rotineiras da empresa. Porém, ele tem a intenção de retornar aos negócios da empresa dentro de poucos anos.

O filho mais novo também está um pouco distante das atividades de rotina da organização, pois está concluindo o curso de engenharia, em uma cidade da região, indo à cidade-sede da empresa apenas nos fins de semana. A possibilidade de ter boas oportunidades no mercado de trabalho, que poderão servir como experiência extra-empresa, é um fator de indecisão para seu ingresso na organização familiar. Assim, a empresa, pelo menos a curto prazo, não caminha para uma sociedade de irmãos, conforme proposto por Gersick *et al.* (1997).

Portanto, caso se faça a sucessão na empresa nos próximos anos, essa tenderia para uma sociedade de proprietário controlador, com o filho mais velho assumindo o comando. Pode, também, continuar sob o comando da mãe, que nesse caso poderia conduzir a empresa a uma sociedade de irmãos, porém apenas no médio prazo.

Nesse último caso, a primeira dúvida que fica é se a empresa poderá passar pelo processo de modernização, que é tão necessário para sua consolidação no mercado, ou se esse processo será inibido pela postura mais conservadora da mãe. Quais seriam as conseqüências do conservadorismo, para a empresa e para a família, pensando-se em um médio prazo?

O exemplo de ressurgimento de uma organização: uma empresa de confecções

No Quebec, uma empresa localizada em Daveluyville, cidade industrial com aproximadamente 3.500 habitantes, teve um sério problema com o mercado no passado, o que a levou à falência. Recentemente o antigo proprietário recomeçou suas atividades com outra empresa. Apostaram no diferencial de qualidade e hoje exportam 50% de sua produção para os Estados Unidos, mercado visado em razão do seu tamanho.

A equipe foi recebida pelo diretor-presidente. A empresa inicial foi fundada em 1980 pelo pai do atual presidente, com outro nome. Tratava-se de uma empresa de confecção infantil, assim como a empresa atual.

Em 1992 entraram três novos acionistas (dois filhos do fundador e um terceiro sócio). Antigamente, a empresa contava com três prédios: parte da produção localizava-se no prédio visitado, outra parte da produção em outro prédio e a administração e o escritório de vendas em outro local. A empresa prosseguiu com suas atividades até 2000, quando faliu. Atualmente, a empresa passa por uma reestruturação e está ressurgindo.

Antigamente, a empresa vendia apenas por catálogo, diretamente a 218 mil clientes, despachando os produtos pelo correio. Esse catálogo foi perdido, não pôde ser recuperado e, com isso, a empresa foi à falência muito rapidamente.

Antes de falir, tinham um grande faturamento. Perderam tudo. Em 2001 recomeçaram com os mesmos produtos, mas sem os clientes. Atualmente, já recuperaram um pouco do mercado. A recuperação dos clientes está prejudicada, porque a empresa perdeu o contato com eles, e esses, por sua vez, não têm como localizar a empresa, que mudou de nome.

A empresa tem, atualmente, representantes em Toronto, Quebec, Nova York e Boston (este cobre toda a Nova Inglaterra). A empresa concorrente (que surgiu em seu lugar) tem hoje um faturamento muito superior ao deles. A empresa prevê para este ano um faturamento pequeno, mas com grande crescimento nos próximos anos. Hoje eles têm trinta funcionários e mais quarenta postos terceirizados (antes eram oitenta funcionários e mais oitenta terceirizados).

A empresa tem diversos concorrentes americanos de porte, que vendem muitas vezes mais do que eles. Porém, eles acreditam que seu grande diferencial é ser uma empresa de origem francófona, o que nos EUA significa garantia de qualidade. Consideram ainda como diferenciais seus preços estáveis (ao contrário da maior parte dos concorrentes) e a qualidade dos produtos e da prestação de serviços.

Eles contam com um projetista próprio para desenvolver os modelos. Os produtos para bebê são mais vendidos para os EUA (principalmente os pijamas). A linha de produtos da empresa é muito especializada. Os preços são equivalentes aos europeus, mas a qualidade é claramente superior. Têm também preços e qualidade melhores que os americanos, já que nos EUA os produtos canadenses são vistos como superiores.

As vendas, atualmente, dividem-se em 50% para o Canadá e 50% para os EUA. Nos EUA eles vendem mais no leste, pois essas regiões são mais parecidas, em termos culturais, com a região de Ontário. Já os quebequenses são mais emotivos e menos racionais e compram mais por impulso.

Boston e Nova York são regiões parecidas com a região de Ontário (principalmente em termos de clima e características culturais). Assim, sua linha de produtos normalmente tem boa aceitação. Para outras regiões, esta empresa precisaria de linhas de produtos diferentes, mais adaptados às diferentes realidades locais, o que dificultaria um pouco a produção.

Com a capacidade de produção atual, eles podem quase triplicar o faturamento (para isso precisariam chegar a cinqüenta funcionários na empresa, além dos quarenta terceirizados que já existem). O principal objetivo da empresa é crescer com a atual linha de produtos. Eles estão um pouco descrentes quanto à fidelidade dos clientes.

O presidente esteve recentemente em duas feiras nos EUA (Nova York e Las Vegas). Eles dedicam uma grande atenção às feiras e às exposições e as consideram fundamentais para se manterem atualizados e presentes de maneira efetiva no mercado.

A cidade de Montreal é muito importante para os negócios da empresa por contar com os seguintes recursos:

- associações de produtores;
- fornecedores;
- manutenção de equipamentos.

A empresa contava com um *showroom* em Montreal (da antiga empresa), que foi fechado. Para eles, existe uma concorrência muito grande naquela cidade. O mercado de confecção infantil caiu muito nos anos de 1990, devido à grande concorrência, principalmente dos produtores asiáticos.

A atual área construída da empresa é de 22 mil pés quadrados (aproximadamente 2 mil m^2). Eles possuem uma loja na qual os produtos com pequenos defeitos são vendidos com descontos de 30 a 40% (essa loja é muito grande e o número de produtos é alto em relação ao volume de produção, o que causa preocupação quanto à qualidade dos produtos). O desconto fornecido aos revendedores é 50% maior que o desconto da loja acima mencionada.

O diretor-presidente formou-se em Ciências Políticas Internacionais, em Ottawa. Ele começou na antiga empresa que fechou, como representante, vendendo os produtos. Depois supervisionou a área de P&D e, em seguida, as vendas. Seu irmão é especialista em moda.

A empresa possui uma máquina de venda de refrigerantes e salgadinhos dentro da fábrica, como na maioria das empresas visitadas. A máquina é colocada sem custo pelo fornecedor, que faz a reposição e fatura o que foi consumido a cada reposição. A preocupação, nesse caso, é prestar um serviço aos funcionários, sem que isso tenha um custo para eles.

As empresas terceirizadas são da mesma cidade ou de cidades próximas (num raio de até 25 km), o que mostra a preocupação e a possibilidade de contribuir de maneira efetiva para o desenvolvimento local.

A ajuda do Fundo de Solidariedade como sócio: exemplo em uma empresa de móveis

O exemplo desta empresa é muito interessante, mostrando a importância de um órgão, como o Fundo de Solidariedade do Quebec, disponível para apoiar uma empresa em dificuldades, através de sociedade.

Nesta empresa, após adquirir uma certa experiência no mercado de trabalho, o filho do fundador veio para a organização, depois de alguns anos de existência da empresa. Ele começou dando assessoria na área industrial, assumindo depois a diretoria de produção.

Os principais produtos são móveis para escritório, berços e cadeiras. A madeira vem do próprio Canadá e dos EUA (pinho e duas outras madeiras semelhantes).

A empresa investe pesadamente em marketing, destinando 13 a 14% do seu faturamento a essa área.

Os funcionários se deslocam diariamente de até 50 km de distância, mostrando a contribuição que a empresa acaba dando em termos de desenvolvimento local para toda a região, atraindo funcionários de diferentes cidades.

A equipe foi recebida pelo diretor de produção (filho do fundador e presidente da empresa), que está há apenas um ano na organização.

A empresa está localizada na cidade de La Pérade, que tem aproximadamente 3.500 habitantes, incluindo a zona rural. Com 6 anos de existência, começou com as instalações de uma pequena empresa que se mudou e possui três sócios: o fundador e presidente, um sócio-diretor e o Fundo de Solidariedade, que é um sócio institucional.

O faturamento da empresa é bom para seu porte e cresce a cada ano. Estão sendo feitos altos investimentos nos novos catálogos (Can$ 150 mil). Contam com setenta funcionários na fábrica e doze no escritório.

A empresa possui cinco linhas básicas de produtos, com várias cores diferentes em cada. Vendem 85% dos produtos nos EUA (principalmente em Nova York, Boston, Califórnia e Flórida), 10% em Ontário e 5% no Quebec. O frete custa em torno de 7% do valor do produto para Nova York e 12% para a Califórnia.

O pai é o principal acionista e tem hoje 60 anos. O diretor de produção veio de uma empresa do setor agroalimentício e começou como consultor, para fazer uma reestruturação na fábrica, assumindo depois a diretoria. Ele disse que não pretende ficar na empresa a médio prazo, mas não é a impressão que se tem. A filha do fundador cuida da área de marketing e vendas.

A entrada do Fundo de Solidariedade ocorreu com a saída do terceiro acionista, que teve problemas com os sócios e vendeu sua parte para o Fundo de Solidariedade. O Conselho de Administração é composto por cinco pessoas (os três sócios e dois externos). A empresa tem também um consultor de Recursos Humanos. Contam atualmente com cinco concorrentes no Quebec, sendo que três são maiores que eles.

A média de idade entre os funcionários é baixa. Há muito trabalho manual feito na empresa. Compraram recentemente uma máquina por Can$ 30 mil, que se pagará em aproximadamente um ano, apesar da pequena utilização, cinco horas por semana, substituindo um funcionário em tempo integral. Por enquanto, a máquina ainda está ociosa, havendo assim perspectivas de aumentar muito a sua produção.

Há uma boa parte da produção que é terceirizada e que se localiza bem perto; porém, parte dos funcionários terceirizados são de cidades um pouco mais distantes.

A empresa tem funcionários de Trois Rivières, Cap de la Madeleine e mesmo de outras cidades mais distantes, em alguns casos a mais de 50 km de distância. A entrega é toda terceirizada, efetuada por diferentes entregadores – pretende-se no futuro, que apenas uma empresa faça as entregas no Canadá e outra nos EUA. Agora pretendem entrar na Inglaterra. Buscando incrementar as suas vendas no exterior, participam de diversas exposições, em Dallas, Las Vegas e no México, país em que já possuem um grande cliente inicial.

A busca de um gestor para se unir aos empreendedores: uma empresa de alimentação animal

Esta empresa, fabricante de insufladores e misturadores para alimentação de gado, a ser caracterizada abaixo, sentiu claramente a necessidade de buscar um gestor, que pudesse auxiliar os empreendedores, ótimos em termos de idéias e criação de novos negócios, porém com dificuldades em termos de gestão do empreendimento.

O foco em P&D tem dado grandes resultados, garantindo à empresa a liderança no seu setor de mercado. De janeiro a maio, vendem bem os produtos de verão. No período em que as vendas caem são feitos os estoques. Porém, é interessante destacar que a empresa compra produtos desenvolvidos por terceiros, visto que seus dirigentes consideram difícil desenvolvê-los por conta própria.

Aqui se encontra um novo exemplo de ajuda do Fundo de Solidariedade, que encontrou o balanço social da empresa desfavorável e cobrou mudanças urgentes.

A equipe foi recebida pelo diretor-geral. A empresa, com 33 anos de existência, passou por muitos altos e baixos. Quando o atual diretor-geral veio para a empresa, há seis anos, estava ocorrendo uma fase muito complicada.

Os empreendedores que criaram a empresa são ótimos como empreendedores, mas não eram bons gestores, segundo afirmou o diretor-geral. Além disso, sofriam grande influência da filosofia da Igreja Católica e achavam errado ter lucro. No ano em que ele chegou à empresa, o faturamento havia sido razoável, mas com um lucro muito baixo, de apenas 1% sobre o faturamento; a empresa passava, então, por sérias dificuldades de caixa.

Naquele momento, o banco deixou de apoiar a empresa e o governo resolveu intervir para evitar a falência. Foi aí que o Fundo de Solidariedade entrou como sócio e enviou o atual diretor-geral para a empresa, porém o fundador permaneceu como presidente. No ano passado, o faturamento foi o dobro em relação ao ano em que ele entrou na empresa, com um lucro de 20% sobre o faturamento.

Atualmente, 85% da produção são exportados, sendo 80% para os EUA. Vendem mais no sudoeste americano, mas também na Flórida e em outros estados. Na França vendem uma pequena quantidade, mas os custos de transporte para a Europa são muito altos. Iniciaram as vendas para o mercado argentino, mas a experiência não obteve sucesso.

Como o diretor-geral considera muito difícil desenvolver produtos, prefere comprar projetos de produtos prontos, desenvolvidos por terceiros. Ele acredita que a probabilidade de sucesso de um produto comprado é de 60%, ao passo que um produto desenvolvido é caro e exige muito esforço. A empresa tem cinco pessoas em tempo integral em P&D, com a função de manter os produtos atualizados, já que não atua sobre o desenvolvimento de novos produtos.

A segunda geração já está no comando da empresa. O presidente hoje só se ocupa com as exposições (20 a 25 por ano), mas, no passado, participava do desenvolvimento de produtos.

O Fundo de Solidariedade tem 33% de participação na empresa, mas pretende vendê-la. Para a sucessão, há apenas um filho, que não possui o perfil indicado para o cargo. Os demais filhos são muito jovens. Assim, a empresa tem um problema de sucessão, visto que o fundador já tem uma certa idade e não está mais em condições de continuar na presidência.

Segundo o diretor, um empreendedor somente pode manter uma empresa até um certo faturamento. Depois disso, só com um bom gestor.

Eles têm hoje setenta funcionários, dos quais quatorze estão no escritório. Existem duas empresas no grupo, atuando em produtos complementares. As produções são separadas, mas marketing e vendas são feitos em conjunto.

A cidade tem uma população de 7 mil habitantes. O diretor mora em Quebec, a mais de 100 km de distância. A empresa tem um sistema de videoconferência, usado para as reuniões quando ele está em Quebec.

O Conselho de Administração é composto por cinco pessoas: o presidente, seu filho, o secretário – que é o diretor-geral – e duas pessoas do Fundo de Solidariedade. O Conselho de Administração é o mesmo para as duas empresas.

Os funcionários têm uma participação nos lucros, que é de 10% sobre o excedente de 6% do faturamento, que é paga no Natal e nas férias.

Eles têm grandes concorrentes, quatro a cinco para cada empresa. Seu principal produto, a caçamba basculante, representa 55% do faturamento da empresa. Os demais são, principalmente, diferentes tipos de silos para remover a neve. Na outra empresa, de silagem, eles têm uma concorrência ainda mais forte.

Seus produtos são muito reconhecidos e valorizados no mercado, custando mais caro que os dos concorrentes. Os produtos são muito resistentes, tendo uma durabilidade maior que a dos concorrentes.

Antes, só pensavam em volume, e possuíam muitos funcionários, mas não obtinham lucro. Hoje, com a estrutura reduzida, é uma empresa lucrativa. Fabricam 65% do que usam na produção, e têm vários pequenos componentes importados da China que, com o frete incluído, custam mais barato que só a matéria-prima, quando comprada diretamente no Quebec.

Eles estão sempre entre os primeiros 10% do setor em todo o Canadá. Vendem também para a Austrália e para a Nova Zelândia. Venderam para a Itália, mas foram copiados. Na Argentina estava acontecendo o mesmo e, por isso, abandonaram esse mercado. O diretor acha que Montreal, onde eles têm apenas fornecedores, não representa absolutamente nada para os negócios da empresa.

As práticas inovadoras

No setor manufatureiro, com alto valor agregado, a exportação acompanha a inovação. Para exportar, as PME devem inovar, no que se refere às suas práticas gerenciais, aos seus meios de produção, e ao escoamento dos produtos para o mercado. Quanto ao setor moveleiro, Hasse (2000) destaca três fatores de sucesso que permitem aos fabricantes brasileiros escoar parte de sua produção para os mercados externos: o preço, a qualidade e o respeito aos prazos de entrega.

Mais uma vez, pode-se fazer uma comparação com o setor moveleiro quebequense, que há cerca de dez anos deixou de ser um setor fraco para se transformar em um dos setores mais dinâmicos e representativos daquilo que as PME inovadoras quebequenses estão realizando. Os vários estudos realizados por André Joyal e sua equipe permitem afirmar que a qualidade e a confiabilidade de entrega, mais que os preços, fazem parte das vantagens concorrenciais das PME quebequenses, em relação à maior parte de suas concorrentes norte-americanas, tanto no setor moveleiro como nos demais.

Tabela 7: Percepção da posição das PME, relativa às empresas do mesmo setor, quanto à inovação (média, em uma escala de 1 a 5)

Tipo de inovação	PME quebequenses	PME brasileiras	Significância*
Pesquisa & desenvolvimento	3,3	3,3	—
Novas tecnologias de produção	3,4	3,5	—
Design dos produtos	3,4	3,3	—
Formação dos funcionários	3,1	3,3	—
Criação de novos produtos	3,6	3,5	—
Melhoria de produto e de tecnologia de produção	3,7	3,5	0,96

* Foi utilizado o teste não-paramétrico de Mann-Whitney para realizar o cálculo. A ausência de valor numérico indica uma diferença não-significativa entre as duas amostras (ao nível de significância de 10%).

No que se refere às duas amostras consideradas aqui, a tabela acima permite ver como os dirigentes percebem a situação de sua empresa, relativa a uma gama de práticas geralmente associadas à inovação. Pode-se ver que as empresas, em geral, se vêem discretamente acima da média das demais empresas que atuam no mesmo setor de atividade, tanto no caso da amostra quebequense quanto no caso brasileiro. A única diferença com nível de significância entre as duas amostras está em termos de melhoria de produto e das tecnologias de produção, item no qual as PME quebequenses apresentam vantagem sobre suas correspondentes brasileiras (embora a diferença seja muito pouco significativa). Parece normal que os dirigentes das PME quebequenses tenham uma melhor percepção da posição de sua empresa no plano tecnológico, em relação aos dirigentes brasileiros, graças à maior disponibilidade de informações sobre o mercado no qual atuam.

Portanto, o que ocorre no meio não-metropolitano do Quebec e nas regiões não-metropolitanas do norte, leste e centro do estado de São Paulo pode gerar grandes esperanças de desenvolvimento local para as regiões distantes. Veja-se, no Capítulo 5, o que pode ocorrer na região mais pobre do Quebec.

Uma empresa brasileira altamente focada na pesquisa de novos métodos de produção

A empresa descrita a seguir, uma das pequenas indústrias da amostra brasileira visitada, tem como principal característica se beneficiar do grande conhecimento técnico de seu fundador e atual dirigente e, apesar de a empresa ainda ser muito jovem (encontra-se entre os 20% de empresas mais jovens da amostra brasileira pesquisada) vem se dedicando de maneira muito intensa à busca de novos métodos de produção, além de dar muita ênfase à formação de seu pessoal. Com isso, a questão tecnológica acaba sendo uma de suas grandes vantagens competitivas no mercado externo, o que tem sido fundamental na sua busca de ampliação das exportações.

A empresa em questão fabrica armações treliçadas e telas soldadas. Localiza-se na região leste do estado de São Paulo, próximo à divisa com Minas Gerais. A cidade é um ambiente urbano, com uma população próxima a 40 mil habitantes. O fundador da empresa, inaugurada no início dos anos de 1990, recebeu a equipe de maneira muito atenciosa. Com sua formação técnica em engenharia mecânica, tem um grande conhecimento sobre seus produtos e processos de fabricação.

A empresa foi criada nessa cidade porque era onde o fundador residia na época. Hoje a empresa conta com aproximadamente cinqüenta funcionários, número muito próximo da média da amostra pesquisada. Porém, tem um faturamento por funcionário muito superior, visto que está em torno de 50% a mais que o valor médio encontrado nas empresas visitadas. Isso ocorre apesar de a empresa ser mais jovem que a média das demais. Mesmo assim, menos de 25% das empresas visitadas têm um faturamento superior ao dela.

A empresa tem uma porcentagem bastante pequena de vendas em sua região, considerada num raio de 75 km da sede da empresa; porém, tem um valor bastante representativo de vendas dentro do estado, 55%, além dos 10% da região. No entanto, vende também na região Sudeste, fora dela e inclusive 2% de seu faturamento se dirige ao mercado externo.

Os equipamentos utilizados pela empresa são de última geração, importados da Europa. Os produtos contam com uma estrutura especial, composta de vigas e elementos de enchimento, que podem ser cerâmica, isopor, concreto ou outros; podem ser utilizados em residências, lojas, prédios e indústrias, entre outros.

No Brasil, a utilização da laje treliçada tem crescido, pois apresenta vantagens significativas em relação à laje maciça e à laje pré-moldada convencional, como acontece na Europa há mais de dez anos. Com isso, a empresa mostra seu lado inovador. Além disso, existe a preocupação com os métodos de produção e com a pesquisa de novos métodos, visando à economia de mão-de-obra e de tempo no processo produtivo, além da busca pela melhoria na qualidade final.

Cerca de 90% de seus fornecedores são fabricantes de lajes, além de alguns distribuidores. Os clientes são considerados uma fonte muito importante de informação; os contatos acontecem pelo menos uma vez por semana e deles são obtidas muitas informações sobre novos produtos, concorrência, preços de mercado, qualidade dos produtos no mercado de um modo geral, além de prazos de entrega e possibilidades de surgimento de parcerias com outras empresas.

Os fornecedores, entretanto, são considerados uma fonte ainda mais importante de informação. Consultados também com freqüência, eles trazem, além de todos os tipos de informações citadas, outras ainda, relativas a novas tecnologias, ao comércio internacional, às tendências do mercado e às fontes disponíveis de financiamento e investimento.

A empresa utiliza serviços de terceiros para vendas, usinagem de peças e manutenção dos veículos. Apesar disso, julgam que esse contato é de média importância, sendo utilizado para obter informações sobre os preços de mercado e os prazos de entrega. Porém, afirmam que essas informações muitas vezes não chegam a tempo de serem utilizadas com sucesso.

As feiras comerciais, apesar de não serem consideradas tão importantes pela empresa, são freqüentadas nos âmbitos estadual, nacional e até internacional, pelo menos quatro vezes por ano. Nessas feiras obtêm-se informações sobre produtos, concorrência, novas tecnologias, comércio internacional, tendências do mercado e possibilidades de parceria.

Trata-se de uma empresa relativamente inovadora (embora afirme não fazer alterações na apresentação de seus produtos, visto que o tipo de produto fabricado não comporta tal prática, e também não se volta para a concepção de novos produtos), principalmente nas questões tecnológicas, afirmando estar à frente dos seus concorrentes na utilização de novas tecnologias e nos aperfeiçoamentos de produtos e de técnicas de produção. Também enfatiza a formação de pessoal, em especial com cursos internos, e, nesse aspecto, se julga mais avançada que seus principais concorrentes.

A empresa está apenas começando a se voltar para o mercado externo, mas ainda não possui uma estrutura para tal e, no presente momento, exporta apenas para o Paraguai. Ela possui concorrentes exportadores no próprio país, na Argentina, e, principalmente, na Itália. A empresa, porém, pretende intensificar suas atividades de exportação e isso se reflete pelo forte desejo de crescimento e por apresentar, no presente momento, uma capacidade de produção ociosa.

O objetivo é aumentar rapidamente as exportações, embora não se tenha uma política formal de exportações estabelecida. Em termos de vantagens no mercado externo, a empresa julga que tem tecnologia, visibilidade no mercado e ampla gama de produtos de qualidade, além da confiabilidade que consegue obter neles.

As vendas no mercado externo têm sido feitas através de representantes que são ativos também em outras empresas. Quanto às atividades no exterior, a empresa julga prioritárias as questões referentes aos preços e informações sobre o transporte e a liberação dos produtos na alfândega.

Exemplos de desenvolvimento local em meio urbano

Agências de Desenvolvimento Local no Brasil

A implantação das Agências de Desenvolvimento Local (ADL) tem sido uma experiência muito bem-sucedida em diferentes países no mundo. Santos, Amador & Hernández (*apud* Borba, 2000) apontam o papel e a importância fundamentais que a figura da Agência de Desenvolvimento Regional (ADR) teve na política de promoção industrial da Espanha. A orientação básica de uma ADR, na realidade espanhola, foi o estímulo à formação do potencial de capital endógeno da região, visando a criar condições adequadas para o desenvolvimento. Essa é a diretriz básica que norteia todas as funções e atuações de uma Agência de Desenvolvimento Regional no caso espanhol.

Na Espanha, as ADR são um instrumento básico de intervenção pública na promoção industrial. Seu capital é predominantemente público e elas funcionam com autonomia sob os regulamentos do direito privado, tendo em seu comando organizações empresariais, como câmaras de comércio e associações industriais e comerciais. O objetivo básico é criar condições de desenvolvimento na região, tendo como campo central de atuação o apoio à inovação e ao desenvolvimento tecnológico.

Uma ADR na Espanha visa a potencializar a capacidade de inovação da região, atuando em duas frentes: a modernização da estrutura produtiva e a diversificação territorial e setorial do tecido industrial.

Borba (2000) apresenta uma série de experiências brasileiras de desenvolvimento industrial descentralizado, mostrando as diferentes tipologias de aglomeração industrial verificadas em diversos estados brasileiros, nas regiões Sudeste e Sul, como é o caso de Londrina, Franca, São Carlos, Campinas, Blumenau, Criciúma, Florianópolis, Colatina, Vale dos Sinos, entre outras.

No caso brasileiro, como ressalta Borba (2000), uma agência de desenvolvimento local deve ter uma posição vigilante sobre a economia, atuando sobre a vida social e cultural de uma região, além de estar inserida na comunidade em todos os aspectos, exercendo um papel de observador e atuando sobre a priorização das potencialidades da região.

Assim, em 1997, o Governo do Estado de São Paulo tomou a iniciativa, através de sua Secretaria de Ciência, Tecnologia e Desenvolvimento Econômico – SCTDE –, e apresentou um manual para implantação das Agências de Desenvolvimento Econômico Local – ADL – que, junto com outras propostas, visava a aumentar a competência das regiões do estado de São Paulo em termos de desenvolvimento econômico e fazia parte do plano "Estratégia Competitiva do Estado", elaborado com a assessoria da Divisão de Economia e Engenharia de Sistemas – Dees – do Instituto de Pesquisas Tecnológicas – IPT.

A implantação de uma ADL deveria ter como missão a promoção do desenvolvimento econômico de um determinado município. E, para isto, a ADL teria como objetivos básicos:

- manter e estimular os atuais empreendimentos econômicos do município;
- atrair novos investimentos.

Dessa forma, caberia à ADL "coordenar os agentes locais, estimular parcerias, fornecer informações e servir como interlocutor único do município com as entidades públicas e privadas de fomento, para viabilizar a adoção de medidas práticas que promovessem o desenvolvimento econômico local" (Borba, 2000).

Assim, o formato ideal para uma ADL seria o de uma ONG, com o amparo do governo municipal e com o apoio técnico, político e financeiro da iniciativa privada local e de outras entidades da sociedade civil (universidades, escolas técnicas, associações comerciais e industriais etc.). Essa organização deveria ser caracterizada como uma entidade civil, sem fins lucrativos e de utilidade pública, à qual pessoas físicas e jurídicas pudessem se associar. Sua auto-sustentação deveria ser garantida através de contribuições regulares de seus associados, de receitas provenientes de prestação de serviços (organização de eventos, seminários, publicações), de convênios com entidades de fomento (como Banco Mundial, BNDES, Sebrae, SCTDE), além de doações realizadas por pessoas físicas ou jurídicas.

Com essa estrutura, seria possível beneficiar o governo municipal, as empresas já instaladas, os potenciais investidores, as instituições de ensino, as organizações de fomento, o governo do estado e, finalmente, a comunidade local como um todo, por contar com um espaço para a reflexão de suas potencialidades e a articulação de parcerias e por participar de ações concretas que visem a melhorar a sua qualidade de vida.

Entre as diferentes estruturas possíveis para criar uma ADL (conforme apontado por Borba, 2000), a mais indicada para a promoção do desenvolvimento local seria uma agência municipal de constituição mista, com a presença dos setores privado e público. Ela teria como principal vantagem a possibilidade de desempenhar tarefas delegadas pelos governos locais, com um nível de agilidade equivalente ao das entidades privadas.

O manual da Secretaria de Ciência, Tecnologia e Desenvolvimento Econômico do Estado de São Paulo indicava também alguns fatores críticos para que uma ADL fosse bem-sucedida em suas ações, recomendando que a organização tivesse:

- autonomia e flexibilidade;
- poderes e responsabilidades significativos delegados por seus associados;
- estrutura enxuta e qualificada (*staff* de no máximo 3 pessoas), recorrendo à terceirização quando necessário;
- aporte adequado de recursos físicos e financeiros, para cobrir despesas de manutenção e operação das atividades da ADL;
- comprometimento do setor público e da iniciativa privada local, com recursos técnicos e financeiros e participação ativa nos grupos de trabalho;
- constante busca de consenso entre os agentes envolvidos;
- um número reduzido de associados, para facilitar o consenso.

A Agência de Desenvolvimento Econômico de Ourinhos

Borba (2000) relata, em sua tese de doutorado, a sua experiência pessoal na criação de uma agência de desenvolvimento econômico local, na cidade de Ourinhos, no estado de São Paulo, como uma questão pontual e uma experiência quase única na realidade brasileira atual.

Situada no sudoeste do estado de São Paulo, na divisa com o Paraná, a cidade de Ourinhos surgiu de uma vila de trabalhadores que, em 1905, faziam o desmatamento das terras nas quais seriam assentados os trilhos da Estrada de Ferro Sorocabana, tornando-se assim um ponto de parada obrigatório dos trens que serviam à região sudoeste do estado.

O grande surto de desenvolvimento da região ocorreu a partir de 1922, com a construção da estrada de ferro que ligou o estado de São Paulo ao estado do Paraná, tornando a cidade e a região de Ourinhos um pólo econômico fundamental para o desenvolvimento da região, incluindo o norte do Paraná.

A perspectiva de retomada do desenvolvimento econômico local foi o que motivou a criação da Agência de Desenvolvimento Econômico de Ourinhos – Adeo. O passo inicial foi dado pelo empresário Ricardo Xavier Simões, sócio-diretor da empresa Delfim Verde – Empreendimentos Imobiliários S.A. que, logo após as eleições municipais de 1996, patrocinou uma oficina de trabalho para discutir o desenvolvimento econômico do município, cujo fraco desempenho vinha prejudicando seus negócios imobiliários na cidade.

Além do prefeito de Ourinhos, participaram dessa oficina de trabalho empresários locais, todos os secretários municipais e assessores, superintendentes de serviços municipais e consultores independentes.

O primeiro módulo da oficina teve como objetivo básico reforçar os conceitos sobre as relações entre o micro e o macroambiente, inserindo as questões locais no atual contexto de globalização da economia mundial. Com este propósito, os trabalhos da oficina se iniciaram, com os participantes expressando suas percepções a respeito do impacto da globalização na vida da comunidade de Ourinhos.

Dando prosseguimento ao primeiro módulo, a tarefa seguinte da oficina foi discutir questões relacionadas ao desenvolvimento econômico de Ourinhos, como fatores locacionais, potencialidades locais, ameaças ao crescimento econômico, vantagens e desvantagens da cidade etc. Junto aos participantes, foi realizado um levantamento dos problemas vivenciados pelo município, em relação ao desafio de assumir o desenvolvimento econômico de seu território.

Nesta etapa da oficina, para obter este panorama da comunidade local, estabeleceu-se que cada participante escolheria três dos principais problemas que considerasse mais importantes no município, isto é, que poderiam dificultar seu desenvolvimento econômico.

Borba (2000) relata em seu trabalho, com bastante riqueza de detalhes, os principais problemas a serem enfrentados para o desenvolvimento da região (a mecanização da cana, as saídas dos terminais de petróleo e o desemprego), a análise dos pontos fortes e fracos, assim como a maneira pela qual esses problemas foram equacionados, dando origem à criação da Adeo.

A última tarefa dos participantes foi discutir com que imagem Ourinhos poderia ficar fortalecida e a proposição de um *slogan* para refletir essa imagem. Para isso, os grupos fizeram uso de toda a discussão realizada até aquele momento na oficina, e concluíram que as idéias para o desenvolvimento econômico local de Ourinhos estariam bem situadas com o seguinte *slogan*: "Ourinhos – o portal do Mercosul".

O relatório da oficina chama atenção para o fato de que "os dois grupos chegaram ao mesmo *slogan* sem que tivesse havido comunicação entre eles, mostrando que o fato relacionado com a localização geográfica de Ourinhos mobiliza fortemente seus habitantes, que compreendem sua imagem 'colada' às rodovias, ferrovias e hidrovias que os cercam" (Borba, 2000).

Também foi considerado fundamental que a comunidade local encontrasse meios para que Ourinhos não servisse apenas como passagem de mercadorias e viajantes, e sim que a economia local fosse dinamizada, a partir das condições dadas pelas suas características endógenas, além de explorar as possibilidades existentes, decorrentes de sua vantagem locacional.

A conclusão foi que seria muito importante realizar um trabalho de reconhecimento do município e de suas potencialidades, com base nas possibilidades de desdobramentos dos resultados obtidos na oficina, apontando como desejável a realização de um plano estratégico, que contemplasse em seu processo a participação de todos os atores sociais e econômicos da comunidade.

Para Montreal, cidade-irmã de Lyon (na França), a experiência desta última, obtida graças às suas intervenções nos subúrbios em dificuldades, parece ter sido preciosa. Foi inspirado pela experiência da cidade francesa dos dois rios que, na primavera de 1999, a cidade de Montreal e o governo do Quebec assinaram um acordo com o objetivo de dedicar uma atenção especial a onze bairros de baixa renda. O plano de ação conjunta envolveu diversos eixos: infra-estrutura, habitação e conjuntos habitacionais, atividades culturais, bem como a naturalização e a integração dos imigrantes.

Como se falou de Pointe Saint-Charles, do Centro-Sul e de Hochelaga-Maisonneuve[6] no primeiro capítulo, voltar-se-á a eles para descrever diferentes projetos implantados. Em Pointe-Saint-Charles, um projeto denominado Animation Alexandra: paradoxe pour les jeunes et leurs familles (Animação Alexandra: paradoxo para os jovens e suas famílias) conta com um orçamento de Can$ 143 mil (aproximadamente US$ 95 mil). É dirigido pela organização Café sans mur. Trata-se de um projeto de intervenção social que atende a jovens e famílias de uma parte do bairro dominado por conjuntos habitacionais e por um alto nível de exclusão. O objetivo é fazer uma ponte entre o trabalho de rua e a reinserção social, com o ensino de artes teatrais. Assim como todas as estratégias de desenvolvimento comunitário, esta iniciativa conta com a participação de algumas organizações locais (comunitárias e institucionais), envolvidas em um processo de acordo mútuo, visando à mobilização dos moradores.

O segundo projeto visa ao acesso às novas tecnologias. Patrocinado pelo Carrefour populaire de Pointe-Saint-Charles, e contando com um orçamento de Can$ 23.270, o projeto consiste em implantar um centro de acesso aos NTIC para as pessoas de baixa escolaridade do bairro.

No centro-sul, especificamente no bairro Sainte-Marie, foram adotados quatro projetos, comandados por igual número de organizações locais. Esses projetos estão ligados à harmonização das relações entre moradores e os recém-chegados, à formação baseada na

[6] Local onde nasceu e cresceu André Joyal.

cidadania e na atividade profissional dos pais, à implantação de uma cooperativa de serviços, e à revitalização do bairro, através de um melhor envolvimento dos moradores. Isso envolve, no total, um montante de aproximadamente Can$ 130 mil.

No Hochelaga-Maisonneuve também foi aprovada a implantação de quatro projetos, em um total aproximado de Can$ 200 mil. Esses projetos lidam com os problemas da juventude, a assistência às crianças carentes, o reforço escolar de estudantes do ensino primário e, por fim, com a animação cultural voltada para os jovens marginalizados.

Esses exemplos demonstram que o desenvolvimento local pode ser mais que uma questão ligada às empresas ou à criação de empregos.

O CLD de Montreal: um caso único

Com a implantação do projeto Une île une ville (Uma ilha, uma cidade), o CLD de Montreal,[7] presidido pelo seu prefeito, atendeu um milhão de pessoas. Uma situação que tinha uma característica específica. Sabe-se que ele não oferece serviços diretos, pois é representado por novas organizações mandatárias, e não implantou um plano de ação, mas novos planos locais de desenvolvimento. Em concordância com os princípios diretores da Lei do Ministério das Regiões (Loi sur le ministère des Régions), a administração do CLD privilegia os comitês de parceiros locais encontrados nos diversos bairros da cidade. Eles assumem um papel equivalente ao de um conselho de administração. Totalizam mais de duzentas pessoas, com uma média de 26 pessoas por bairro. Os representantes municipais participam desses comitês, bem como os comissários industriais, os representantes eleitos das comunidades culturais, os representantes dos cidadãos e os grupos comunitários. Estes últimos são os mais numerosos de todos. Por fim, os membros dos conselhos administrativos das CDEC também participam dos comitês de parcerias.

[7] Montreal está localizada em uma ilha que até o final de 2001 compreendia 27 municipalidades distintas.

As novas organizações mandatárias territoriais contam com 65 pessoas envolvidas com o empresariado, incluindo a área econômica e social. As outras áreas contam com cerca de 115 pessoas ligadas à empregabilidade, à comunicação e aos acordos, ao desenvolvimento comunitário e à gestão e à administração. Em uma organização mandatária, pode-se encontrar:

- responsáveis pela recepção e divulgação das informações;
- conselheiros de desenvolvimento socioeconômico;
- responsáveis pela economia social;
- responsáveis pelo apoio administrativo;
- responsáveis pela promoção.

O orçamento do CLD é concedido pelo Ministério dos Assuntos Municipais e da Metrópole, e pela cidade de Montreal. Por seu lado, o Ministério da Solidariedade Social (Emprego–Quebec) financia as organizações mandatárias através do programa Soutien au travail autonome (Apoio ao Trabalho Autônomo). Assim, Can$ 4 milhões são destinados às CDEC e a duas sociedades de desenvolvimento econômico. A divisão orçamentária entre as organizações mandatárias é baseada, entre outros aspectos, no número de moradores, empregos e empresas, bem como no número de pessoas de baixa renda de cada bairro.

Cada mandatário adota seu Placee, levando em consideração o potencial do território visado. Eis alguns exemplos de clientelas visadas pelos diferentes Placee de Montreal:

- imigrantes e membros de comunidades culturais;
- trabalhadores autônomos;
- mulheres, em especial chefes de famílias monoparentais;
- jovens em situação de risco.

Os setores de atividade priorizados são, entre outros, a multimídia e as tecnologias de informação, o turismo recreacional, o comércio eletrônico, as atividades burocráticas, as biotecnologias, os plásticos, os móveis e as madeiras trabalhadas.

Todos esses projetos, como se pode identificar, são financiados por diversos fundos, entre os quais o FLI (Fonds local d'investissement – Fundo Local de Investimento), que tem como objetivo desenvolver o emprego através de empréstimos, financiando empresas, nascentes ou em expansão, que exercem um efeito estruturador sobre a economia de seu bairro.

Em cada bairro, o comitê de parceiros locais definiu as orientações do Fundo e adotou uma política de investimento local. Cabe ao comitê de parceiros locais selecionar e aprovar os projetos. O processo deve ser ratificado pelo conselho de administração do CLD de Montreal. Para o período 1999–2000 foram concedidos empréstimos totalizando Can$ 1.774.020 a 67 projetos que, desse modo, contribuíram para criar 358 empregos, ao mesmo tempo em que geraram investimentos em um total de Can$ 11,5 milhões.[8] A Solide, capitalizada pelo Fundo de Solidariedade da FTQ, pela cidade de Montreal, pelo governo do Quebec e por seus parceiros locais, concedeu onze empréstimos, que permitiram a criação de 33 empregos. Pode-se dizer que é apenas o começo, pois é preciso aprender com a experiência quando se deseja fazer desenvolvimento local.

Por fim, mas não por último, ainda no período de 1999–2000, o Fundo para Criação de Emprego em Montreal, que cuida das empresas dos setores manufatureiros, ambiental, *design*, dos NTIC e da moda, gerou seis empréstimos para um total de Can$ 547 mil.

Quanto aos Círculos de Empréstimos, inspirados na experiência das tontinas[9] do oeste da África, eles buscam ajudar pessoas de baixa renda a criar suas próprias empresas. Entre 1999 e 2000 registrou-se a criação de 23 novos círculos, envolvendo 124 participantes. Dezesseis desses círculos receberam Can$ 22.100, em financiamentos de fontes diversas, que lhes permitiram auxiliar 88 pessoas. Sim, felizmente *ser pequeno é lindo*... pois é preciso reconhecer a fragilidade relativa desse tipo de intervenção. Diga-se que, neste caso, o que vale é a intenção, que todo gesto de solidariedade contribui para reduzir a exclusão social e que, no final das contas, essas intervenções se mostram mais valiosas do que aparentam ser.

[8] Pessimistas dirão que é uma gota d'água no oceano de empregos representado por Montreal.

[9] Um certo Tontini, de origem italiana, teria sido seu criador, no início do século XX, ao estimular as mulheres a se unirem para aplicar pequenas quantias em dinheiro, com o objetivo de facilitar o financiamento de iniciativas locais.

A ajuda à economia social

Os mandatários do CLD de Montreal são responsáveis, cada qual em seu bairro, por um auxílio financeiro destinado a projetos de economia social. Cada mandatário organiza um comitê de seleção, composto, em média, por seis membros, representantes dos meios comunitários. Desse modo, garante-se que pessoas da área escolham os projetos que devem ser apoiados. As quantias alocadas por projeto variam entre Can$ 25 mil e Can$ 75 mil; os projetos devem provar que são capazes de auto-financiar um valor mínimo de 20% do total de fundos concedidos. As prioridades setoriais escolhidas estão relacionadas:

- ao ambiente;
- ao turismo e à cultura;
- aos serviços comunitários ligados às necessidades individuais (alimentação, habitação, auxílio doméstico, cuidados pessoais).

Contudo, além das políticas, observam-se filosofias subjacentes, ou diversas maneiras de agir, dependendo das organizações envolvidas, que podem utilizar-se de definições mais ou menos amplas de economia social. Em 1998–1999, o fundo de economia social criado com a implantação do CLD forneceu mais de Can$ 600 mil a não menos que 31 empresas ou organizações, o que representa aproximadamente um terço dos fundos previstos para essa finalidade.

Deve-se ver aí uma insuficiência de autores de projetos, ou falhas no funcionamento das engrenagens administrativas, que ainda não giraram? As hesitações podem ser explicadas pela necessidade de os projetos apresentados provarem a existência de uma estrutura empresarial mínima, sem a qual não se pode falar de empresa? A exigência de taxação representa o principal obstáculo, o que explica o fato de, com o tempo, os grupos comunitários conseguirem financiar suas atividades em projetos que não geram uma fonte de renda autônoma.

É importante destacar que são observadas as necessidades de reconsideração ou consolidação em diversos bairros. O CLD não pode se limitar a apoiar as primeiras fases de um projeto sem ter certeza da existência de um apoio mínimo após o início, e toda a problemática do financiamento da economia social deveria ser reconsiderada (CDL de Montreal, 1999).

As CDEC: lobby e busca dos empregos perdidos

Com a implantação dos CLD, as oito CDEC de Montreal se tornaram representantes do CLD de Montreal (eles não teriam aceitado se transformar em CLD não apenas para não cortar as fontes de renda de origem federal, mas também para não ficar sob uma dependência muito grande do Ministério das Regiões). É importante destacar que eles não desejam ser apenas prestadores de serviços para os arrecadadores de fundos, e sim órgãos do governo local, organizações solidárias com um papel unificador. Em razão de um acordo com o Ministério do Estado na metrópole, eles devem implantar um plano de ação (Placee), com duração prevista de três anos. Como exemplo, veja-se as três CDEC mais antigas.

O Placee da CDEC de Mercier/Hochelaga-Maisonneuve se baseia em impedir a exclusão e a pobreza. Compreende três grandes eixos de intervenção estratégica: o fortalecimento dos indivíduos e da comunidade do território, o acordo e a parceria dos principais atores socioeconômicos, a valorização da empresa e do empresariado e, especialmente, do empresariado social (criação de empresas de economia social). Para alcançar esse objetivo, foi necessário reunir diversos parceiros, dos quais não menos que 170 se reuniram por ocasião de um encontro com o tema "Trabalhar Juntos" (*Travailler ensemble*).

Por seu lado, a CDEC Centro-Sul/Plateau Mont-Royal criou um Placee compreendendo não menos que 33 recomendações, que se tornaram possíveis graças à colaboração com os três Centros Locais de Serviços Sociais do Território (Centres Locaux de Services Sociaux du Territoire), coordenados pelo Centro de Intervenção para a Revitalização dos Bairros (Centre d'Intervention pour la Revitalisation des Quartiers). Essa atitude permitiu a identificação das condições territoriais, tanto em relação à clientela/parceria, quanto ao setor geográfico ou o setor econômico.

Para concretizar o projeto, foram reunidos mais de oitenta atores da região, no âmbito de diversos acordos setoriais. Esses atores pertencem aos setores comunitário, cultural, de empregabilidade, negócios e empreendedorismo e cooperativas. Isso possibilitou a formulação de recomendações relativas às empresas e ao empreendedorismo, ao trabalho autônomo, à mão-de-obra e ao emprego, contando com a participação de 128 atores.

Por sua vez, a CDEC do sudoeste pôde contar com a participação de quinhentas pessoas, quando do lançamento do seu plano de ação, cuja peça-chave engloba um programa de desenvolvimento da mão-de-obra. Uma iniciativa que foi seguida por um outro encontro, denominado Decisão Sudoeste (Décision Sud-Ouest), que reuniu mais de duzentos atores socioeconômicos do bairro.

Após quinze anos de atividade, as CDEC parecem estar bem implantadas no cenário socioeconômico da principal metrópole do Quebec. Elas pretendiam estar no início das correntes de transmissão entre os diferentes níveis do governo e as populações locais, que seus programas buscavam reunir, para oferecer uma solução a alguns dos seus problemas. A leitura de seus relatórios anuais destaca a gama de atividades completadas ou em andamento. Se seus responsáveis se interessam pelos desempregados, de acordo com toda evidência, eles não ficam desempregados. Isso significa que as CDEC se tornaram atores indispensáveis? Significa, ainda, que as instâncias governamentais não poderiam dispensar seus serviços para estimular pelo menos o desenvolvimento socioeconômico dos bairros desfavorecidos? Considerando-se que as importantes quantias disponibilizadas para estimular a criação de empregos não são integralmente utilizadas, obtém-se pelo menos um princípio de resposta para essas perguntas? Ou, ao contrário, apesar das lacunas inevitáveis, deve-se concluir que, se elas não existissem, seria preciso inventá-las?

Em um contexto crescente de globalização, que torna muito mais complexa a capacidade dos governos centrais de regulamentar as economias nacionais, lançar mão de organizações com mandato para estimular o desenvolvimento local não parece mais pertinente do que nunca? No entanto, nos Estados Unidos, onde há não menos que 3 mil corporações de desenvolvimento comunitário, das quais algumas serviram como inspiração para as primeiras CDEC, o resultado é questionado.

Na verdade, sempre se quererá saber se os empregos anunciados não teriam sido criados através de outros canais. É muito fácil fingir ter contribuído para criar ou proteger centenas de empregos quando, às vezes, as intervenções se limitam a uma rápida visita por parte de um dirigente de empresa. Além disso, não se pode avaliar o valor das intervenções dessas organizações apenas levando em consideração o número de empresas criadas ou o número de empregos gerados. Essas organizações são chamadas a desempenhar um papel educativo muito valioso. E, em conseqüência, suas intervenções devem ser avaliadas de maneira favorável, visto que impedem que projetos ruins sejam implementados, correndo o risco de que seus autores voltem várias vezes ao tema, para poderem realizá-los com sucesso algum dia. Infelizmente tais ações, por mais benéficas que sejam, dificilmente aparecem em um relatório anual.

Se as CDEC de Montreal não estão condenadas ao desaparecimento, devem esse fato à influência que alcançaram junto aos poderes políticos, através dos anos. Que prefeito ou que ministro pode se permitir deixar de aparecer diante dos seus dirigentes em uma ocasião a ser fotografada para um jornal diário ou semanal, ou, ainda, que se transforme em manchete nos noticiários da televisão local?

Outras corporações de desenvolvimento econômico comunitário[10]

A CDEC de Hull

Esta CDEC está na origem de uma iniciativa do Comitê para o Ressurgimento da Economia e do Emprego (Comité pour la relance de l'économie et de l'emploi) da região metropolitana de Outaouais, em 1995, baseado em um estudo da equipe de pesquisadores da Universidade do Quebec em Hull (Université du Québec à Hull). Sua missão é garantir que a população assuma a responsabilidade a respeito do desenvolvimento econômico e social dos bairros des-

[10] Uma pesquisa no Toile do Quebec permitiu encontrar os sites de quinze CDEC, de um total de 23. A maioria está localizada no meio urbano.

favorecidos de Hull/Aylmer, com o objetivo de melhorar suas condições e seu estilo de vida. Para consegui-lo, a CDEC estimula o auxílio a subempregados e o renascimento dos bairros desfavorecidos, além de incentivar um maior controle do próprio destino por parte da população. Espera-se chegar a esse objetivo através da promoção de um esforço coletivo do empresariado local.

O esforço coletivo a que se fez referência pretende ser uma ferramenta de desenvolvimento para o território. Desse modo, o trabalho é feito em diversas áreas de atuação, no seio das comunidades locais: família, escola, emprego e empresas locais, formação da população residente, revitalização do centro urbano em colaboração com a municipalidade, e o uso máximo dos programas públicos de desenvolvimento local e de formação de mão-de-obra. Mais uma vez, a inspiração é a experiência americana e a das CDEC de Montreal. Espera-se, assim, mostrar que é possível inverter o ciclo de mudanças, do negativo para o positivo.

A CDEC de Sherbrooke

Como em outros lugares, durante os últimos anos, a região de Sherbrooke sofreu perdas significativas de postos de trabalho, devido à racionalização dos serviços públicos e ao fechamento de algumas grandes empresas. Além disso, ela recebe uma parte importante dos desempregados da região, que saem do meio rural de origem, esperando encontrar trabalho na cidade. Portanto, constata-se que o desemprego e a pobreza atingem cada vez mais os sherbrooquenses. A pobreza é acompanhada por uma diversidade de males que preocupam muito o conjunto dos interventores, e que assumem diferentes formas: fome, situações de risco, abandono ou fracasso escolar, violência, uso de drogas, suicídios etc.

O elemento iniciador aconteceu em 1995, com o projeto Chaves (*Clés*), implantado no território da cidade de Sherbrooke, para levantar um quadro da situação, consultar os interventores e elaborar um plano de ação, com a finalidade de estimular uma parceria para o desenvolvimento econômico da comunidade sherbrooquense. Ao mesmo tempo, foi iniciado um projeto-piloto em duas unidades próximas, para demonstrar concretamente o tipo de desenvolvimento preconizado. O objetivo era mobilizar os líderes locais, os grupos do meio e, por fim, os cidadãos, para que agissem em favor de uma revitalização social e econômica do seu ambiente, tomando as iniciativas concretas com as próprias mãos, apoiados por diversos parceiros internos e externos à comunidade, como ocorre em todas as estratégias de desenvolvimento local.

Em junho de 1988, ao final dos trabalhos realizados pelo projeto Chaves, a assembléia da fundação elegeu um conselho de administração representativo do conjunto de parceiros do meio. Desse momento em diante, toda a região sherbrooquense se tornava o território de intervenção da CDEC. Sua missão foi a de promover a implantação de uma estratégia de desenvolvimento econômico participativo e da criação de empregos na MRC dessa região. Para realizar esse projeto, conta-se com a mobilização das forças presentes no meio, com a participação da comunidade e um conceito comum de desenvolvimento econômico.

A mobilização dos atores sociais se tornou possível graças a um procedimento em quatro fases. A primeira delas consistiu em envolver os líderes locais, levando-os a compartilhar os objetivos de revitalização do meio para criar empregos. Em seguida, veio uma operação de conscientização da comunidade sobre a situação socioeconômica do bairro, para estimular uma necessidade de reação, suscitando um maior envolvimento dos interventores. Em uma fase posterior, restou escolher projetos concretos e implantá-los, com o auxílio de um comitê de ação, apoiado por diferentes parceiros. De acordo com as exigências do planejamento estratégico, uma última fase consistiu em avaliar os projetos realizados, para realizar os ajustes necessários, ao mesmo tempo em que estimulava a implantação de novos projetos.

A CDEC de Laval

Essa CDEC é o resultado de um longo processo, que teve origem no início dos anos de 1970, quando foi criada uma Assembléia das Organizações Sociais de Laval para Assuntos Sociais (Assemblée des Organismes Sociaux de Laval des Affaires Sociales), como conseqüência da fusão de quatorze pequenas municipalidades. Cerca de oito anos mais tarde, a organização foi alterada, adotando um objetivo maior, que era a melhoria da qualidade de vida em Laval.

Bem mais tarde, em 1994, após ter sido transformado em Comitê das Organizações Sociais (Comité des Organismes Sociaux) e ter contribuído para a implantação do Conselho Regional de Desenvolvimento de Laval (Conseil Régional de Développement-Laval), ele veio a se interessar pelo planejamento estratégico.

No ano seguinte, a organização se transformou em CDEC. Essa passagem não foi feita sem problemas, pois foi necessária uma moratória de dois anos. Finalmente, foi possível adotar um plano de ação surgido da colaboração de um número maior de organizações comunitárias. Suas diretrizes testemunham o desenvolvimento de um sentimento de pertença a CDEC de Laval e de reassumir valores comunitários, que se refletem nos objetivos e nos meios de ação propostos em cada uma das suas escolhas.

A CDEC de Jonquière: os dois rios

Essa organização é resultado de uma necessidade expressa por diversas organizações comunitárias do território de Jonquière. Seu embrião surgiu com a preparação de uma feira comunitária, em outubro de 1989. Nessa ocasião, um grupo de trabalho composto por dez organizações apontou para a necessidade de uma reunião de tipo cooperativo, a fim de adaptá-la às suas necessidades e realidades. O nascimento da CDEC se deu durante o ano de 1991, com a assembléia de fundação. Depois disso, continuou a evoluir, tanto pelo aporte de suas equipes de trabalho, como pelo aumento constante no número de seus membros.

As organizações representadas pela CDEC atuam em diversos campos de atividade: saúde, serviços sociais, defesa dos direitos comunitários e educação popular. A CDEC estende seu dinamismo por todo o território de Jonquière, bem como pelas municipalidades rurais de Bégin, Larouche, Lac Kénogami, Shipshaw, Saint-Charles de Bourget e Saint-Ambroise. Como toda CDEC, a organização é uma estrutura de ajuda técnica, de preparação e de serviços por e para as organizações comunitárias. É o elo entre os atores de desenvolvimento social e os atores de desenvolvimento econômico. Responde às necessidades dos seus membros, ao mesmo tempo em que permanece atento às necessidades da população, visando, entre outros, aos seguintes objetivos:

- reunir o maior número possível de organizações, para melhor delimitar as situações, prioridades e necessidades relativas ao desenvolvimento local e à economia social;
- defender os interesses dos seus membros, garantindo uma representatividade e uma visibilidade constantes junto às instâncias públicas e aos cidadãos;
- propor um conceito de mudança social, baseado na melhoria da qualidade de vida das pessoas da comunidade e dos valores compartilhados por seus membros.

Entre outros exemplos, veja-se o que ocorre no Centro do Quebec e na Mauricie.

A "Corpo de Vito"

O fato ocorreu em Trois-Rivières, por ocasião de um encontro socioeconômico regional, cuja administração era determinada pelo partido Québécois. Nessa época, a elite comunitária de Victoriaville apresentou seu projeto-piloto.[11] Tratava-se da implantação de uma primeira corporação de desenvolvimento comunitário (além daquelas criadas em Bas-du-Fleuve-Saint-Laurent e na Gaspésie durante os anos de 1970), que serviria como exemplo para outras iniciativas similares em outras regiões.

Na época, e pelo menos durante cerca de quinze anos, Victoriaville foi vista como modelo comunitário. Nela, encontrava-se uma gama bastante variada de cooperativas e OSBL, voltadas para a satisfação de necessidades específicas, que nem o setor público, nem o privado, conseguiam resolver. Como costuma ser o caso, alguns líderes, a partir de sua experiência de longa data no Cris (Centre de Relèvement et d'Information Sociale – Centro de Reestruturação e Informações Sociais), organização criada em 1971, desejaram estruturar melhor suas intervenções. Sua idéia era unir o comunitário ao econômico, realizando o desenvolvimento local a partir de em-

[11] André Joyal teve o privilégio de se associar a esse projeto como conselheiro do setor comunitário, considerando-se seu envolvimento, na época, com pesquisas sobre economia alternativa.

presas comunitárias (cooperativas ou OSBL). Em um contexto de subemprego bastante elevado para a realidade do Quebec, seu projeto pretendia ser uma alternativa aos fracassos de dois importantes setores da economia (o setor público e o setor privado), diante do problema do desemprego. E, um ano mais tarde, a "Corpo de Vito" foi inaugurada com toda a pompa.

O desencanto veio rapidamente, com a ausência de portadores de projetos. Após um ano de atividades, bastavam e sobravam os dedos de uma mão para contar as novas cooperativas ou organizações de vocação comercial nascidas desse assim chamado projeto-piloto. Como no caso da primeira CDEC de Montreal, também inspirado nessa iniciativa, rapidamente compreendeu-se que era melhor promover a empregabilidade e se restringir ao que se sabia fazer melhor, ou seja, atividades comunitárias sem vocação comercial. E já era o bastante.

Hoje em dia, a Corporação de Desenvolvimento Comunitário de Bois-Francs (Corporation de Développement Communautaire des Bois-Francs – CDCBF), ou "Corpo de Vito", como é geralmente chamada, é um conjunto de organizações comunitárias que atuam em diversos campos de atividade, na região de Bois-Francs (MRC de Arthabaska). Sua missão é estimular a participação ativa do movimento popular e comunitário no desenvolvimento socioeconômico do ambiente. Como toda CDEC, os valores que o orientam são: a preocupação com um funcionamento democrático, o respeito pela dignidade das pessoas, o assumir coletivo de responsabilidades, a justiça social, a solidariedade, a autonomia e, naturalmente, a eqüidade.

Para fazer um bom trabalho, é preciso estar bem instalado. Uma oportunidade de ouro apareceu em 1988, quando a cidade de Victoriaville, após ter sido sensibilizada pelos problemas locais de diversas organizações comunitárias, cedeu à "Corpo" um edifício de aproximadamente 6 mil m^2, pelo valor simbólico de um dólar. O prédio foi batizado "Place Communautaire Rita-St-Pierre" (Praça Comunitária Rita-São Pedro), em homenagem a uma militante da região que participou da implantação de diversos serviços e organizações, sempre prontos a responder às necessidades do meio.

A "Corpo" é proprietária do edifício, e todos os seus membros, locatários ou não, participam das orientações dos desenvolvimentos. A Praça Comunitária reúne mais de 35 organizações de serviços para jovens, para mulheres vítimas de violência, incluindo até serviços de habitação, passando pela recuperação e pela reciclagem. O compartilhamento de informações, experiências e recursos é facilitado pela proximidade das diferentes organizações. Os serviços coletivos ali oferecidos, tais como centro de fotocópias, empréstimo de equipamentos audiovisuais, serviços de fax e locação de salas, beneficiam todas as organizações-membros. De fato, um longo caminho foi percorrido nos últimos trinta anos.

Esta frase de Raymond Roy, um pioneiro da ação comunitária em Victoriaville, resume bem o espírito desse ambiente: "A Praça Comunitária é a nossa PME, e demonstra nossa capacidade de sustentar nossas verdades".

A CDEC de Trois-Rivières (Ecof: Economia Comunitária de Francheville)

Uma organização popular dedicada à alfabetização, criada no final dos anos de 1980, foi a base para a criação desta CDEC em 1995.[12] Fiel à sua missão, a Ecof visa à melhoria das condições de vida das pessoas desfavorecidas ou de baixa escolaridade. Entre outros objetivos, essa CDEC busca:

- promover fórmulas alternativas de trabalho, que aliem a formação e a reinserção ao trabalho de pessoas pouco escolarizadas e/ou analfabetas, e a produção de bens e serviços úteis à coletividade;
- utilizar a organização comunitária como ferramenta de desenvolvimento econômico e social;
- promover o desenvolvimento econômico comunitário, inspirando-se em valores de solidariedade, justiça social e democracia.

Dessa maneira, a CDEC auxiliou no surgimento de diversas microempresas, bem como de algumas empresas de economia social, permitindo a geração de empregos estáveis na região. Esses

[12] Curiosamente, no início dos anos de 1990, por ocasião de uma visita de André Joyal, acompanhado por seus alunos de mestrado em PME e de suas representantes da "Corpo" de Victoriaville, que se uniram ao grupo e manifestaram pouco interesse pela abordagem que lhes foi apresentada.

empregos permitiram que pessoas mais ou menos escolarizadas exercessem um trabalho estimulante e valorizador. Como ilustração, cita-se:

- *LE TOUR D'Y VOIR* (A Torre de Visão): boletim comunitário criado com o objetivo específico de permitir ao movimento comunitário e social do Quebec receber, diariamente, por fax ou pela internet, informações sobre a conjuntura política, econômica e social do desenvolvimento comunitário atual.

- *ILLICO* (cooperativa de trabalho): esta organização tem como missão estimular o desenvolvimento da ação comunitária e a melhoria da camada social, através da oferta de serviços profissionais. Esses serviços têm como objetivo permitir que os diferentes interventores sociais aperfeiçoem suas ações. A cooperativa é especializada em formação adaptada e em animação, voltando-se para associações, cooperativas, organizações governamentais e as diferentes estruturas de desenvolvimento local e regional da comunidade.

- *CRÉATIONS DIEGO* (Criações Diego – cooperativa de trabalho): trata-se de uma cooperativa de trabalhadores que confeccionam roupas de médio e alto padrão para crianças de até 10 anos, a preços acessíveis. A cooperativa atua em três frentes: uma coleção lançada duas vezes por ano, distribuída em lojas de departamentos e em cadeias de lojas do Quebec, do norte de Ontário e nas províncias marítimas; conjuntos de presentes para crianças; produtos personalizados para creches e escolas.

- *BOUF'ELLES* (cooperativa de trabalho): neste caso, trata-se de um serviço de fornecimento de refeições criado pelas Cozinhas Coletivas (Cuisines Collectives), em colaboração com a CDEC. Os Bufês Bouf'Elles oferecem bufês frios para todas as ocasiões.

Uma visita ao site dessa CDEC permite tomar contato com outras iniciativas em andamento. Seus resultados não deixam de causar admiração, considerando-se o pouco tempo de existência dessa CDEC que, como os outros, soube se posicionar, de maneira eficaz, no nicho da economia social.

Embora sem desejar criticar as realizações de alguns dessas CDEC além dos limites da cidade, é preciso reconhecer que eles atuam preferencialmente no nível do desenvolvimento comunitário, tal como definido no primeiro capítulo, e não no campo do desenvolvimento local propriamente dito. Sabendo que a empresa privada, em um quadro de intervenções de parceria, está no centro de toda estratégia de desenvolvimento local, tal como concebido nesta obra, as três seções seguintes oferecem um exemplo disto.

Sociedade de Desenvolvimento Angus (Société de Développement Angus – SDA): um belo exemplo de desenvolvimento local

Localizadas no bairro montrealês de Rosemont-Petite-Patrie, as Usines Angus, proprietárias do Canadien Pacifique, empregavam cerca de 6 mil operários durante os florescentes anos do pós-guerra, mas estes eram pouco mais de mil na época de seu fechamento, no início dos anos de 1990. Era preciso transformar o local. Os antigos proprietários tinham seu conceito, e a CDEC Rosemont-Petite-Patrie não demorou a ter o seu, e a se revelar um ator de primeira linha. Desde 1992 ele tinha uma participação prioritária, e esteve na origem da criação da SDA.

Desse modo, o projeto de transformação de uma grande área industrial abandonada assumiu rapidamente a forma de um projeto de revitalização socioterritorial. Foi uma iniciativa que levou os colegas Klein, Fontan, Tremblay e Bordeleau a escrever que os atores socioeconômicos locais puderam desenvolver uma consciência territorial, ao estimular a associação, a parceria e o desenvolvimento local (Klein *et al.*, *apud* Sénecal & Saint-Laurent, 2000). A ação da SDA se baseou em dois estudos, que propuseram um conceito visando à criação e ao apoio às PME, graças aos recursos obtidos através de um primeiro plano estratégico e um primeiro esquema de organização. Desse modo, desejando não apenas depender do jogo de forças do mercado, a SDA adotou uma estratégia apoiada em quatro elementos: orientação setorial, uso de mão-de-obra local, clientela formada pela base das PME, e uma gestão comunitária da propriedade do solo.

Como costuma ser o caso, para que nasça uma iniciativa, é preciso um ponto privilegiado para poder mirá-la. A implantação de uma tecnópole ambiental resultou desse olhar privilegiado da iniciativa local. No início, apenas as empresas inovadoras da indústria ambiental estavam na mira da SDA. Como também sempre é o caso, o tempo obriga o uso da sutileza nessa seleção e, assim, foram incluídas empresas que respeitam o meio ambiente, e não apenas as produtoras de tecnologia ambiental. Desse modo, no final do século, 50% da superfície alugável estava ocupada por cinqüenta empresas.

O que hoje em dia é designado como tecnópole Angus representa um projeto de desenvolvimento local baseado na representatividade da comunidade. Dentro da SDA encontram-se parceiros financiadores, como Investissement-Québec, SNC-Lavallin, Fond Action, Mouvement Desjardins e o Fundo de Solidariedade dos Trabalhadores do Quebec (Fonds de solidarité des travailleurs du Québec).

A missão da SDA é constantemente supervisionada pela CDEC, que tem direito de veto sobre a gestão da tecnópole. Como destacam os pesquisadores da UQAM, a tecnópole Angus é o resultado de uma estrutura de governança erguida pela mobilização comunitária. Além disso, esse projeto testemunha uma nova forma de ação coletiva, que demonstra que o desenvolvimento local não se limita a recorrer apenas aos recursos locais. Ele seria parte de uma nova onda de movimentos sociais, que tendem a criar condições para a implantação de uma governança local dos projetos de desenvolvimento. Entretanto, ainda há muito a fazer para compensar os milhares de empregos perdidos com o fechamento das fábricas Angus.

De uma tecnópole a “outra”: A Tecnópole de Vallée du Saint-Maurice

Nascida igualmente de um movimento coletivo, decorrente de uma mobilização de forças vivas, organizada em 1999 pelo antigo prefeito de Trois-Rivières, a tecnópole Vallée du Saint-Maurice surgiu quando pareceu ser fundamental preparar a entrada da cidade de Laviolette no século XXI. Ela assumiu como missão estimular a expansão econômica da Mauricie, por meio de apoio aos resultados da pesquisa científica e do desenvolvimento tecnológico da Mauricie, apoiando-se na sinergia dos parceiros do seu meio. Seu conselho administrativo compreende representantes locais das grandes empresas, das PME, de centros de pesquisa, de instituições de ensino superior e de organizações de desenvolvimento econômico.

Seis eixos específicos estão na base de sua ação:

- **pólo metalurgia:** o desafio consiste em se beneficiar da presença de algumas grandes empresas para desenvolver a indústria de 2ª e 3ª gerações;
- **pólo biotecnologia:** pensa-se nas biotecnologias ambientais, nutricêutica, agroalimentar e nanotecnologias;
- **pólo energia e ambiente:** pretende-se transformar a Mauricie em uma zona de vanguarda no que se refere à energia e ao ambiente;
- **pólo tecnologia de papel e celulose:** espera-se deter o declínio dessa atividade (associada ao século XX), através da diversificação de seus produtos;
- **pólo material de transporte:** sem invejar ou imitar a região metropolitana, espera-se que seja possível tirar proveito dos progressos do setor aeroespacial;
- **pólo tecnologia da informação e das comunicações:** a presença de duas empresas de grande envergadura na Mauricie (Cogeco e BCE), dispostas a trabalhar em conjunto com as PME da região, permite vislumbrar vários caminhos possíveis.

Contudo, diferentemente da tecnópole Angus, trata-se aqui de uma tecnópole virtual,[13] que tem como função principal apoiar projetos de empresas emergentes. Como qualquer organismo de apoio, a tecnópole acompanha o autor do projeto em todas as etapas: elaboração da idéia do projeto, avaliação dos fatores de risco, conside-

[13] À imagem daquela de Uberlândia (MG).

ração da propriedade intelectual, plano comercial, busca de financiamento e a implantação.

Verdun: outro belo exemplo de desenvolvimento local

O exemplo a seguir, freqüentemente destacado pelo movimento "Cidades e aldeias de saúde" (Villes et villages en santé), surgiu no início dos anos de 1990 (Grenier, Prévost & Garon, 2000). Situada na região sudoeste de Montreal, a cidade de Verdun,[14] com cerca de 60 mil habitantes, conheceu um declínio considerável nas três últimas décadas do século passado. Com um nível elevado de famílias monoparentais, a pobreza se disseminou rapidamente. Portanto, era preciso reagir, e a síndrome do "isso não pode continuar assim" se manifestava cada vez mais.

Após um ano de entendimentos, as forças vivas locais constituíram o Fórum Econômico de Verdun (Forum Économique de Verdun) que, como sempre acontece quando ocorre a adoção de uma estratégia de desenvolvimento local, serviria como elemento de união. Sua primeira iniciativa, de acordo com o esquema clássico, foi organizar um colóquio com o tema Energia Nova, Conjunto (Énergie Nouvelle, Ensemble). O evento reuniu 150 participantes, incluindo representantes eleitos e pessoas do mundo dos negócios, com o objetivo de facilitar o consenso entre as diversas instituições locais. Quatro temas foram abordados: economia, educação, desenvolvimento urbano e saúde. Buscando desenvolver uma visão positiva da comunidade, o colóquio buscou ser um primeiro passo visando a obter uma mobilização duradoura voltada ao desenvolvimento local de Verdun. Cinco anos mais tarde, a organização conseguiu reunir cerca de quinze organizações dos setores público, privado e comunitário.

Nesse meio tempo, foi aceito um conjunto de projetos agrupados em quatro categorias: projetos ambientais, projetos permanentes ou em vias de se tornar permanentes, iniciativas na região do sudoeste de Montreal e as iniciativas da comunidade. Entre os pro-

[14] Anexada à cidade de Montreal desde o final de 2001.

jetos permanentes, está o Info-PME Verdun, destinado a auxiliar as empresas locais, e a Fundação do Desenvolvimento Local (Fondation du Développement Local), que reúne homens de negócios interessados em desenvolver laços de solidariedade mais fortes.

Por fim, entre as iniciativas do meio, vale a pena destacar a criação, em 1994, de um posto de agentes de desenvolvimento local, que atua como facilitador de projetos de todo tipo da Sociedade de História de Verdun (Société d'Histoire de Verdun), para a formação de um grupo de teatro, auxiliando na implantação de um ponto de encontro que estimule o intercâmbio entre residentes e empresários da Île des Soeurs.[15]

Dessas diversas iniciativas, deduz-se que, em Verdun, foi feito um esforço coletivo que levou à redução da exclusão, em favor do aparecimento da cooperação entre uma gama variada de parceiros. Favoreceu-se o crescimento econômico através de uma maior competitividade local e de mudanças estruturais passíveis de aumentar a autonomia local. Restaria ver ainda como ocorreria a entrada em cena do CLD.

Foi visto no capítulo anterior que, em determinadas cidades de média importância, essa nova estrutura foi aceita com ceticismo, havendo mesmo certa desconfiança e resistência considerando o sucesso obtido pelas instituições já existentes. Terá ocorrido o mesmo em Verdun? Não parece ter sido o caso, na medida em que se soube respeitar a missão e as aquisições, principalmente no que se refere à experiência do Fórum que antecedeu sua existência. Resta esperar que a obtenção de um financiamento permanente não coloque em risco o processo que caracteriza a iniciativa desse organis-mo, uma vez que será submetida ao Ministério das Regiões, ou que os agentes de desenvolvimento não se transformem em simples gestores do desenvolvimento local.

[15] Trata-se de um bairro muito charmoso de classe média alta, localizado em uma ilha muito próxima do centro de Montreal, no qual reside atualmente André Joyal.

5

O desenvolvimento local em ambiente rural

É somente enquanto universais que podemos conhecer e amar nossa aldeia.
Tolstoi

No ano 2000, no Quebec, 1.249 das 1.554 municipalidades existentes eram classificadas como rurais. Entre elas, um terço estava em uma situação considerada satisfatória, outro terço mediana, e um último terço estava bastante fragilizado.[1] Na primeira categoria encontram-se as famosas "cidades prósperas" identificadas, pela organização Solidariedade Rural (Solidarité rurale), entre as quais se encontram Saint-Cyprien, no Bas-Saint-Laurent ou Saint-Narcisse, na Mauricie.[2]

---

[1] C. Valiquette, em mesa-redonda do Carrefour québécois du développement local Centre-St-Pierre, Montréal, 15 juin/2001.

[2] Sua história é apresentada no vídeo nº 6 da interessante série da Fundação do Empresariado para o Desenvolvimento Local (Fondation de l'Entrepreneurship sur le Développement Local).

Redução na ocupação agrícola e esvaziamento do meio rural: a realidade brasileira atual

No Brasil, a tendência de esvaziamento do meio rural é cada vez maior. No ano de 2000, menos de 20% da população era considerada rural (dados do Censo IBGE/2000). Em regiões mais industrializadas, como é o caso do estado de São Paulo, esses números são ainda menores, chegando a 6,6%. Essa redução, algumas vezes vista como uma perda, na maior parte dos casos é encarada como um sinal de progresso.

Desde 1996, constituíram-se mais de mil comissões municipais de desenvolvimento rural no interior do país, conforme apontado por Abramovay (2000). Ainda não existe uma avaliação rigorosa de seu desempenho, mas apesar da previsível precariedade, essas comissões estão voltadas para o aproveitamento dos recursos locais e regionais.

Dado que grande parte dos municípios com maior índice de desenvolvimento humano é eminentemente rural, não existe qualquer razão para que o meio rural seja associado à idéia de que nele permanecem apenas os que não conseguem se aventurar em direção às cidades.

Apesar da constatação, por parte da OCDE, de que a ocupação agrícola encontra-se em queda relativa em alguns casos, e em queda absoluta, na maior parte deles, algumas regiões rurais fazem parte das zonas mais dinâmicas do interior dos países-membros da OCDE. Além disso, o dinamismo de certas regiões rurais demonstra que a ruralidade não é em si um obstáculo para a criação de empregos.

Conforme aponta Abramovay (2000), no Brasil há um vício de raciocínio – generalizado, aliás, nas ciências sociais contemporâneas – em relação à maneira como se definem as áreas rurais. Segundo a definição do IBGE, as áreas rurais são aquelas que se encontram fora dos limites das cidades (cujo estabelecimento é prerrogativa das prefeituras municipais).

Assim, o meio rural corresponde aos remanescentes ainda não atingidos pelas cidades; sua emancipação social passa a ser vista – de maneira distorcida, evidentemente – como "urbanização do campo". Que essa visão tenha prevalecido quando o pensamento social voltava-se fundamentalmente ao processo de industrialização, é bastante compreensível. Hoje, porém, não deveria mais ser aceita, em condições normais. Porém, não é só no Brasil que isso acontece. Vários países continuam a aceitar esse tipo de critério para definir o meio rural, seja por tradição, seja por dificuldade para estabelecer outro critério mais adequado, seja por comodidade.

Experiência diária da ruralidade: uma tendência quebequense atual

Bruno Jean menciona que cerca de um quarto da população quebequense vive a experiência diária da "ruralidade", de acordo com os três critérios abaixo:

- um tipo específico de sociabilidade, atribuída à fragilidade dos efetivos demográficos (critério sociológico);
- uma forma particular de relação com o espaço, devido a uma baixa densidade populacional (critério geográfico);
- um tipo específico de modo de vida, típico das pequenas coletividades.

Ele assinala ainda que a ruralidade na literatura científica apresenta os seguintes traços: relações interpessoais estreitas, tradição de solidariedade, acolhida e ajuda mútua, grande cuidado com o patrimônio, estreita relação com o ambiente natural, forte sentimento de identidade e diversidade das culturas rurais (Jean, 2001). Essas razões permitem compreender que o desenvolvimento local, tanto na França como no Quebec, surgiu no meio rural. E, apesar das inserções no meio urbano, como demonstrado no capítulo anterior, é sempre o meio rural que apresenta as manifestações mais promissoras.

Dos dois lados do Atlântico, em meio aos acontecimentos de maio de 1968 – quando era possível se dar ao luxo de contestar uma sociedade que corria o risco de morrer de tédio, para não morrer de fome – assistiu-se a um movimento de volta às raízes. O Larzac[3] e a Gaspésie abriram os braços para aqueles que buscavam "viver e trabalhar

[3] Região que acolheu José Bové, que trocou o asfalto parisiense pelos verdes pastos que o inspiraram a se tornar militante antiglobalização.

de um jeito diferente". A perda das ilusões e as exigências do modelo "queijo de cabra"[4] fizeram retornar à cidade os mais ingênuos e os menos convencidos. Na França, seria preciso aguardar a chegada da esquerda ao poder, com suas leis de descentralização, que permitiram, em 1982 e em 1984 os "Encontros de Aurillac" (Rencontres d'Aurillac), organizados pelo prefeito René Souchon, para que o desenvolvimento local conhecesse um verdadeiro impulso, através do *slogan* "Viver e Trabalhar no Campo" (Vivre et Travailler au Pays).

Bem antes, no início dos anos de 1970, houve as Operações Dignidade (Opérations Dignité), organizadas por jovens padres da região do Bas-Saint-Laurent. Esse movimento assumiu a forma de uma reação contra uma estratégia de desenvolvimento elaborada pelo poder central. Desejava-se provar que o desenvolvimento vindo de baixo não era uma utopia. E, de fato, foi graças ao desenvolvimento comunitário que se estimulou a criação de um conjunto de corporações dedicadas ao estímulo de um desenvolvimento integrado dos recursos através de uma fórmula cooperativa. A aventura, sob esse formato, durou uma década, dando lugar às privatizações, que deram um aspecto mais tradicional ao programa de criação de empregos originado anteriormente. Nesse quadro, tanto nessa região como em outras partes do Quebec e do Canadá, foram implantados os primeiros CADC (antes de se tornarem SADC em 1995). Nesse meio tempo, o mundo rural foi ganhando um novo aspecto.

A nova economia rural

Não existe uma definição universalmente consagrada de meio rural e seria vã a tentativa de localizar a melhor entre as atualmente existentes. Para a América Latina, o rural não é definido por oposição às cidades, mas sim em relação a elas. O meio rural inclui o que normalmente se chama de "cidades" em proporções que variam segundo as diferentes definições, criando o que se pode chamar de "cidades rurais". A conexão às redes metropolitanas – que é uma das características centrais dos espaços rurais dinâmicos – é vista, nesse caso, como sinônimo de desruralização.

[4] Os pioneiros do retorno ao campo, no final dos anos de 1960, iniciaram a criação de cabras, passando a prouzir leite de cabra e seus derivados.

Todo o esforço atual está na procura das relações entre as regiões rurais (que não podem ser definidas como as que se encontram em campo aberto, fora dos limites das cidades) e as cidades das quais dependem. Se o meio rural se constituir apenas naquilo que vai restando das concentrações urbanas, ele poderá, no máximo, receber políticas sociais que compensem a sua inevitável decadência e pobreza. Se, ao contrário, as regiões rurais tiverem a capacidade de preencher funções necessárias a seus próprios habitantes e às suas cidades vizinhas, então a noção de desenvolvimento poderá ser aplicada ao meio rural (Abramovay, 2000).

Tornou-se lugar-comum afirmar que os moradores do campo não são mais o que eram, ou seja, agricultores antes de mais nada. Em todos os países industrializados, esses últimos representam menos de 20% da população rural. Naturalmente, essa mudança resulta da consolidação de fazendas cada vez maiores e mais produtivas, a que se soma a chegada dos "neocamponeses" às regiões rurais pouco afastadas dos grandes centros. Essas pessoas mantêm seus empregos no meio urbano e suportam o desconforto dos deslocamentos diários ou, como é freqüente na França e nos Estados Unidos, iniciam novas atividades ligadas aos setores secundário e terciário. Isso ocorre no momento em que, nas regiões periféricas, o fechamento de minas, que se tornaram menos competitivas, acompanhado de uma redução das atividades florestais, leva a questionamentos sobre o futuro dessas regiões, ditas fontes de recursos.

Todas essas mudanças suscitam um questionamento sobre a evolução da coesão social no meio rural, um tema que a Fundação Canadense de Diversificação Rural (Fondation Canadienne de Diversification Rurale) elegeu como uma das suas principais preocupações.[5] Por seu lado, bastante ciente das importantes mudanças em andamento, o organismo Solidariedade Rural (Solidarité Rurale) exige desde a consulta de 1999, em alto e bom tom, a implantação de uma política rural que leve em consideração que, como diz seu porta-voz Jacques Proulx, "ver os meios rurais apenas como regiões de recursos é propor que sua viabilidade e seu desenvolvimento se reduzam à estrita exploração de seus recursos naturais. Essa é a pedra angular das economias coloniais" (Proulx, 2001).

[5] http://nre.concordia.ca.ca

Para a Solidariedade Rural, uma política quebequense de desenvolvimento rural deve assumir diferentes formas:

- **global:** levar em conta ao mesmo tempo a dimensão econômica, a vida social e cultural, a prestação de serviços, as infra-estruturas e o meio ambiente das áreas rurais;
- **territorial:** sem ser exclusivo, o nível da MRC surge como o mais adequado;
- **solidário:** no nível do território, todos os atores devem trabalhar em parceria;
- **endógeno:** a política deve se basear nos dinamismos locais, trabalhando com o desempenho e a responsabilidade de todos os interventores.[6]

Assim, que forma deve assumir essa política rural, ou quais devem ser seus objetivos? Quanto a isso, Bruno Jean não poderia ser mais claro. Uma política rural deve basicamente:

- apoiar o desenvolvimento da capacitação das comunidades (comumente designada pela expressão inglesa *capacity building* – capacitação);
- fortalecer a administração local das comunidades;
- substituir os programas de assistência, que levam à dependência, por uma verdadeira solidariedade;
- manter os serviços de proximidade e a acessibilidade a outros serviços da sociedade moderna;
- acelerar a valorização das características rurais e preservar o meio ambiente;
- adotar uma Constituição da Ruralidade, que definiria os direitos dos camponeses e obrigaria o Estado a submeter todos os projetos de lei a uma instância que avaliaria seus impactos no meio rural. Como tal dispositivo existe em Montreal, não há motivo para que as demais regiões rurais não o tenham (Jean, 2001).

[6] *Avis pour une politique gouvernementale de développement rural,* www.solidariterurale.qc.ca

O Ministério das Regiões prometeu pôr em vigor uma lei desse tipo na primavera de 2000, que finalmente foi adotada em dezembro de 2001, para grande satisfação da Solidariedade Rural. A falta de confiança de alguns altos funcionários, assim como o fato de que se prefere falar de regiões que de ruralidade, atrasaram sua adoção. Há muito a fazer e, felizmente, apesar da ausência de tal política, ocorrem fatos interessantes, principalmente no que se refere ao surgimento de PME de nível mundial.

Ruralidade e sua relação com a natureza

Existe uma grande convergência na literatura internacional atual sobre alguns aspectos básicos do meio rural, como: a relação com a natureza, a importância das áreas não densamente povoadas e a dependência do sistema urbano. Há crescentes evidências de que os domicílios rurais (agrícolas e não-agrícolas) engajam-se em atividades econômicas múltiplas, mesmo nas regiões menos desenvolvidas. O "Projeto Rurbano", que é uma das mais importantes contribuições para a renovação dos estudos rurais brasileiros, por questões operacionais se apóia na definição de áreas rurais do IBGE (Abramovay, 2000), conforme já mencionado no Capítulo 4.

Desenvolvimento rural é um conceito espacial e multissetorial e a agricultura é parte dele. Assim, torna-se fundamental entender o verdadeiro significado do espaço rural nas sociedades contemporâneas. A ruralidade supõe, de maneira efetiva, o contato muito mais imediato dos habitantes locais com o meio rural, quando comparado com o contexto predominante nos centros urbanos.

O desenvolvimento rural norte-americano passou por alguns momentos básicos. Na formação histórica do país, beneficiou-se dos recursos que gozavam de uma vantagem em termos de localização: terra, florestas e mineração. Durante os anos de 1960 e 1970, a vantagem comparativa do meio rural mudou dos recursos primários para fatores como terra barata, trabalho de baixo custo, regulamentações flexíveis e sindicatos fracos ou inexistentes. Essas vantagens estimularam uma expansão significativa da manufatura no meio rural norte-americano. A partir dos anos de 1980, inicia-se uma nova fase, em que os valores relativos a amenidades (importantes para aposentados e pessoas em férias) passam a ter uma importância decisiva.

Na Europa, a associação entre ruralidade e espaços naturais é ainda mais forte. Um estudo do Ministério da Agricultura da Holanda mostra que é necessário não apenas minimizar os impactos ambientais das práticas agrícolas dominantes, mas também tentar apoiar e promover os benefícios ambientais que podem resultar da agricultura, como a forma de uso do solo. O meio rural é visto cada vez menos, na Europa, como espaço fundamentalmente produtivo. Da população francesa urbana, 72% considera que o campo é mais uma paisagem que um local de produção, posição compartilhada por 61% daqueles que vivem no meio rural.

Os países do Hemisfério Sul, segundo Abramovay (2000), não poderiam se dar ao "luxo" de levar em conta os temas da natureza ambiental em suas estratégias de desenvolvimento rural. Porém, um documento brasileiro da Agenda 21 põe francamente em dúvida esse pressuposto, apontando que são cada vez mais freqüentes em todo o país as iniciativas voltadas para a preservação dos recursos necessários à continuidade da produção agropecuária. Além disso, vêm surgindo, de maneira muito significativa, diversas iniciativas de ações locais que visam à preservação ambiental, independente da sua influência imediata sobre a produção agropecuária.

Assim, à medida que a noção de ruralidade incorpora o meio natural como um valor fundamental que deve ser preservado (e não como um obstáculo que o progresso agrícola deve fatalmente remover), as políticas e as práticas produtivas voltadas para a exploração da biodiversidade vão obtendo cada vez mais espaço entre as políticas públicas e as iniciativas privadas no contexto rural. Isso nos conduz a transformações sociais que levam a uma redefinição do que é o meio rural, conforme observa Ortega (1996).

Desenvolvimento local e PME em meio rural

Diante de uma organização responsável pelo desenvolvimento local de uma microrregião rural de Ontário, um cartaz de publicidade mostra: "A dez minutos de casa; a dez segundos de Tóquio". Sim, "a um clique de mouse" do mundo inteiro, pode-se dizer. E, de fato, as distâncias não importam mais. As antigas teorias sobre desenvolvimento regional, que faziam do preço do frete um dos principais fatores de localização, fazem parte do passado.

As regiões distantes, graças às novas tecnologias e à abertura dos mercados, recebem novas oportunidades. Ao contrário do que alguns afirmam, o desenvolvimento local não apenas é possível em um contexto de globalização da economia, como se tornou, ao mesmo tempo, mais fácil e, acima de tudo, necessário. As regiões periféricas devem aprender com as mudanças ocorridas nos últimos anos, que permitem ver algumas PME com alto valor agregado prosperarem em lugares onde sequer podiam ser imaginadas em meados dos anos de 1980.

A grande mobilidade espacial do meio rural é destacada por Hervieu e Viard (1996), ao afirmarem que não há urbanos ou rurais, mas sim pessoas que moram na cidade ou no espaço rural. Segundo eles, viver no campo não é mais que pertencer a um povoado comunitário com tudo o que isso comportava em termos de regras partilhadas, de restrições coletivas, de memória comum e também de fechamento na lei do grupo.

Hoje existe uma mobilidade cotidiana, que faz, por exemplo, que os deslocamentos diários entre domicílio rural e local de trabalho urbano atinjam mais de 2 milhões de trabalhadores nas comunas periurbanas e 750 mil nos espaços predominantemente rurais na França. Nos Estados Unidos, em 3/4 dos condados não-metropolitanos, 35% dos habitantes saem do local onde moram para trabalhar em outros lugares. Esse trânsito diário não se restringe às áreas metropolitanas: no nordeste dos EUA, 76% da população trabalham fora do seu local de residência, nos aglomerados não-metropolitanos com menos de mil habitantes.

Como escreveu E. Langevin, idealizador do interessante site Horizon local (Horizonte local), as novas tecnologias de informação e comunicação tendem a escamotear espaço e território. Elas parecem valorizar o individualismo a qualquer preço e às custas dos comunitarismos diversos. Mas as NTCI – Novas Tecnologias de Comunicação e de Informação também representam uma ferramenta de capitalização das informações, da comunicação e da divulgação, podendo beneficiar os atores locais do desenvolvimento local. Elas oferecem às organizações locais a oportunidade de se reunirem e de se fazerem conhecidas em outras regiões. Oferecem aos indivíduos os meios de se formar, se informar e de tomar parte ativa no desenvolvimento e no intercâmbio de experiências.[7] As NTCI permitem que as comunidades locais se abram, através dos intercâmbios nacionais e internacionais facilitados desse modo. Dessa forma, não se pode encontrar melhor definição que a divisa de uma "região" do leste da França, no Haut-Doubs: "O Saugeais não tem fronteiras; seus vizinhos é que são demarcados".

Possibilidade de uma infra-estrutura razoável em uma pequena comunidade rural brasileira: um exemplo no setor alimentício

A empresa a seguir, visitada durante a pesquisa feita nas três regiões do estado de São Paulo, mostra que é perfeitamente possível ter, em uma pequena cidade rural com menos de 20 mil habitantes, uma estrutura bastante razoável para a implantação e o desenvolvimento de uma empresa inovadora, produzindo produtos competitivos no mercado internacional, exportados para países da Europa, com grande aceitação. Assim, a possibilidade da atração de empresas inovadoras nos meios considerados rurais no Brasil pode ser um exemplo para outros municípios brasileiros, constituindo-se num fator alavancador da produção brasileira no contexto internacional.

A empresa pertence ao setor alimentício e está instalada em uma pequena cidade de pouco mais de 5 mil habitantes na região central do estado de São Paulo. A cidade claramente possui características de ambiente rural, de acordo com a definição utilizada na pesquisa realizada pelos autores e aqui citada. Trata-se da menor cidade visitada durante a pesquisa brasileira e nem por isso deixa de ter empresas inovadoras e voltadas para o mercado externo, diferentemente do que acontece com a maioria das cidades brasileiras desse porte, mesmo nas regiões mais desenvolvidas do país. Assim, além dessa empresa, na mesma cidade foi visitada uma outra, que também se destaca entre as PME do interior paulista.

[7] Pensa-se aqui na retomada do excelente programa canadense de acesso comunitário.

A constatação da realidade existente em termos de infra-estrutura nessa pequena cidade do interior paulista pode servir de exemplo e de estímulo para a criação de novas empresas de pequeno e médio porte que venham a se instalar em cidades que tenham características de ambiente rural, como é o caso aqui citado e que nem por isso deixem de ser empresas bem estruturadas, inovadoras, capazes de exportar e de serem competitivas nos seus ramos de atividade.

Essa constatação pode servir também como uma demonstração para outros municípios, suas prefeituras e seus órgãos voltados para o desenvolvimento municipal, mostrando que pequenos municípios podem atrair empresas de fora, ou estimular o desenvolvimento e a criação de novas empresas nas suas cidades, gerando empregos, desenvolvendo o município e criando condições para que essas cidades se fixem como centros estimuladores do desenvolvimento regional, em termos econômicos, políticos e sociais.

A empresa, fundada no início dos anos de 1980, é um pouco mais jovem que a média da amostra pesquisada. Emprega atualmente mais de setenta funcionários, o que se constitui num número representativo em relação à população da cidade. Apesar de o número de funcionários representar bem menos que o dobro da média da amostra brasileira, seu faturamento atinge quase o triplo do valor médio dessa amostra, o que indica um índice de produtividade por funcionário bastante bom.

A empresa se estabeleceu na cidade, mudando-se da cidade original em que havia sido criada, em função das dificuldades passadas em um dos planos econômicos criados nos últimos anos, pelas condições favoráveis oferecidas pelo município e por este se localizar próximo da cidade em que morava o sócio-proprietário na época.

A equipe da pesquisa foi recebida na empresa pelo sócio-proprietário, que possui formação superior na área de processamento de dados, e que contou um pouco da história da empresa, mostrando a seguir as suas instalações. A empresa, apesar de ser relativamente pequena no seu ramo de atividade, não só tem um bom volume de vendas no mercado interno, como também já tem um volume de exportações bastante razoável, que atinge cerca de 10% de seu faturamento. Isso se deve, em grande parte, à boa diversificação de produtos que ela possui, podendo assim estar presente em diferentes mercados.

A empresa se apresenta como bastante inovadora, nos vários tipos de inovação analisados, talvez deixando um pouco de lado a questão institucional, já que ela ainda nem está trabalhando para obter a certificação ISO, embora já tenha pensado nisso; porém, não pretende se voltar para tal objetivo a curto prazo. Nos demais itens, ela confirmou fazer todos os tipos de inovação perguntados, embora tenha se avaliado um pouco abaixo dos seus concorrentes nas questões de P&D e na concepção de novos produtos. Mas, considerando-se que ela atua em um ramo no qual há um grande número de empresas de grande porte, muito voltadas para pesquisa e desenvolvimento e possuindo bons recursos para investir nessa área, assim como na concepção de novos produtos, essa posição de certa desvantagem em relação aos concorrentes é perfeitamente aceitável.

A empresa exporta há vários anos, tendo na Itália o seu principal mercado, responsável por 40% do total das exportações. Exporta também para vários outros países, entre eles EUA, Alemanha, Áustria, Espanha, Portugal, Uruguai e Bolívia. As exportações vêm crescendo significativamente, dobrando de um ano para o outro, o que mostra a boa aceitação de seus produtos no mercado, assim como seu bom nível de competitividade. Os principais países exportadores, concorrentes em nível internacional, são Itália e Bolívia. Assim, o fato de a empresa estar conseguindo vender para esses dois países confirma suas boas perspectivas em termos de exportação.

A idéia da empresa é intensificar cada vez mais as exportações, e isso se reflete em um desejo de crescimento mais forte, pela grande rentabilidade que a empresa está conseguindo no mercado externo e pela vantagem tecnológica que isso lhe proporcionaria. A empresa dispõe de uma política formal de exportações e seus objetivos são obter um crescimento de 50% nos próximos dois anos, além de novos parceiros no exterior, para se consolidar no mercado externo.

Em termos de mercado externo, a empresa julga possuir vantagem em relação aos seus concorrentes nos mais diversos itens (ao contrário do que acontece no mercado brasileiro), dentro dos nichos de mercado em que tem atuado. Assim, ressalta como vantagens significativas a questão tecnológica, os custos de fabricação, os preços, a ampla gama de produtos e sua qualidade, a rede de distribuição, o serviço pós-venda, o *design* dos produtos e a confiabilidade deles. A distribuição no exterior é feita basicamente através de cadeias de varejistas e de representantes ativos de outras empresas, que passaram a vender também seus próprios produtos, por meio de atacadistas e de alianças estratégicas.

As principais estratégias utilizadas pela empresa para a colocação de seus produtos no mercado externo se referem ao preço e, em um segundo nível, aos produtos. Em relação às atividades no exterior, a maior preocupação se refere à demanda e às necessidades dos consumidores e, em um segundo nível, ao potencial de adaptação de seus produtos ao mercado externo.

Um exemplo concreto de migração para o interior do estado: produtos com grande mercado, feitos de "isopor"

O exemplo da empresa citada a seguir é interessante para mostrar uma tendência que pode começar a acontecer, caso os pequenos municípios do estado de São Paulo (e de outros estados brasileiros preocupados com o desenvolvimento dos seus municípios e com a criação de empregos) intensifiquem a melhora das condições de infra-estrutura oferecidas para atrair empresas.

A empresa, por meio de seu dirigente principal, afirma ter perdido um pouco em termos de infra-estrutura, ao se mudar da capital do estado para uma pequena cidade no interior. Porém, os diversos ganhos que pôde obter compensam muito essa pequena perda em termos estruturais. A empresa se dedica a todos os tipos de inovação pesquisados, apesar da dificuldade para exportar, em função de possuir produtos com baixo valor agregado. Com isso, suas vendas estão muito concentradas no estado de São Paulo.

Trata-se de uma empresa que já tem um bom tempo de existência (27 anos, um pouco acima da média da amostra brasileira – que é de 21 anos) e possui uma característica interessante, conforme já citado: começou em São Paulo, na capital, onde permaneceu por vários anos, e depois se mudou para uma pequena cidade na região norte do estado, por opção de seu proprietário. Porém, pesou na decisão o fato de a prefeitura local ter cedido o terreno, assim como isenção de IPTU (Imposto Predial e Territorial Urbano) por um período de dez anos.

A empresa se encontra em uma cidade com pouco mais de 13 mil habitantes, considerada, assim, um ambiente rural na pesquisa realizada (visto que o critério utilizado foi considerar as cidades com até 20 mil habitantes ambientes rurais).

Apesar disso, ocupa um importante lugar no mercado brasileiro de poliestireno expansível (conhecido como "isopor"). Em um setor com acentuada especialização, a empresa apresenta o que há de mais moderno em termos mundiais, com soluções inteligentes e econômicas para embalagens. O processo de produção é totalmente automatizado, com equipamentos de última geração, o que lhe proporcionou grandes reduções de custo, tornando as embalagens de poliestireno mais acessíveis ao mercado. Um novo sistema tornou os produtos da empresa 100% recicláveis, não agredindo o meio ambiente.

O isopor foi uma excelente alternativa para a empresa, visto que proporciona ao produto aquilo que ele realmente precisa em uma embalagem, ou seja, proteção, apresentação, leveza, isolamento térmico e segurança. Além disso, como não possui clorofluorcarbonetos, não agride a camada de ozônio.

Seu faturamento por funcionário está na média da amostra brasileira, já que tem um faturamento ligeiramente superior ao dobro da média das empresas pesquisadas e também possui um número de funcionários duas vezes maior que a média das demais. O terreno da empresa é de 26 mil m^2, com uma área construída de 7.500 m^2 e sua capacidade produtiva é de 160 mil kg/mês.

A empresa possui uma frota terceirizada, com caminhões-baú exclusivos, para entregas na região da Grande São Paulo e no interior do estado. As entregas para regiões com distância superior a 500 km são feitas por terceiros, sem limite de carga, pois a empresa não possui estrutura própria para tal. A empresa funciona em dois turnos, totalizando dezoito horas por dia.

A entrevista foi feita com o sócio-proprietário da empresa, um economista de formação, com boa experiência no mercado. Ele disse estar muito satisfeito com a mudança da empresa para o interior, apesar de em alguns casos não contar com as mesmas condições da capital, em termos de infra-estrutura. Porém, as vantagens superam muito as desvantagens, em termos de qualidade de vida e agilidade nas ações, entre outras. A oferta de mão-de-obra também não é a mesma da capital, mas as faixas salariais são mais baixas, o que proporciona melhores condições de competitividade, além de uma menor pressão dos sindicatos.

O proprietário da empresa aponta que faltam apoio e financiamentos com taxas razoáveis para as PME. Alega que financiamentos do tipo do Finame (Agência Especial de Financiamento Industrial), voltados para capital de giro, seriam fundamentais para o estabelecimento de um número maior de PME, como também fortaleceria o desenvolvimento das pequenas e médias empresas já existentes.

A empresa se enquadra no grupo das maiores entre as pesquisadas (acima de 110 funcionários, faixa na qual estão apenas 18% das empresas visitadas e com um faturamento nos níveis mais altos da amostra – apenas 11% das empresas estão nas duas faixas acima desta, ou seja, com um faturamento superior a R$ 10 milhões por ano).

As vendas da empresa estão muito concentradas no estado (75%), muito próximo ao que ocorre com as demais empresas da amostra, e o restante das vendas é feito apenas na região Sudeste (ao contrário da média da amostra, que apresenta 14% das vendas fora da sua região), o que mostra tratar-se de uma empresa regional.

O fato de a empresa ter produtos de baixo valor agregado e preços médios por unidade faz com que o frete tenha um peso considerável, dificultando as vendas de seus produtos para regiões mais distantes. Essa é também a razão pela qual a empresa não pensa em se voltar para o mercado externo, não vendo nele muitas possibilidades de penetração dos produtos que possui atualmente.

Em termos de inovação de seus produtos, a empresa faz todos os tipos de inovação avaliados, e está, inclusive, em via de obter a sua certificação ISO. Em termos de inovação, considera sempre estar na média em relação aos seus concorrentes, e tem na concepção de novos produtos seu maior diferencial em relação ao mercado.

A empresa visita feiras e exposições em âmbito internacional, sendo uma das mais importantes fontes de informação para o desempenho das suas atividades. Assim, recebe nelas informações sobre novos produtos, concorrência, preços de mercado, qualidade e distribuição dos produtos, novas tecnologias, tendências do mercado de um modo geral, além de se constituir numa possibilidade de futuras parcerias com outras empresas.

Pesquisa & desenvolvimento e o treinamento como diferenciais para uma empresa no meio rural: um fabricante de bombas e painéis de comando

Uma empresa altamente focada na relação homem-máquina, que busca sempre a qualidade total de seus processos e produtos, que incentiva o trabalho em equipe e que está voltada principalmente para as inovações organizacionais e institucionais, pode perfeitamente encontrar um espaço de atuação no meio rural brasileiro.

Assim ocorre com a empresa abaixo citada, que considera P&D e o treinamento seus grandes diferenciais, usa intensamente as mídias escrita e eletrônica, dá grande ênfase às feiras comerciais, consegue exportar há mais de dez anos e busca agora uma maior penetração nos mercados externos.

A empresa em questão é fabricante de bombas e painéis de comando. Foi fundada há 35 anos e também se localiza em um ambiente considerado rural, pois a cidade tem menos de 20 mil habitantes, embora muito próxima desse valor e prestes a ser considerada um ambiente urbano, dentro do critério utilizado.

A empresa encontra-se no limite da classificação de média empresa (até 250 funcionários, para ser coerente com o critério usado na pesquisa canadense), pois contava com um total de 249 funcionários. Trata-se da maior empresa visitada (em termos de número de funcionários), com quase cinco vezes o número médio encontrado na amostra. Em termos de faturamento, porém, o valor é pouco menos de quatro vezes maior que a média da amostra brasileira, mostrando uma relação faturamento por funcionário um pouco inferior à média da amostra.

A equipe foi recebida pelo gerente de vendas, cuja formação é ensino médio completo. Trata-se de uma empresa familiar e os fundadores são da cidade, razão pela qual a empresa se estabeleceu nesse município.

A empresa é líder em seu mercado (no Brasil). Utiliza tecnologias de vanguarda e equipamentos de última geração, além de se orgulhar da perfeita integração entre o homem e a máquina, segundo os seus dirigentes. Seu foco principal está na precisão e na confiabilidade de seus produtos, que têm as mais diversas aplicações. O primeiro compromisso declarado da empresa é ser uma empresa com qualidade total.

Suas vendas estão espalhadas pelo país, visto que apenas 4% estão concentradas na região, mais 20% dentro do estado e outros 15% na região Sudeste do país. Cerca de 60% das vendas têm como destino as demais regiões do país e apenas 1% é exportado. Para poder distribuir seus produtos pelo país, a empresa conta com mais de mil pontos de distribuição, além de pelo menos um representante em cada uma das capitais.

A empresa prepara um informativo trimestral sobre sua produção e o mercado brasileiro em seu ramo de atividade. A preocupação com as inovações de caráter organizacional e institucional está sempre presente na empresa, o que pode ser confirmado por um amplo projeto, iniciado há mais de cinco anos, responsável por muitos fatos importantes na organização, entre eles a transição da geração dos pais para os filhos e, posteriormente, a obtenção da certificação ISO 9002. Outras preocupações dos dirigentes da empresa são incentivar trabalhos em equipe e buscar continuamente a redução de desperdícios em todos os níveis.

As principais fontes de informação utilizadas pela empresa são as mídias escrita e eletrônica, as quais consultam pelo menos uma vez por semana, obtendo uma gama muito variada de informações, que julgam de grande importância. Recebidas a tempo de serem aproveitadas, na maioria das vezes são suficientes para suas necessidades e bastante adequadas para o cotidiano da empresa.

Com uma importância equivalente estão as feiras comerciais, de âmbitos nacional e internacional, das quais a empresa participa pelo menos quatro vezes por ano, trazendo importantes informações em termos de novos produtos, concorrência, qualidade e distribuição dos produtos, novas tecnologias, comércio internacional, tendências do mercado, fontes disponíveis para investimentos e financiamentos, além de constituírem uma possibilidade de surgimento de parcerias com outras empresas.

A empresa se dedica a todos os tipos de inovação pesquisados, inclusive institucionais, e possui a certificação ISO 9002. Julga como seus principais diferenciais P&D e o treinamento de seus funcionários, itens nos quais se considera substancialmente à frente de seus concorrentes. Em todos os demais itens acredita também estar à frente de seus concorrentes, apesar de nestes não apresentar diferenças tão significativas.

Exportando há mais de dez anos, a empresa conta com quinze funcionários cujas atividades estão ligadas às exportações (incluindo-se aqui diretores e gerentes). Apesar disso, e de contar com um representante voltado apenas para as exportações, as vendas para o mercado externo ainda representam apenas 1% do seu faturamento.

No mercado internacional, a empresa possui concorrentes fortes nos EUA, na Itália, na Dinamarca e na Alemanha. As exportações haviam sido interrompidas e só foram retomadas depois da desvalorização do real, ocorrida nos últimos anos, o que lhe possibilitou restabelecer a competitividade no exterior.

No entanto, os dirigentes da empresa pensam, atualmente, em penetrar com mais intensidade no mercado externo, o que seria uma orientação de caráter estratégico, além de possibilitar o crescimento e proporcionar à empresa vantagens tecnológicas, aumentando o potencial de colocação de seus produtos no mercado.

A empresa possui uma política formal de exportações, porém com objetivos informais e não quantificados, buscando apenas a penetração no mercado e a ampliação de suas exportações, sem dimensionar, por enquanto, aquilo que pretende atingir a curto prazo.

A empresa julga ter um grande número de vantagens em relação aos seus concorrentes no mercado internacional, principalmente no que se refere à sua visibilidade no mercado, à qualidade, à confiabilidade e ao *design* de seus produtos, à rede de distribuição, e a seu serviço pós-venda.

As principais estratégias da empresa para a colocação de seus produtos no exterior estão voltadas para as questões relativas à distribuição e ao mercado de um modo geral. Por outro lado, suas principais preocupações quanto a atividades no exterior se referem às questões ligadas ao preço dos produtos e à distribuição, sendo que esta última deve ser desenvolvida e aperfeiçoada.

A necessidade de desenvolvimento tecnológico para suportar o crescimento da empresa: um fabricante de sucos

A empresa a ser descrita a seguir é uma fabricante de sucos, localizada em uma pequena cidade na região central do Quebec. Produz sucos de *cranberry*, uma fruta encontrada somente nos Estados Unidos, Canadá, Rússia e na Escandinávia. A empresa decidiu partir para a produção de sucos de outras frutas, dada a limitação de mercado existente para as *cranberries* e o porte que a empresa já adquiriu.

Apresentando atualmente um grande desenvolvimento, a empresa passa por um período de crescimento de 30 a 40% ao ano no seu faturamento. Com isso, sente a necessidade de um desenvolvimento tecnológico adequado para suportar essa fase de crescimento intenso.

O grupo foi recebido pelo filho do fundador e diretor de marketing, que fez seu bacharelado na HEC, em Montreal, com concentração em empreendedorismo e marketing.

A empresa foi fundada em 1984, pelo pai desse diretor. Hoje o diretor é o único membro da família que continua na empresa. O pai continua em atividade, mas cuidando apenas das atividades agrícolas. A empresa começou atuando apenas na agricultura, depois passou a fazer embalagens, até que o fundador resolveu diversificar suas atividades e passou a produzir sucos.

Os sucos começaram a ser fabricados apenas com produção própria, visto que eles têm a maior área cultivada de produção de *cranberry* no mundo (600 acres). Porém, há quinze anos estão comprando frutas para complementar a demanda para a industrialização. Hoje compram 2/3 das frutas consumidas na produção.

A empresa compra frutas de New Brunswick e Nova Escócia, e vai começar a comprar de Wisconsin. Os maiores produtores de fruta são Wisconsin, Massachusetts (em queda) e a Colúmbia Britânica, vindo a seguir o Quebec.

Atualmente, 80% dos produtores de *cranberry* estão na região deles. São apenas quarenta produtores em todo o mundo. Na transformação da fruta são produzidos sucos, concentrados, aromas, soluções de infusão, entre outros.

A empresa distribui o produto por todo o Quebec e Ontário (além de parte dos EUA). A Oceanspring é a maior empresa do segmento, dominando atualmente 55% do mercado. Há outros dois transformadores no Quebec, porém especializados em outros produtos (um em produtos biológicos – em uma faixa de preço bem superior – outro em geléias). Outro grande produtor de suco de *cranberry* era a CranChile, de um milionário americano que tentou industrilizar a *cranberry* no Chile. A tentativa fracassou, pois o solo não era adequado para a produção dessa fruta.

Hoje, a empresa conta com cerca de dez a trinta pessoas na atividade agrícola, visto que a produção é sazonal, e de cinqüenta a oitenta funcionários na indústria.

Atualmente, 75% das vendas vão para os EUA, 10% para a Inglaterra e 15% para o Canadá. Os americanos estão parando com a produção de *cranberry*, em função do baixo preço, o que dá à empresa quebequense, com grande escala de produção, boas condições de crescimento nesse mercado. Também em razão dos baixos preços, o faturamento hoje é metade do que deveria ser se fossem levados em conta os preços históricos.

O fundador sempre foi um gande promotor e fez a empresa crescer muito rapidamente. Hoje está com 64 anos e seu principal interesse continua sendo a parte agrícola. O filho está há seis anos na empresa, depois de ter trabalhado dois anos fora, após concluir sua graduação. A empresa tem um Conselho de Administração, composto por cinco pessoas, todas com grande experiência, mas que é muito bloqueado pelo pai. Portanto, suas deliberações são limitadas pelo poder do fundador.

As exportações da empresa já vêm de muitos anos e sempre representaram muito no faturamento.

O desenvolvimento de produtos é feito na própria empresa. Hoje consideram que têm uma boa estrutura de contatos. Constituem-se em intermediários, em todos os produtos (mesmo nos sucos), nunca chegando até a ponta da cadeia.

O custo de desenvolvimento da atividade agrícola da *cranberry* é de Can$ 30 mil por acre (1 alqueire = 6 acres), o que é extremamente elevado e desestimula a entrada do agricultor nesse tipo de atividade. Com isso, eles estão começando a fazer sucos de *blueberry* e talvez venham a fazer outros no futuro (embora não pareçam muito interessados nisso, apesar de terem consciência do risco de ficar dependente de um único produto, com fornecimento e mercado também restritos). Há outro ponto importante a ser considerado, que é o fato de os equipamentos poderem ser utilizados igualmente para a produção de qualquer tipo de suco ou outra industrialização de fruta.

Uma PME inovadora ante o desafio da globalização: uma empresa fabricante de equipamentos agrícolas

A PME a ser comentada abaixo apresenta um caráter altamente inovador, voltando-se de maneira intensa para as inovações dos diferentes tipos. Com isso, consegue um bom volume de exportações, que atinge hoje 33% das vendas (pretendendo chegar a 50% num futuro próximo). A empresa está localizada na cidade de Chesterville, também na região central do Quebec, tendo uma população de aproximadamente oitocentos habitantes.

A facilidade de contatos com o mercado exterior ocorre muito em função da língua (a cidade está muito próxima da fronteira com os EUA – em torno de 100 km –, o que também facilita esses contatos).

A empresa tinha 25 funcionários quando foi visitada anteriormente por André Joyal, há poucos anos atrás; hoje tem 38. A empresa está claramente posicionada no contexto das PME inovadoras em face do desafio da globalização e acompanhou bem a evolução do Quebec nos últimos vinte anos, em todos os sentidos.

O atual diretor chegou à empresa em 1994. Antes era dono de uma empresa de confecções, que foi vendida e transferida para a cidade de Victoriaville. Ele adquiriu a empresa juntamente com um sócio. Hoje, além de diretor, ele é o presidente da empresa e conta com um terceiro sócio. O antigo dono teve problemas com as máquinas e resolveu vender a empresa; hoje é funcionário, mas não é acionista da empresa.

Foi o atual presidente que abriu o mercado americano para a empresa. Além dos EUA, atualmente a empresa vende para o Canadá, para a França, que compra cerca de trinta máquinas por ano, o que equivale a 10% da capacidade produtiva da empresa, que pode atingir trezentos equipamentos por ano.

A cidade, apesar da sua pequena população, conta com mais três empresas industriais.

A empresa está situada em um meio rural, mas tem o seu mercado consumidor muito próximo. A maioria das vendas no Canadá está concentrada nas regiões de Toronto e Montreal.

Os dirigentes da empresa acreditam que ainda há muito mercado a ser explorado, principalmente no exterior. Na França, contam atualmente com um distribuidor e têm uma perspectiva de crescimento muito grande. Como a Europa tem um custo de vida mais alto, o produto se torna relativamente barato, mesmo com o transporte. O custo de envio de um *container* para a Europa é de Can$ 100 mil (aproximadamente US$ 65.000). Além disso, os agricultores americanos, principal mercado da empresa de tratores, são ricos e agressivos, segundo constatado pelo dirigente entrevistado. A automatização das fazendas da região é muito grande, o que faz aumentar rapidamente o mercado para a empresa.

Os dirigentes pretendem crescer, e a empresa está desenvolvendo novos produtos. Fizeram uma aliança com a John Deere para tentar incrementar as vendas, que hoje são feitas basicamente através de representantes.

Os três sócios atuam em diferentes áreas: um nas vendas, um nas compras e o outro (que atendeu a equipe da pesquisa) na presidência. Eles fazem reuniões mensais para discutir detalhamente os resultados.

Cinco irmãos na gestão de uma PME: uma empresa de produtos agropecuários

A empresa em questão tem como característica interessante o fato de, a despeito de ser uma PME, operar com cinco irmãos na direção. Eles estão em busca de aperfeiçoamentos constantes na distribuição, pelo fato de operarem em um mercado de forte concorrência.

A empresa foi fundada em 1953 e está localizada na cidade de St-Adrien de Ham, que tem apenas 550 habitantes. É fabricante de produtos para agropecuária movidos a óleo. A equipe foi recebida pelo diretor financeiro. Atualmente é administrada pelos cinco filhos do fundador, todos ativos na empresa e em cargos de direção.

Na última visita feita por André Joyal (em 1995), contavam com trinta funcionários. Chegaram a 55, hoje têm cinqüenta. O faturamento da empresa chegou no auge nos anos de 1990, apresentando depois um recuo, em função da forte concorrência. Hoje, o mercado está em recessão e o principal problema é a queda na venda dos produtos de *erable* (*maple*, em inglês, ou *plátano* em português), tanto aqueles para extrair o xarope quanto aqueles para derrubar as árvores.

Os produtores hoje compram menos, e nos últimos anos, a empresa estava vendendo mais, mas com enormes dificuldades para receber. Os produtos de *erable* representam 50% do faturamento e os produtos de feno em torno de 30%. Hoje contam com um bom distribuidor de produtos de *erable*, que sozinho responde por 5% das vendas totais da empresa.

Os principais concorrentes estão no próprio Quebec. Os produtos de alimentação são assunto do diretor de pesquisa & desenvolvimento, formado na "Universidade da Vida". Estiveram em uma Exposição Internacional da Associação da Água, em New Orleans, no início de 2002.

As exportações representam apenas 5% das vendas. Venderam um pouco para o México, em função de um contato familiar feito por um dos sócios, o que abriu o mercado para a empresa. Porém, tiveram problemas na alfândega, que exige certificados de origem de todas as peças utilizadas (muitas eram importadas e eles tinham de ir atrás dos fabricantes – algumas peças custando menos de Can$ 5).

As estratégias utilizadas para o desenvolvimento do mercado são:

- investimento em *osmose inverse*, produtos com as maiores perspectivas no mercado;
- desenvolvimento de dois novos produtos, que hoje estão no setor de P&D;
- investimento em acessórios de alta pressão, que têm um bom mercado, mas muita concorrência;
- aliança com uma empresa da Dinamarca, que pode fazer produtos complementares;
- terceirização de uma parte da produção de algumas peças.

Um caso de empresa que cresce e gera empregos com a nova direção: uma representante do setor de bebidas

O principal produto da empresa citada a seguir é uma aguardente, produzida com cravo, canela, mel, limão e outros ingredientes naturais. O produto, de origem alemã, foi trazido para o Brasil e adaptado às condições brasileiras nos anos de 1950. Porém, não era explorado comercialmente; sua produção era artesanal, com a finalidade de presentear família e amigos. Sua produção e comercialização passaram a ser explorados em 1992 por uma empresa familiar, detentora da fórmula e do modo de fabricação, constituída especialmente para sua exploração comercial.

Esta empresa atualmente está localizada no estado de Minas Gerais, próximo à divisa com São Paulo, em uma cidade localizada em ambiente rural (com uma população total de 7 mil habitantes, sendo que o perímetro considerado urbano conta com menos de 4 mil). A empresa tem também um escitório em São Paulo, responsável por operações financeiras e vendas. Até 2001, a empresa ficava no Espírito Santo, em uma cidade de médio porte, com aproximadamente 90 mil habitantes.

Em janeiro de 1996, um dos futuros sócios da empresa voltou de férias de Itaúnas (ES) com uma novidade para comemorar seu aniversário: uma bebida diferente, alcoólica por mistura. Estava ali a oportunidade de um negócio, identificada por seu futuro sócio: iniciar uma empresa própria a partir de um negócio já existente. O sócio contou a todos como conhecera a bebida, muito popular entre os jovens que dançavam forró na pequena vila de Itaúnas. Ele ficou impressionado com a venda do produto naqueles bailes.

O interesse pela novidade foi imediato: os dois sócios experimentaram a bebida antes mesmo do aniversário, sentaram-se a uma mesa para conversar sobre o negócio, com um litro daquela bebida exótica, cor de mel, com ervas que decantavam no fundo da garrafa.

O interminável assunto da conversa foi como aproveitar comercialmente aquele produto, genuíno, totalmente diferente de tudo que haviam experimentado, cativante a cada gole e que já era um sucesso entre os jovens universitários paulistas que freqüentavam a pequena vila.

Os dois futuros sócios eram estudantes universitários: um cursava Engenharia de Produção e Direito; o outro, Direito e Administração de Empresas. Após muita conversa, decidiram, naquela noite, que iriam introduzir aquele produto na cidade de São Paulo, dado o mercado potencial, a recente febre de casas de forró na cidade, direcionadas para universitários, e a vontade de ambos de ter um negócio próprio.

Embora o tempo fosse escasso, considerando-se as duas faculdades que ambos cursavam, acharam que seria possível criar condições para uma exploração inicial do produto. Aproveitariam os conhecimentos adquiridos na universidade e, ao mesmo tempo, criariam condições de aplicá-los, pois tinham dificuldades para cumprir o estágio obrigatório e, com um negócio próprio, poderiam fazê-lo em horário flexível, de acordo com as possibilidades de cada um.

A partir desse momento surgiu a emoção de iniciar um negócio próprio. Decidiram telefonar ao produtor da bebida e verificaram que o produto ainda não era explorado comercialmente no estado de São Paulo. Além disso, obtiveram outras informações: composição e análise do produto, regularização perante órgãos governamentais, marca, preço etc.

De posse dessas informações, decidiram ir até a fábrica, a fim de conversarem pessoalmente com o proprietário da empresa, para acertar os detalhes da relação comercial. Passado um mês após aquela conversa, já com a atenção totalmente voltada para explorar o produto, viram a proliferação das casas de forró universitário. Era preciso, então, agir rapidamente, antes que alguém se antecipasse a essa iniciativa.

Decidiram fazer um teste com a bebida, inicialmente em casas de forró e em outros estabelecimentos freqüentados por universitários, distribuindo diretamente o produto nos horários livres. Conversaram com o dono da empresa e se propuseram a iniciar imediatamente a exploração do produto, desde que lhes fosse prometido o direito de comercialização no estado de São Paulo.

Assim, começaram o teste em cinqüenta bares e casas noturnas. Em trinta dias, haviam vendido 24 dúzias do produto, o suficiente para pagar a primeira duplicata.

Contabilizadas as despesas do mês, viram que o lucro era altíssimo; porém, tratava-se de um negócio informal, sem impostos e outros encargos, que futuramente consumiriam metade do lucro inicialmente obtido. Ainda assim era um grande negócio e decidiram que continuariam com a empreitada.

Até esse momento, os conhecimentos adquiridos na universidade eram úteis, porém não muito explorados, dado o pequeno tamanho e as características do negócio. Contudo, a visão de crescimento a longo prazo os levava a crer que o negócio se tornaria tanto mais interessante quanto mais pudessem explorá-lo em conjunto com os conhecimentos adquiridos nos seus cursos de graduação.

Assim, passado o primeiro teste, os sócios iniciaram as ações necessárias para a formalização do negócio: abertura da empresa, confecção de talão de notas fiscais, contratação de um contador, entre outras. O primeiro objetivo era conseguir um contrato de representação, com exclusividade para todo o estado de São Paulo.

No desenvolvimento do negócio houve a necessidade de utilização da razão, em muitos momentos, no processo de tomada de decisão. A empresa operou dessa maneira até dezembro de 1997, quando uma nova oportunidade apareceu. Receberam um telefonema do dono da patente da bebida, dizendo que ele havia sofrido um grande calote e que a fábrica passava por sérias dificuldades financeiras. Ele pedia aos jovens sócios que fizessem uma compra grande, para que pudesse suportar o prejuízo.

Os novos empresários enxergaram neste telefonema por um lado uma ameaça, por outro, uma oportunidade. Uma ameaça porque, mesmo com uma compra grande, a fábrica estaria frágil, e o negócio arriscado a desaparecer, com uma possível falência da fábrica. A oportunidade seria de ampliar o poder na relação comercial, assumindo as operações da fábrica e colocando em prática o conhecimento teórico, além de aumentar a rentabilidade do negócio e a perspectiva de crescimento como empresa.

Começaram a pensar em como operariam essa nova "empresa", utilizando a teoria aprendida na universidade e a experiência do ramo de bebidas, adquirida em dois anos de exploração comercial do produto.

Isso mostra como foi colocada em prática a visão de oportunidade de negócio que tiveram no início. O problema, a partir daí, passou a ser como transformar essa simples visão em um empreendimento de sucesso.

Para isso, avaliram a questão de quanto investir e se valeria a pena colocar recursos naquele negócio. Investir aqui não significava somente o capital, mas também tempo, carreira, necessidades individuais, enfim, dedicação integral a um negócio.

A metodologia utilizada para a análise do negócio, ferramenta indispensável para obter a resposta para grande questão sobre se seria interessante investir no negócio, foi uma boa análise da situação da empresa e do seu mercado, além de um plano de ação detalhado sobre as atividades que pretendiam desenvolver. Com isso, tiveram condições de analisar bem o negócio e partir para a ação.

A grande questão era analisar se as condições são favoráveis ou não ao desenvolvimento da empresa e quais os obstáculos que esta enfrentará pelo caminho, auxiliando no posicionamento em relação às mudanças eventuais de cenário.

Vale ressaltar que esta análise é dinâmica, uma vez que os cenários são alterados a toda hora, através de novas leis, alterações de política econômica ou de incentivos etc. cabendo à empresa sempre reavaliar esta situação, antecipando-se em relação às alterações de cenário, prevendo-as e prevenindo-se contra elas.

Uma empresa não pode satisfazer todos os consumidores em um dado mercado ou, pelo menos, todos os consumidores da mesma maneira. Existem vários tipos de consumidores, com diferentes tipos de necessidades. Algumas empresas estão em melhor posição para servir certos segmentos de mercado.

Cada empresa deve estudar o mercado e escolher os segmentos aos quais pode servir melhor que seus concorrentes, garantindo uma certa rentabilidade desejada. Isto envolve quatro passos: mensuração e previsão da demanda, segmentação de mercado, definição do mercado e posicionamento nesse mercado. Esses passos foram seguidos pelos dois sócios para posicionar de maneira adequada a empresa no seu mercado, e levá-la a uma nova fase de grande desenvolvimento e prosperidade.

Com a mudança para Minas Gerais, a empresa ficou mais próxima de seu mercado consumidor, e da residência dos sócios e com vantagens tributárias. Com isso, esta foi uma ótima decisão para a empresa e para o município, uma pequena cidade com características basicamente rurais, que teve alguns empregos criados diretamente, além de vários empregos indiretos.

Na empresa estudada, o passo inicial foi dado com a assinatura do contrato de fornecimento exclusivo, prestação de serviços de industrialização e licença de marca com a empresa fabricante da aguardente.

E assim, nas palavras de um dos sócios, referindo-se a Dolabela (1999), tem-se (Prado, 2000):

> Para o empreendedor, o ser é mais importante que o saber. A empresa é a materialização dos nossos sonhos. É a projeção da nossa imagem interior, do nosso íntimo, do nosso ser em sua forma total. [...]Contudo, o ser que utiliza o saber, tem um caminho mais fácil para a empresa e para o empreendedor. A elaboração do plano de negócios auxilia no entendimento e serve de guia para a execução e materialização do grande sonho: a empresa.

A criação de empregos no meio rural

Um estudo recente da OCDE destaca que uma política ativa de criação de empregos no meio rural deve visar a dois objetivos:

- aumentar a capacidade das economias rurais de inovar e valorizar os recursos humanos;
- abrir as economias rurais para a economia global, ou seja, para os comércios regional, nacional e internacional (Illouz-Winiki & Paillard, 1998).

É bem conhecida a idéia que geralmente se faz da PME rural. Ela se relaciona com setores de atividade tradicionais, com baixo valor agregado e salários inferiores à média nacional, e isso para empregados de baixa qualificação. Seus produtos são essencialmente destinados ao mercado local ou ao meio regional. Seus dirigentes, apesar da boa vontade, freqüentemente são vítimas de um isolamento que os priva de contatos em redes, passíveis de dar novo alento às suas atividades. Felizmente, essa realidade, graças à propagação das NTIC, apresentou mudança sensível, como testemunham nossos trabalhos, realizados ao longo de mais de uma década no Quebec central.

Os observadores do cenário rural concordam em reconhecer quatro categorias principais de problemas comuns a todas as regiões rurais:

1. tamanho limitado do mercado local;
2. insuficiência de recursos humanos;
3. carências de infra-estrutura;
4. acesso inadequado às informações.

É exatamente a ausência de massa crítica suficiente em nível local que limita as iniciativas dos autores de projetos potenciais, e que obriga aqueles em atividade a sondar os mercados mais distantes, a fim de tornar suas empresas rentáveis. São esses mesmos empresários que devem se unir a uma mão-de-obra freqüentemente pouco qualificada e pouco produtiva, à qual devem dar formação e, em seguida, empregar.

Em um contexto fortemente marcado pelo êxodo dos jovens e dos indivíduos mais dinâmicos, essa mobilidade dos trabalhadores se soma aos desafios que devem ser enfrentados pelos empresários do meio rural que devem, além disso, trabalhar em um contexto distante das principais redes de informação e dos centros de decisão. As oportunidades de parceria ou terceirização são poucas e obrigam a deslocamentos constantes, o mesmo ocorrendo com os contatos com os centros de pesquisa. Da mesma forma, o uso dos serviços de consultoria também obriga os deslocamentos. Esse conjunto de fatores se resume em uma palavra: isolamento. Para vários pesquisadores ou interventores que atuam junto a empresários rurais, esse seria o principal obstáculo. Felizmente, não se trata de uma dificuldade insuperável.

Laurent Deshaies e André Joyal demonstraram que a PME rural consegue romper seu isolamento ao se inter-relacionar com diferentes atores, como mostra a figura a seguir. Nesse caso, no que se refere às PME do Quebec rural central, os elos freqüentemente são feitos com atores de fora da região de implantação das PME, como mencionado no Capítulo 2.

Figura 12: PME rurais e elos com diferentes atores

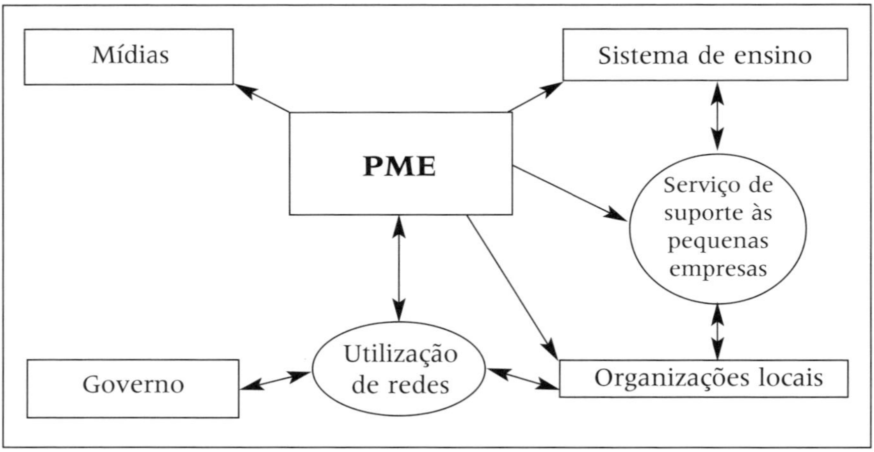

Fonte: Joyal & Deshaies, *apud* Joyal (2002: 123).

Este esquema mostra a ligação entre as PME e quatro atores importantes: as mídias, as organizações governamentais, as organizações locais e as instituições de ensino. A intensidade dos contatos com esses diferentes atores, evidentemente, não é igual para todas as PME.

As constatações vão ao encontro de um outro estudo da OCDE, que preconiza oferecer serviços de consultoria aos empresários locais. A estratégia a ser implantada consiste em estimular uma cultura empresarial mais vigorosa e uma autonomia melhor sustentada, passível de garantir às regiões rurais um futuro econômico de longo prazo. Essa cultura poderá ser desenvolvida, desde que se consiga influenciar um processo que estimule o surgimento de vocações empresariais no seio das populações locais (OCDE, 1996). Como conseguir isto em um contexto em que as empresas existentes já estão às voltas com as exigências da competitividade neste contexto de globalização dos mercados cada vez maior?

Trata-se de um questionamento sobre os fatores passíveis de estimular o surgimento de um meio rural progressivo no campo manufatureiro. Em outras palavras, quais são os fatores de sucesso das PME rurais, mais especificamente daquelas do Quebec, e quais são as lições que podem ser tiradas da observação dos fatos? É importante identificar as PME rurais de nível mundial e indicar os elementos que contribuíram para seu surgimento, levando-se em consideração o que pode ser transportado para outras regiões rurais.

Os dados do ex-ministro quebequense da indústria, comércio e tecnologia demonstram que as PME manufatureiras são responsáveis por mais da metade dos empregos manufatureiros em diversas regiões administrativas do Quebec. Contudo, a posição relativa das PME manufatureira em regiões não-metropolitanas permanece marginal. De acordo com a mesma fonte, essa situação se explica pelos seguintes fatores:

- a fraqueza do mercado regional;
- o afastamento das outras regiões do Quebec (pensa-se aqui nos custos de transporte implícitos, tanto para o abastecimento quanto para a expedição);
- a ausência de mão-de-obra especializada. As regiões sofrem a falta de engenheiros e trabalhadores qualificados. As PME seriam obrigadas a recorrer aos serviços de consultoria de fora da região;
- a ausência de P&D. Esse fato relaciona-se com as dificuldades para obter mão-de-obra especializada.

As outras dificuldades mencionadas, que representam uma desvantagem para as PME em ambiente rural, referem-se ao acesso ao capital de risco, à ausência de empresas de serviços, à distância dos órgãos governamentais de pesquisa e à inexistência de uma cultura empresarial. Em que medida essas desvantagens tornam-se realmente importantes, em um contexto em que a informação se torna um dos principais fatores de identificação para toda empresa que pretende ser inovadora e dinâmica?

Para responder a essa pergunta, foi necessário, de início, chegar a um consenso sobre o conceito de empresa não-metropolitana. Em conseqüência, foram utilizados os textos disponíveis sobre o ambiente rural, em particular os da OCDE, para a qual as zonas rurais englobam a população, o território e outros recursos do campo e dos pequenos centros de povoamento, localizados fora da esfera de influência econômica direta dos grandes centros urbanos (OCDE, 1990). Também levou-se em consideração os trabalhos de Goffette-Nagot & Schmitt, que definem o meio rural como um espaço de baixa densidade populacional e poucos empregos e construções, ou ainda como um espaço amplamente coberto por zonas agrícolas, florestais ou naturais, nas quais há descontinuidade na ocupação do espaço pelo homem (Goffette-Nagot & Schmitt, 1998). Segundo os autores, devido à configuração das redes de transporte, esse meio costuma ter pouco acesso aos diferentes pontos do território.

É preciso dizer ainda que, no que diz respeito ao estado de São Paulo, localizado a cerca de 2 mil quilômetros de Buenos Aires, compreende-se que o efeito de proximidade exercido pelos Estados Unidos sobre as empresas quebequenses não encontra equivalente nas empresas desse estado. Esse baixo nível de exportação das empresas paulistas pode gerar um sentimento de falsa segurança, mas corre o risco de custar caro ao Brasil, que seria um dos raros países hoje em dia com capacidade de prosperar sem lançar mão das exportações.

Portanto, considera-se que o Brasil deve dar destaque ao desafio da exportação (Fairbanks, 2000). Buscando conquistar novos mercados, as empresas brasileiras teriam à sua disposição o melhor meio de definir o volume adequado a ser produzido, de acordo com a evolução da demanda dos consumidores. E, para consegui-lo, os dirigentes brasileiros necessitam de inovações de diversas naturezas.

Exemplos de desenvolvimento local em meio rural

O CLD de Arthabaska – garantir o crescimento das empresas existentes e promover a vinda de outras

Trata-se do Centro Local de Desenvolvimento da região de Bois-Francs, onde a equipe foi recebida pelo coordenador. O comissário industrial local é o diretor-geral do CLD e o coordenador é um advogado de formação. O CLD visitado engloba apenas quatro cidades (Victoriaville, Waewick, Daveluyville e Kingsey Falls) e o seu foco é o desenvolvimento industrial. Todos os CLD têm basicamente a mesma missão (o que muda são as vocações de cada região e as condições em que elas se encontram em cada momento).

Victoriaville contribui com 83% dos recursos municipais (a contribuição é proporcional à população das cidades envolvidas no

CLD). A região de Bois Francs tem uma grande quantidade de imigrantes da África, Ásia e da região dos bálcãs (Iugoslávia), o que dá uma caracterísitca de grande diversidade cultural à região e ao tipo de atividade desenvolvida.

São dois objetivos: garantir o crescimento das empresas já existentes e levar outras às localidades (principalmente do exterior). Hoje eles têm duas missões na Europa, uma na França e outra na Espanha.

O CLD está operando atualmente com um índice de recuperação dos materiais de 55% (um índice de 25% já é considerado bom, segundo os padrões internacionais).

Eles têm quatro programas de apoio:

- Apoio ao trabalho autônomo;
- Jovens promotores;
- Fundos locais de investimento;
- Fundos de economia social.

Dois sócios contribuem para os programas:

- Corporação de Desenvolvimento Econômico de Bois-Francs;
- Corporação de Desenvolvimento Comunitário de Bois-Francs.

O Plano de Ação do CLD tem como objetivos:

- incrementar o apoio ao empreendedorismo;
- promover a criação de empresas por parte de mulheres e jovens, em domínios diferenciados ou de ponta;
- lutar contra a evasão escolar;
- reforçar as ligações entre as parcerias para os empegos;
- apoiar o exercício de ações concentradas em matéria de recursos humanos;
- estudar e promover as mudanças quanto ao lugar dos jovens e das mulheres no nível participativo e decisorial;
- coordenar uma atitude de promoção do território de Bois-Francs;
- aproximar os dirigentes dos principais atores socioeconômicos;
- facilitar as intervenções no meio;

- atingir as demandas do meio, através de certas necessidades coletivas identificadas;
- fornecer normas e padrões de desempenho e controle;
- fornecer aos tomadores de decisão todas as informações pertinentes no momento apropriado.

Os CLD recebem dinheiro do governo para investir na criação de empresas. O pagamento deste empréstimo pode ser efetuado em um período de 4 anos, sem juros. As empresas criadas são, na sua maioria, industriais. Eles tentam também salvar empresas que irão fechar, transferindo-as para outros emprendedores e investindo nelas.

O programa Jovens Promotores conta com uma dotação inicial de Can$ 5 a 10 mil para o empreendedor começar o seu negócio. Esses recursos são doados e destinam-se necessariamente a jovens com menos de 35 anos.

Há também um programa de subvenção salarial para desempregados, no qual cada pessoa pode receber Can$ 280 por semana, durante um ano. Além disso, possuem um programa de apoio às empresas de caráter social, que conta com valores de Can$ 20 a 50 mil de subvenção para suas atividades.

Também são desenvolvidos catálogos eletrônicos para as empresas, para apoiá-las nas atividades de divulgação dos seus produtos e nas vendas.

O CLD apóia simultaneamente o desenvolvimento econômico e comunitário. Os recursos vêm do governo provincial e dos municipais (o governo federal não participa). O Plano de Ação feito é sempre trienal, com objetivos mais gerais e outros quantificados. O papel de *concertation* social é muito importante no CLD.

As características básicas do empreendedor local, segundo apurado por eles, são:

- está voltado para pequenas e médias empresas;
- tem pessoas interessadas em começar seu próprio negócio na região;
- recebe salários baixos, de um modo geral;
- são pessoas bem-sucedidas na região;
- sao competentes, mas não têm capital (eles querem ajudar essas pessoas a começar os seus negócios, se instalar e ficar na região em termos definitivos).

Victoriaville tem uma população aproximada de 40 mil habitantes e um índice de desemprego de 8 a 8,5% (Drummondville tem 7,5% e a província do Quebec como um todo tem 14%). Portanto, os resultados do trabalho estimulando o empreendedorismo na região têm se mostrado muito positivos.

Drummondville, que é a região vizinha mais próxima e com um dos melhores índices de desenvolvimento do Quebec, é mais conhecida, fazem mais propaganda do distrito industrial e do estímulo ao empreendedorismo, mas as diferenças em termos de desempenho, de estímulo aos novos negócios e de desenvolvimento local são muito pequenas entre elas.

O atual coordenador está há apenas um ano no CLD. Ele trabalhou como consultor jurídico em uma empresa de construção no Quebec – atuou na África, nas Antilhas, nos EUA e em outras províncias canadenses. Entre os comissários industriais, não há um perfil muito definido e suas formações são muito diversificadas.

Hoje o CLD quer gerenciar seus próprios financiamentos, recebidos do governo, e está negociando isso no momento. O turismo também se torna cada vez mais importante na região, sendo muito incentivado pelo CLD.

A Câmara de Comércio é muito ativa, e a maior empresa dessa região tem 450 funcionários. Há também muitas empresas de produtos lácteos e de queijos (a região é a maior produtora de leite do Quebec). Há também muitas fazendas de milho e o rebanho regional é de 6 mil vacas de leite.

Não há universidades na região, o que dificulta um pouco o desenvolvimento local. Eles contam apenas com uma extensão da Universidade do Quebec, através do Cegep.[8]

---

[8] Os dois últimos anos, depois do secundário, que antecedem o ingresso nas instituições de ensino superior (diferente do nosso sistema). Com isso, os estudantes acabam ingressando na universidade um pouco mais velhos (19 a 20 anos de idade) e, portanto, mais maduros.

Qual é a esperança da Gaspésie?

Em dezembro de 2001, pouco antes do Natal, o primeiro-ministro do Quebec e um grupo de ministros foram a Chandler anunciar a reabertura da fábrica de papel Gaspésia. A contribuição dos governos federal e provincial, bem como de alguns parceiros, permitiu injetar 264 milhões de dólares canadenses para transformar radicalmente a velha fábrica. Dos cerca de quinhentos antigos operários, aproximadamente a metade encontrou ali um emprego bem remunerado. O povo de Chandler não poderia ter recebido melhor presente de Natal. Mas seria importante ficar atento contra a tentativa de renovação de tal procedimento nos anos futuros.

Para garantir seu futuro, os gaspesianos devem diversificar sua economia, por meio do empresariado local. À semelhança do que se observa em outras regiões, é necessário investir nas PME inovadoras com alto valor agregado.

Foi por ocasião da criação da segunda Universidade Rural Quebequense, organizada no outono de 1999 em Trois-Pistoles,[9] e após um colóquio sobre o futuro da Gaspésie, do qual André Joyal teve a oportunidade de fazer parte das esperanças demonstradas pelas PME, com base nos trabalhos realizados no Quebec central e em observações realizadas por todo o Canadá.[10] Alguns dos trechos a seguir foram tirados de sua contribuição na obra coletiva organizada por Danielle Lafontaine, da Université du Québec à Rimouski[11] mencionada na introdução. "Venha dizer ao nosso povo o que é desenvolvimento local. Venha motivar nossos representantes e nossos líderes!", eis o que um jovem agente de uma corporação de desenvolvimento econômico, hoje transformado em CLD pela MRC de Rocher Percé, dizia a André Joyal em 1990.

---

[9] Site Internet: http://ururale.uqar.qc.ca/ururale/bsl/index.htm

[10] Graças ao seu envolvimento na Fundação Canadense de Diversificação Rural (Fondation Canadienne de Diversification Rurale).

[11] Conforme capítulo de André Joyal: Que faire avec la Gaspésie? *Em Choix publics et prospective territoriale, op. cit.*, introduction.

É ali que está localizada Chandler, uma cidadezinha de 3 mil habitantes, fortemente atingida pelo fechamento do seu principal empregador, a Gaspésia. Na época, essa fábrica de papel já ameaçava demitir duzentos operários, ou um terço do seu efetivo. Em colaboração com o CADC e o Grupo de Apoio às Iniciativas Jovens (Groupe de soutien aux initiatives jeunesse), a Corporação de Desenvolvimento (Corporation de développement) buscava uma alternativa para a dependência de um grande empregador sempre passível de fechar as portas, dependendo dos caminhos da conjuntura econômica.

Durante um fim de semana, cerca de sessenta pessoas, pertencentes às forças vivas do meio, refletiram sobre as diferentes formas que o desenvolvimento econômico poderia assumir, caminhando, como diz o ditado, com suas próprias pernas. Em nenhum momento foram exigidos projetos estruturadores vindos de iniciativas externas à região como, infelizmente, às vezes ainda é exigido com insistência. Com base em fatos vividos em outros lugares, e em circunstâncias semelhantes, logo ficou claro que o desenvolvimento pela e para a comunidade não era um *slogan* sem sentido.

Um ano mais tarde, ainda em Chandler, houve o Encontro da Gaspésie e das Iles-de-la-Madeleine (Ralliement gaspésien et madelinot), que reuniu cerca de 7 mil pessoas para

> declarar em alto e bom tom seu desejo de tomar nas próprias mãos o futuro da Gaspésie e das Iles-de-la-Madeleine. Pretendia-se que as pessoas da região assumissem a responsabilidade. O objetivo era se fazer ouvir, que o clamor partisse da Gaspésie e chegasse até Quebec e Ottawa (Marcoux, 2001).

Entre os onze princípios que basearam o encontro, observam-se:

- um apelo em nome do desenvolvimento durável;
- a reivindicação de uma descentralização maior;
- a valorização da região e da questão de pertencer a essa região;
- a valorização e o desenvolvimento dos recursos humanos;
- o desenvolvimento integrado dos recursos;
- a busca do pleno emprego;
- o beneficiamento e a comercialização dos recursos da região.

Não há melhor apelo que aquele em favor da virtude, e sabe-se do quê o inferno é feito. Será esse o motivo pelo qual houve tão pouco progresso no sentido do desenvolvimento local? Será que ainda se procura ver a Gaspésie como sempre se viu, ou seja, uma região fornecedora de recursos? E esses recursos, será que ainda existem, e, principalmente, será que eles ainda são necessários?

Foi ensinado no passado, e há quem ainda ensine, que as regiões periféricas são fornecedoras de recursos para os grandes centros, ou seja, necessários em Montreal e em todos os grandes centros. Mas nem a multimídia, a indústria farmacêutica, a aeroespacial, as biotecnologias, os serviços de consultoria, nem outros setores, cujo dinamismo gera há alguns anos centenas de milhares de novos empregos na região de Montreal, precisam dos recursos naturais da Gaspésie. A nova economia consome pouca matéria-prima. Seu principal fator de produção é a matéria cinzenta, e não a matéria lenhosa ou mineral.

Foi o que compreenderam alguns atores da região vizinha, do Bas-Saint-Laurent. A prova é o Fundo Regional do Bas-Saint-Laurent (Fonds régional du Bas-Saint-Laurent) e seus cerca de Can$ 3 milhões (em torno de US$ 2 milhões) em investimentos previstos antes do final de 1999. As prioridades desse fundo são as empresas com potencial exportador, a diversificação da indústria regional, bem como as empresas que tenham influência significativa no desenvolvimento, na região, de novos setores econômicos (indústrias de ponta e do conhecimento). E se uma imagem vale mil palavras, o mesmo vale para um exemplo concreto: Les Boiseries du St-Laurent (Madeireiras do St-Laurent). Essa empresa de Métis-sur-Mer, que emprega vinte pessoas, apresenta todas as características de uma PME inovadora, graças aos novos produtos e aos seus métodos de fabricação.

Esses dois exemplos de comportamento e visão demonstram que alguns atores se afastam da imagem tradicional da PME rural. Sendo a porta de entrada da Gaspésie, esses casos deveriam servir como inspiração, bem como os casos apresentados na Segunda Universidade Rural Quebequense (Deuxième Université Rurale Québécoise), que permitiu um encontro de empresários de PME inovadoras.

Em Saint-Jean-Port-Joli, o principal empregador local, que atua na área metalúrgica, recentemente viu o seu efetivo ultrapassar os trezentos empregados, obrigando-o a ampliar suas instalações. Também se observa uma evolução importante no parque industrial de Saint-Pamphile, uma cidadezinha próxima, em que as seis PME existentes precisaram realizar ampliações, devido à conjuntura favorável. Vê-se, portanto, que o desenvolvimento em torno do empreendedorismo local não é uma quimera, constituindo o esqueleto das estratégias atuais em matéria de desenvolvimento local.

Apresentando forte valor agregado e lançando mão das novas tecnologias, surgem cada vez mais PME, em maior número que antes, em setores que nada têm a ver com os famosos recursos naturais. Foi o que provaram alguns agentes de desenvolvimento, ao criarem, em pleno centro de Terra Nova (Bishop Falls), PME inovadoras que exportam para países tão distantes quanto o Japão.[12] Como se sabe, os terra-novenses têm muito em comum com os gaspesianos. Em conseqüência, o que é possível acontecer na província mais pobre do Canadá, e mais distante dos grandes centros urbanos, também poderia acontecer na Gaspésie, desde que fossem ativadas as parcerias necessárias.

É importante não abandonar os empreendedores à própria sorte, mas acompanhá-los continuamente em seus trabalhos. Isso vale para a exploração de novos mercados, internos ou externos, para a adoção de novas tecnologias, para o recrutamento de mão-de-obra especializada, para a pesquisa de novas alianças estratégicas, para se beneficiar de programas governamentais de auxílio etc. Como se vê, a informação é uma variável fundamental para o bom funcionamento das PME nas regiões periféricas.

Em Bishop Falls, a estratégia empregada pelo agente de desenvolvimento local, um jovem especialmente dinâmico, consistiu em convidar os empresários terranovinos estabelecidos em todo o Canadá, em pontos tão distantes como Vancouver, a conduzirem suas atividades em sua terra natal. Embora não seja possível fazer o mesmo com os empreendedores gaspesianos espalhados pelo território quebequense, ao menos é possível imaginar iniciativas passíveis de estimular um clima empresarial favorável.

[12] André Joyal visitou a região em duas ocasiões.

A inovação deve assumir diferentes formas, quando se deseja diversificar a economia de uma região. No que tange às PME manufatureiras do meio rural, seu florescimento está intimamente ligado à sua capacidade de inovação, que depende muito do uso de redes de informação eficazes. E, de fato, as PME de maior sucesso são aquelas que dominam as informações tecnológicas, as da concorrência e as comerciais.

Em um contexto rural, as informações destinadas às empresas freqüentemente se mostram inacessíveis ou mal adaptadas às suas necessidades. Portanto, é preciso fornecê-las para estimular o surgimento de novas atividades. Assim, não basta lançar *slogans* como o famoso *Prenez-vous en mains!* (Tomem nas próprias mãos!). Os resultados dos trabalhos do Instituto de Pesquisa sobre as PME (Institut de Recherche sur les PME), com PME rurais do Quebec central, demonstram que elas, com freqüência, nada têm a dever em relação às PME urbanas, tanto em termos de inovação quanto no que se refere à penetração nos mercados externos. Essa nova situação é o resultado de mudanças na importância dada aos fatores localização e produção, assim como da visão dos empreendedores do meio rural. Hoje, as PME rurais estão em condições de buscar as informações de que precisam. Então, por que não se veria um florescimento do empreendedorismo na Gaspésie?

Os governos provincial e federal devem assumir suas responsabilidades, o que já fazem, disseminando os CLD e SADC por todo o território. Por esse motivo, pode-se falar, efetivamente, de reformas nas políticas regionais. A ação desses órgãos mostra claramente que o desenvolvimento local é o encontro de dois caminhos, um ascendente e outro descendente, em uma versão do ditado "Ajuda-te, que o céu te ajudará". Cabe aos gaspesianos lançar mão dos meios postos à sua disposição.

As organizações locais, que são responsáveis pelo fornecimento de informações e o enquadramento dos jovens empresários, têm um papel fundamental, como será visto com os exemplos de um SADC do Quebec central, de um CLD da Haute Côte-Nord, de um programa europeu dedicado ao desenvolvimento rural e, por fim, de uma organização brasileira dedicada à defesa e à promoção dos interesses dos pequenos produtores agrícolas.

A Sociedade de Auxílio ao Desenvolvimento das Coletividades da MRC de Maskinongé[13]

Sendo um total de 54 em todo o Quebec não-metropolitano, as SADC representam uma rede de especialistas e de trocas, com cerca de trezentos funcionários permanentes, além de novecentos voluntários. A SADC de Maskinongé assumiu como missão estimular a participação da comunidade, através da responsabilização pelo próprio futuro, graças ao desenvolvimento local. Ela é responsável por:

- desenvolver um conceito de futuro;
- apoiar a comunidade para enfrentar os novos desafios tecnológicos;
- enfrentar o êxodo de jovens;
- apoiar a criação, a consolidação e o desenvolvimento de empresas, oferecendo-lhes auxílio financeiro e serviços de consultoria administrativa;
- envolver-se na criação de nichos adaptados à realidade do meio.[14]

Para criar empregos, a SADC dispõe de um fundo de investimentos de Can$ 1,6 milhões. Seus empréstimos podem atingir o valor de Can$ 125 mil com ou sem garantias, com taxas de juros em função dos riscos envolvidos. Nos anos de 1999–2000 a organização deu continuidade a 33 projetos, relacionados a sete setores de atividades, envolvendo a criação e a manutenção de cerca de 250 empregos, divididos por dez municipalidades. Sendo apenas um dos cinco meios de intervenção da SADC, a área de apoio às empresas passou por uma grande expansão a partir de 1998. Ela conta com o trabalho de dois agentes, que têm como tarefa suprir as necessidades das empresas nas diversas áreas da gestão (preço de revenda, marketing, P&D, entre outras).

---

[13] Localizada na margem esquerda do rio Saint-Laurent, 30 km a leste de Trois-Rivières.

[14] Rapport annuel, 1999–2000, SADC de la MRC de Maskinongé, Louiseville.

Em outra área de atuação, a SADC gerencia três Centros de Acesso Comunitário (Centres d'Accès Communautaires), que buscam colocar a informática ao alcance de todos, sejam indivíduos, sejam empresas. Da mesma forma, através do seu projeto Estratégia-Juventude (Stratégie-Jeunesse), a SADC promove o empreendedorismo junto aos jovens, para conservá-los na região. Desse modo, empréstimos pessoais variando entre Can$ 5 mil e 15 mil são disponibilizados para eles, às vezes com carência de juros por até dois anos. Com o mesmo objetivo, o projeto Jovens Estagiários (Jeunes-Stagiaires) permite integrar jovens de 16 a 30 anos nas empresas da MRC. Desse modo, os empregadores, com a ajuda de uma subvenção salarial, têm condições de remunerar seus jovens estagiários.

Com seus vinte administradores voluntários e seus oito funcionários permanentes, a SADC cobre um território de 1.886 km^2, que compreende treze municipalidades. Em conjunto com diferentes parceiros da região, a SADC desempenha integralmente seu papel de agente de desenvolvimento local.

O CLD da Haute Côte-Nord

Construída no início de 1998, substituindo a Corporação de Desenvolvimento Econômico da Haute Côte-Nord (Corporation de Développement Économique de la Haute Côte-Nord), o CLD pretende ser um centro de prestação de serviços diversos ao empresariado da MRC. Seu conselho de administração é formado por quinze administradores com direito a voto e três administradores sem direito a voto, além do deputado do condado. Além disso, tem um comitê de investimentos, formado por quatro pessoas, das quais duas também participam das decisões da Solide. Cabe a esse último comitê estudar os pedidos de ajuda voltados para os diferentes fundos gerados pelo CLD: Fundo Local de Investimento (Fonds Local d'Investissement), Jovens Promotores (Jeunes Promoteurs), Fundo de Economia Social (Fonds d'Économie Sociale) e Solide.

Como todo CLD, ele é responsável, entre outras funções, por elaborar um Placée, levando em consideração o plano estratégico do Conselho Regional de Desenvolvimento (Conseil Régional de

Développement), o que implica em intervenções em diferentes áreas, das quais uma está ligada ao estímulo econômico e ao desenvolvimento de empresas durante o ano em curso. A segunda área está ligada ao plano estratégico 1999–2004, que compreende diferentes eixos, alguns incontornáveis:

- **floresta:** um estudo de oportunidade, que se transformará em empresa;
- **indústria e comércio:** buscará estimular projetos de transformação secundária e terciária;
- **agroalimentar:** pensa-se no beneficiamento de pequenos frutos;
- **turismo:** graças à revitalização de uma organização local, pensa-se no desenvolvimento de um corredor turístico;
- **pesca comercial:** em um primeiro momento, protegeria as infra-estruturas portuárias existentes.

Entretanto, a partir do programa Jovens Promotores, espera-se criar dezoito empregos, através de pouco mais de uma dúzia de projetos. Enquanto isso, seis projetos ligados à economia social poderiam gerar cerca de vinte empregos.

Para cumprir suas diversas funções, em 2000, o CLD recebeu uma subvenção de cerca de Can$ 259 mil do Ministério das Regiões (CDL de la Haute-Cotê Nord, 2000).

Novamente, para ilustrar o que é feito em outros lugares, convida-se a atravessar o oceano e examinar um programa de desenvolvimento rural implantado em toda a União Européia. Um último exemplo, brasileiro, será seguido por considerações sobre a função do agente de desenvolvimento.

O programa Leader e os desafios do mundo rural[15]

Parcialmente inspirado no programa canadense de desenvolvimento das coletividades, no início dos anos de 1980, a comunidade européia implantou o programa Leader (Liaisons Entre Actions de

[15] http://www.rural-europe.aeidl.be

Développement de l'Économie Rurale – Ligações Entre Ações de Desenvolvimento da Economia Rural), com o objetivo de estimular o desenvolvimento das zonas rurais. As quatro dimensões do programa mostram a relação com o desenvolvimento local:

- um objetivo econômico de adaptação, manutenção e criação de empregos e atividades;
- um objetivo social de reforço da coesão e da integração;
- um objetivo cultural de apropriação e valorização do patrimônio;
- um objetivo de preservação e renovação dos recursos disponíveis.

Nove pontos-chave guiam a ação no interior desse programa:

- a mobilização da população local e a coesão social;
- a cultura e a identidade do território;
- as atividades e os empregos;
- a imagem do território;
- as migrações e a inserção social e profissional;
- o meio ambiente, a gestão dos espaços abertos e dos recursos naturais;
- a evolução tecnológica;
- a competitividade;
- o acesso aos mercados.

Considerando-se a importância dada à inovação no ponto de partida para o desenvolvimento local, é interessante constatar que, no âmbito desse programa, a inovação aparece como a alavanca das mudanças e adaptações necessárias para obter o desenvolvimento durável da região. Elas se referem à criação de novos produtos ou serviços, à implantação de novas estruturas, métodos ou formas de organização. A inovação é vista como um meio para enfrentar os principais desafios encontrados pela região; entre outras coisas, a inovação permite reforçar as redes e os espaços coletivos de intercâmbio e de decisão.

Ao final da primeira fase (1994), a França tinha cerca de quarenta locais em que o programa estava implantado, enquanto a Comunidade Européia tinha, na época, mais de 250. Ao final da segunda fase (Leader II), cinco anos mais tarde, o programa estava implantado em 177 locais (envolvendo 14 mil comunas e 8,7 milhões de habitantes), na França, e 1.005 em toda a Comunidade Européia. Quatro elementos-chave caracterizam a segunda fase:

- uma abordagem ascendente;
- uma abordagem territorial;
- um papel de laboratório;
- a implantação da rede.

A ativação desses elementos se baseava em quatro princípios: concentração dos fundos disponíveis, adicionalidade (efeito de alavancagem), parceria e subsidiaridade.

Os sucessos obtidos pelo programa levaram à adoção de uma agenda 2000, visando ao desenvolvimento das regiões atrasadas e daquelas que estavam passando por transformações sociais e econômicas. O conjunto se encontra dentro de uma estratégia que busca apoiar os programas territoriais e estimular o surgimento de projetos de território. Ciente dos limites dos programas de desenvolvimento local, o programa Leader indica determinados desafios, dos quais o primeiro consiste, precisamente, em fortalecer ou criar novas formas de democracia. Pensa-se nas diferentes formas de parceria entre atores locais, quer sejam administradores regionais ou organizações da sociedade civil. Desse modo, insiste-se em lutar contra as organizações antidemocráticas (máfias, grupos de interesses, clientelismo etc.).

Em seguida, há o desafio de criar novas atividades, através da mobilização dos meios financeiros locais (por exemplo, recorrer à economia de proximidade). A isso se acrescenta o desafio do domínio de novas tecnologias ligadas às competências das regiões. E, por fim, menciona-se, com propriedade, o desafio da competitividade nas escalas internacional e dos territórios. Nesse último caso, evoca-se a necessidade de dominar a cooperação como forma complementar da competitividade, em oposição a uma competitividade conflitual.[16] Como se pode ver, o desenvolvimento local não é fácil. Não faltam exemplos, dos quais é possível retirar ensinamentos bastante úteis e constatações otimistas.

Um exemplo brasileiro de desenvolvimento local em ambiente rural

O Centro de Agricultura Alternativa do Norte de Minas (CAA) está localizado no nordeste do estado de Minas Gerais, a região mais pobre desse estado que, com o vizinho São Paulo é um dos pilares da economia do país. Quando da visita de André Joyal, em 1995, o centro era dirigido por um jovem agrônomo e um jovem sociólogo, recém-saídos da universidade. Sua tarefa era estimular os camponeses, para que recusassem ofertas de compra dos grandes latifundiários, interessados em substituir as culturas tradicionais pela soja, destinada à exportação, ou pelo eucalipto, para fabricação de carvão.

Financiado principalmente pelo governo federal, o CAA faz parte de uma rede de centros equivalentes, encontrados em cada um dos 26 estados brasileiros. Seu objetivo é o mesmo em toda parte: evitar o êxodo rural, que condena os camponeses à miséria nas favelas ou, o que não é melhor, os transforma em carvoeiros, fabricantes de carvão, em suas antigas terras, por um salário irrisório, e em condições de trabalho lamentáveis.

Para estimular os pequenos produtores agrícolas a recusar as quantias oferecidas pelas empresas ou grandes proprietários de poucos escrúpulos, é preciso haver uma alternativa a lhes oferecer. Nesse caso, esta tomou a forma de um estímulo para o aumento da produtividade das culturas, com o auxílio de técnicas agrícolas típicas da agricultura biológica. Trata-se de implantar projetos agrícolas que respeitem a biodiversidade, aproveitando as variedades de culturas existentes.

Desse modo, estimula-se o acesso, através de circuitos curtos, aos mercados urbanos da região, oferecendo aos consumidores produtos de primeira qualidade. Todos se beneficiam: consumido-

[16] Após as duas primeiras fases, chamadas Leader I e II, se acrescentou a Leader+, que se estenderá até 2006

res e pequenos produtores. A promoção das culturas tradicionais estimula o fornecimento dos mercados locais, com produtos que são uma das riquezas patrimoniais do país, em um contexto em que a globalização ameaça a humanidade de se alimentar apenas com laranjas ou milho de uma única variedade.

Para cumprir sua missão, como toda organização envolvida no estímulo de uma estratégia de desenvolvimento local, o CAA deve agir através de acordos com os parceiros locais, que são as associações, instituições de ensino e as administrações municipais. E, naturalmente, coloca-se em prática o trinômio "informar, encorajar e agir".

Como se vê, um novo tipo de agente econômico surge em diferentes pontos do globo. No Quebec, desde 1988, cerca de quarenta postos de agentes de desenvolvimento rural foram implantados pelo Ministério das Regiões.

Esses interventores, de algum modo, fazem pensar no que Léo Dayan define como agentes de desenvolvimento de proximidade, cuja função é trabalhar com o futuro de um território, apoiando os três pilares essenciais e necessariamente associados, que são o econômico, o cultural e o social. São agentes e, ao mesmo tempo, são também:

- catalisadores de pessoas e idéias;
- facilitadores que administram problemas administrativos e técnicos;
- catalisadores de energias e vontades;
- mediadores, desfazendo conflitos em busca do consenso em torno de um projeto;
- estimuladores da camada local, econômica e associativa;
- coordenadores de todos e, principalmente, dos recursos humanos;
- administradores e contadores do uso dos fundos públicos.

Em resumo, trata-se de uma pessoa-orquestra que, no cruzamento dos caminhos, dinamiza as relações, puxa os cordões, gera os calendários e impede os fracassos (Dayan, 2001).

Mas, como escreveu S. Speck no início da sua famosa obra *Le chemin le moins fréquenté* ["O caminho menos freqüente"] (1987), a vida não é fácil. Na verdade, nada é fácil, e o desenvolvimento local não foge a essa regra. É por esse motivo que, como conclusão, parece ser necessário formular alguns cuidados ou mencionar alguns fatores passíveis de resfriar os ânimos. A intenção é permanecer com os pés firmes no chão, conscientes da realidade. Não há melhor maneira de apoiar solidamente uma visão otimista.

Conclusão

Os homens devem criar as oportunidades, ao invés de esperá-las.
Francis Bacon

O capítulo anterior termina com uma constatação otimista. Um otimismo que, verdade seja dita, nem todos compartilham. É fato amplamente conhecido que o êxodo dos jovens neste início de século XXI continua sendo uma das realidades mais gritantes. Também é fato bastante sabido que as esperanças baseadas nas retomadas de novas tecnologias em regiões afastadas tardam a se manifestar. E não é apenas o socorro oferecido à fábrica de papel Gaspésia de Chandler que garantirá à Gaspésie um futuro mais promissor; é preciso mais. Isso aceito, o ponto de vista apresentado pelos autores se baseia na observação de determinados fatos e de potencialidades que parecem bastante reais.

Esta obra contém um bom número de exemplos de sucesso ou de implantação de estratégias visando a consolidar as bases das economias locais. A lista poderia ser ampliada sem dificuldades. Seria dizer que coisas estão sendo feitas, onde e com que resultados. Certamente seu número é insuficiente em relação à importância do desafio a superar, mas cada vez mais as tentativas dão lugar à ação. É desse modo que se coloca em prática o princípio de *aprender fazendo*, tão popular nos Estados Unidos. Sim, as forças vivas dos meios locais aprenderam muito, e ainda aprendem bastante, tanto no Quebec, já há mais tempo, como, mais recentemente, no Brasil.

Não é exagerado destacar que, no que se refere às estratégias de desenvolvimento local, dez ou quinze anos é pouco. Estimular uma cultura empresarial exige tempo. Hoje em dia, o Quebec mostra seus resultados, com o auxílio de estruturas implantadas em todo o seu território. E o Brasil também já começa a mostrar os seus próprios resultados. Alguns espíritos mal-humorados tendem a desistir rapidamente, diante de resultados que, a seus olhos, demoram a aparecer. Volte-se ao início do século passado. Não faltavam observações sobre o telefone, inventado algumas décadas antes, dizendo que ele não exerceria influência notável sobre o desenvolvimento econômico. Contudo, não demorou para que ele se tornasse indispensável. Por que o mesmo não ocorreria com as tecnologias da informação? Deve-se dar uma chance ao tempo.

Como a PME está no âmago de todas as estratégias de desenvolvimento local, mais uma vez não faltam motivos para otimismo. As alusões aos trabalhos realizados no Instituto de Pesquisa sobre as PME da UQTR (Institut de Recherche sur les PME de l'UQTR), durante a realização desta obra, demonstram uma evolução bastante real. O que os empresários quebequenses realizaram nos últimos trinta anos é considerável. Sua herança está à disposição dos atores locais e de todos os empreendedores em potencial. É necessário apenas fazer bom uso dela e nada se opõe a isso.

Talvez se possa dizer que, freqüentemente, esses estudos sobre as PME inovadoras dizem respeito a uma elite, e que, no conjunto, as PME ainda têm muito a fazer, diante dos desafios de uma economia cada vez mais aberta. A isto responde-se que, se uma andorinha não faz verão, quando se está diante de uma revoada, o inverno de fato terminou. E é exatamente isso que se observa nas PME, mesmo em ambiente não urbano. As PME inovadoras são suficientemente numerosas para mostrar que os obstáculos colocados no caminho de qualquer empresa não são intransponíveis. Isso se torna mais fácil com a união, como exige toda estratégia de desenvolvimento local.

Contudo, a vida não é um mar de rosas e, principalmente, não se deve supor que os trabalhos associados ao desenvolvimento local representem a panacéia para os problemas das regiões fortemente afetadas pelo empobrecimento econômico. Assim, como se concedem empréstimos apenas aos ricos, por motivos fáceis de compreender, são as regiões mais desenvolvidas que recebem mais apoio para o seu desenvolvimento econômico. E não é repetindo *slogans* do tipo "Que as populações locais assumam a responsabilidade!", "Que as regiões utilizem principalmente seus próprios recursos!" e outros do tipo "Pensar globalmente, e agir localmente!" que as coisas necessariamente mudarão em uma região desfavorecida.

Uma região que sempre dependeu do aproveitamento dos seus recursos naturais, através de grandes empresas de capital estrangeiro, não se transformará em militante da nova economia de um dia para o outro. Não se transformam, em alguns meses, antigos operários de uma fábrica de celulose e papel em empreendedores capazes de estruturar uma pequena empresa, com alto valor agregado. Mas pode-se reorientar os mais jovens para as atividades procuradas por esse tipo de empresa. Do contrário, o êxodo poderia representar a única opção possível. E talvez seja esse o destino reservado a determinadas regiões, sem projetos e bastante desprovidas ou muito deficientes de infra-estruturas, por conta de uma fraca massa crítica demográfica, resultante de um isolamento que as novas tecnologias não podem compensar.

Ninguém é obrigado ao impossível

A Basse-Côte-Nord abandonada pede ajuda. Essa era a manchete do artigo escrito, a título de colaboração, para um jornal diário de Montreal, por um colega da Universidade Laval. Ele fazia alusão a uma reivindicação dos habitantes de Natashquan,[1] encaminhada à Assembléia Nacional, exigindo (por sua vez) intervenções governamentais em termos de desenvolvimento econômico (Duhaime, 2001). Sabe-se que essa região, após a crise do bacalhau, é a menos

[1] Pequena aldeia muito distante dos grandes centros, perto da embocadura do Rio São Lourenço.

favorecida de todas as regiões afastadas do Quebec. Há alguns anos, respondendo ao convite de um agente de desenvolvimento da SADC de Sept-Îles, André Joyal foi se encontrar com atores locais em Blanc-Sablon e em Chenery,[2] a fim de ver como seria possível estimular a implantação de uma estratégia de desenvolvimento local. Tratava-se de abordar a problemática do desenvolvimento em um território costeiro, de aproximadamente 450 km, no qual se espalha, em quinze pequenas comunidades, uma população de aproximadamente 5 mil habitantes. A ausência de estradas obriga, de acordo com as estações, o uso de *moto-neiges* ou de embarcações, (ou o uso de aviões) para chegar à maioria dessas cidadezinhas. As dificuldades dos meios de comunicação explicam em parte a rivalidade entre as duas metades da população, dependendo de onde habitam, na parte leste ou oeste da região. O que fazer em tais condições? Pobre agente de desenvolvimento! Missão impossível, deve-se admiti-lo? O antigo ministro francês da Organização Territorial, o incomparável Charles Pasqua, já declarou: "Não existem territórios em crise, apenas territórios sem projeto". Infelizmente, parece ser o caso dessa região, denominada Basse-Côte-Nord.

No entanto, a região é bela. Se os ricos turistas europeus vão até o Yukon para descansar, certamente ficariam satisfeitos com a Basse-Côte-Nord, especialmente na época dos *icebergs*. Mas seria preciso alojá-los e transportá-los quando chegassem, e encontrar outras atividades, além da mera contemplação dos horizontes marítimos. Aqui, a opinião do economista neoliberal Fernand Martin, citado na Introdução, se mostra pertinente. O desenvolvimento local já é exigente em condições normais; não se deve confiar a ele desafios desmesurados, capazes de engendrar desilusões amargas. É responsabilidade das organizações presentes, como as CDL e outras SADC, estimular o surgimento de projetos capazes de responder às necessidades de criação de empregos. Infelizmente, sempre haverá regiões sem projetos, além de outras, com projetos em número insuficiente.

Em oposição à crença popular, como foi visto no Capítulo 3, o dinheiro nem sempre é o principal ponto fraco. Os fundos necessá-

[2] Dois outros pequenos vilarejos dessa região muito afastada.

rios para implantar projetos de empresas viáveis e que respeitam premissas do desenvolvimento local e durável existem. Que os autores dos projetos comprovem sua seriedade, e a ajuda financeira lhes será concedida. Contudo, não basta que os fornecedores de fundos estejam bem consolidados, para que novas atividades surjam no horizonte em curto prazo. Desenvolver uma cultura empreendedora pode demorar toda uma geração, ou seja, o tempo necessário para que a população, através dos seus líderes, seja capaz de compreender o papel que lhes cabe. Nesse meio tempo, a participação dessa população no conjunto do processo pode encontrar diferentes obstáculos. Inevitavelmente, esse é o caso quando se está no contexto de um país em desenvolvimento, ou em democracias nas quais as oportunidades de participação da população nos processos de tomada de decisão e na escolha dos seus destinos e da alocação dos recursos públicos, são mais restritos, como mostra a seção seguinte.

Um difícil processo democrático

Como se pode imaginar um desenvolvimento local, realizado pela população, diante de políticos locais corruptos, como freqüentemente é o caso nos países do Terceiro Mundo, ou mesmo em democracias já solidamente estabelecidas? Em um mesmo contexto, como imaginar que a população local, em grande parte com baixo nível de instrução, possa realmente participar de um projeto associado aos trabalhos específicos do desenvolvimento local? Tal população, não sendo capaz de contribuir realmente, em razão de sua pouca instrução, não tenderia a confiar nas elites tradicionais ou nos representantes eleitos locais?[3]

Coube a André Joyal responder a essa questão, por ocasião de um seminário de sensibilização sobre desenvolvimento local, realizado em Fortaleza – CE. Sempre no mesmo contexto, é pertinente sensibilizar a população para a necessidade de desenvolver uma cultura empreendedora quando ela está na base dos problemas

[3] O que pode ajudar a compreender a pertinência da pergunta feita pelo estudante mencionado na Introdução.

cotidianos que afetam diretamente sua qualidade de vida? Nessas condições, compreende-se que o prefeito de uma cidadezinha pense, em primeiro lugar, em fornecer aos seus eleitores a infra-estrutura indispensável a uma melhor qualidade de vida (coleta de lixo, eletricidade, sistema de esgotos, transporte etc.). A criação de empregos, através de iniciativas locais, virá mais tarde.[4]

No contexto de um país desenvolvido, os obstáculos à participação da população se apresentam de maneira diferente. A indiferença ou negligência das populações locais talvez sejam os principais fatores que levam determinadas elites locais a ocupar esse lugar, como ocorre na França. Bastante satisfeitos porque o Estado concede novos poderes às regiões, a ocasião é perfeita para que alguns aproveitem para promover interesses individuais. É uma situação que obrigará a revisão de determinadas implicações das leis sobre a descentralização.[5]

No Quebec, os conselhos de administração dos SADC e CLD são compostos por representantes de diferentes grupos intermediários da sociedade. É o mesmo que dizer que as decisões sobre o futuro socioeconômico das microrregiões em que elas se encontram refletem os votos das populações envolvidas? Sejamos realistas. Às vezes, diante de um programa governamental recentemente concebido, uma decisão rápida se mostra necessária para a obtenção de benefícios inesperados. O mesmo também pode ocorrer diante da iniciativa de um autor de projeto, disposto a chegar até onde possa para receber uma acolhida espontânea e calorosa.

E o que pensar da tomada de decisão relativa a um projeto implantado por diferentes grupos ou indivíduos? Quando, após algum tempo, lembra-se da oportunidade de um centro de esqui, de um parque aquático, de um museu ecológico ou de um parque regional, pensando bem, a idéia pode vir de diversas cabeças. Enfrenta-se, então, o difícil problema de arbitragem dos projetos, evocado no Capítulo 3. Mais uma vez, o realismo e o pragmatismo poderão exigir que decisões sejam adotadas sem que sejam seguidos todos

[4] Observação feita a André Joyal pelo prefeito de Propriá – SE.

[5] Por esse motivo, preocupadas em respeitar o ideal republicano, reformas recentes se dirigem para uma recentralização. Assistiremos, nas regiões das 36 mil comunas, a uma nova vitória dos jacobinos sobre os girondinos?

os passos do processo democrático. Contudo, será preciso evitar passar a um outro extremo, como já se observa em alguns CLD. Neles, às vezes se observa uma tendência a "aparar as arestas" um pouco demais, com o objetivo de acelerar as decisões em benefício dos eleitos locais.

Por seu lado, Paula (2001) destaca um obstáculo que não é estranho à capacidade quebequense ou francesa: a baixa credibilidade dos poderes públicos de qualquer nível: municipal, estadual ou federal. Segundo esse autor, "a população local tem inúmeras razões para ter dúvidas quanto ao real compromisso das organizações governamentais em respeitar os procedimentos e resultados de um processo genuinamente participativo". Desse modo, quando se trata de constituir um Fórum ou Conselho de Desenvolvimento Local, as pessoas, como destaca Paula, poderiam dizer: "É apenas mais um...". Portanto, é preciso enfrentar o ceticismo, invertendo as palavras de São Tomé: *É preciso crer para ver...*

Igualmente realista, Paula (*op. cit.*) continua, mencionando que o desafio de reunir as pessoas de uma microrregião em um Fórum ou Conselho de Desenvolvimento Local consiste em obter a presença de representantes de forças políticas rivais. Ele escreve: "nas localidades pequenas, a disputa política é muito personalizada, e as lideranças rivais se recusam até mesmo a freqüentar um mesmo ambiente. Outra dificuldade é convencer as lideranças políticas, sobretudo os vereadores, de que o Fórum ou Conselho Local não concorre com eles nem o substitui".

Por sua vez, Abramovay (2001), no que se refere ao desenvolvimento territorial no Brasil, destaca dois obstáculos principais para que o planejamento brasileiro ganhe efetivamente caráter territorial, em especial nas regiões interioranas e mais distantes, do imenso país que é o Brasil. O primeiro deles está no caráter estritamente municipal da relação entre Estado e atores locais. Os pequenos municípios não podem ser tomados como única instância de planejamento dos potenciais produtivos de sua região, embora tenham uma grande importância na fiscalização dos recursos. É preciso lembrar que, entre o Estado da Federação e o município, há um vazio organizacional, que pode, com certeza, levar à perda de oportunidades promissoras de geração de renda. A iniciativa recente, no âmbito do Programa Nacional de Fortalecimento da Agricultura Familiar (Pronaf), de destinar 15% dos recursos a projetos reunindo consórcios de municípios, é uma boa notícia, mas ainda insuficiente diante das necessidades que se tem.

O segundo obstáculo, de cuja superação depende totalmente o planejamento territorial brasileiro, é a cultura da pré-seleção, hoje tão arraigada nas práticas administrativas. Os municípios beneficiados pelo Pronaf ou pelo programa Comunidade Solidária são escolhidos em razão de um conjunto de indicadores objetivos que mostram, antes de tudo, sua pobreza. Uma vez selecionado, o município vai ao "balcão" do governo e deposita o simulacro de projeto, com base no qual pretende obter os recursos. Não há dúvidas de que é muito ampla, na maioria dos casos, a discussão local que deu origem a esse projeto. Por outro lado, é verdade que a destinação de recursos, com base em algum tipo de projeto, permite controle local e reduz, de maneira expressiva, os desvios e a corrupção.

Mas o que mostram os estudos recentes sobre esse assunto é que, na maior parte das vezes, os projetos assim elaborados se parecem muito mais com uma lista de compras que com um levantamento refletido de potenciais e resultados a serem alcançados. Não há qualquer estímulo real à mobilização dos atores locais, uma vez que, cumpridas as exigências administrativas legais, os recursos já estarão aprovados. Passar do "balcão" ao "projeto", a uma concentração de atores que não pode se restringir ao quadro do município, e que será contratada pelo poder público, em virtude de sua qualidade (e não da pobreza de quem o elabora), é um desafio que, enfrentado adequadamente, pode representar mudanças nas prioridades das políticas públicas de transferência de renda para o interior do País. Trata-se, efetivamente, de estabelecer uma competição entre projetos de qualidade, em que um dos critérios de aprovação esteja no caráter inovador das iniciativas, na junção coordenada das atividades empresariais e na mobilização da inteligência local, representada pelas inúmeras faculdades que hoje se multiplicam pelo interior do País (Abramovay, 2002).

O implacável jogo do mercado

Que respeito se tem por um plano de ação, vindo do planejamento estratégico, quando se está diante de um projeto inesperado e de aparência especialmente sedutora? Que atenção é dedicada ao zoneamento industrial e aos interesses particulares de determinados cidadãos, quando o prefeito de uma pequena cidade se deixa seduzir pela promessa de novos empregos e novos recursos fiscais? Realmente, o tapete vermelho pode ser rapidamente desenrolado, por representantes pouco preocupados com o processo democrático e muito interessados em chamar a atenção, diante de um investidor que promete transformar a paisagem física e econômica de uma microrregião. Para evitar esse tipo de abuso, os níveis superiores do governo devem conservar um direito de observação, ou atuarem com o auxílio de mediadores, para equilibrarem um pouco a situação e os diferentes interesses envolvidos ou, ainda, utilizando o poder de arbitragem, nas suas mãos, ou através de algum especialista preparado para isso. No desenvolvimento local, o Estado tem um papel a desempenhar, e esse papel seguramente não é, e não deve ser nunca, o de Pôncio Pilatos.

É preciso repetir que não se decreta o desenvolvimento local; ele deve passar por uma fase de aprendizagem. Nos Capítulos 4 e 5 foram feitas diversas alusões aos trabalhos de diferentes autores sobre PME em meio não-metropolitano, seja em ambiente considerado urbano, seja em ambiente classificado como rural. Foi demonstrado que o sucesso das PME estudadas não se inscreve em um programa de desenvolvimento local. Ao contrário, na maioria dos casos, surgem basicamente da visão dos empreendedores, da iniciativa dos seus dirigentes, dos contatos com as lideranças locais e da utilização das redes de atuação. Todos os dirigentes das empresas estudadas, quase sem exceção, dirigem seus barcos sozinhos, sem apoio oficial formal, e apresentam um comportamento ferrenhamente individualista.[6]

Trabalhos recentes do geógrafo Paul Villeneuve, da Universidade Laval, realizados na região Chaudière-Appalaches e os do jovem geógrafo David Doloreux, na Beauce, outra região do Quebec, le-

[6] Parrochia, D. *apud* Racine, N. & Villeneuve, P. *Le splendide isolement*, ch. 3, note 4.

vam à mesma constatação. Como dito anteriormente, esses comportamentos são explicados pelo fato de várias dessas empresas terem sido criadas durante os anos de 1970, ou seja, antes da implantação das primeiras organizações locais encarregadas de estimular o surgimento de PME locais. Seus promotores precisaram criar sua própria categoria. Deverá causar espanto que eles declarem ter mais conhecimentos que qualquer agente de desenvolvimento local?

A situação é completamente diferente para os jovens empreendedores quebequenses que ouvem falar de organizações de apoio ao empreendedorismo desde a adolescência. Esses últimos têm interesse em se beneficiar dos ensinamentos oferecidos pela geração precedente. Já sensibilizados pela existência de um leque de programas de apoio à criação de empresas, eles se mostram perfeitamente dispostos a se envolver em um programa de parcerias que concede significado ao desenvolvimento local. Possivelmente, o mesmo poderá ocorrer no Brasil, em um futuro próximo, dado que iniciativas tão bem-sucedidas no Quebec, como as do Agente de Desenvolvimento Local (ou Comissário Industrial, como é mais conhecido no Quebec), começam a ser implantadas, já com bastante sucesso, na realidade brasileira.

Quanto à ruptura do isolamento provocado pelo surgimento das NTIC, todas as esperanças são possíveis, e os jovens empresários não se privarão dos recursos postos à sua disposição. A esse respeito, Albagli *et al.* (1999) observam que a reafirmação do local responde às novas demandas de eficiência e de eficácia do sistema produtivo global, de forma a viabilizar, através das condições criadas pelas novas tecnologias de informação e comunicação:

- a flexibilidade exigida pelo novo paradigma técnico-econômico;
- a diversificação socioespacial, enquanto parte integrante da uniformização imposta pelo mercado globalizado;
- a descentralização da gestão, promovida por uma crescente economia oligopolizada.

Mas também é preciso que as infra-estruturas de telecomunicação satisfaçam as exigências da tecnologia mais avançada. Não é o caso de determinadas regiões da MRC de Maskinongé em que, na virada para o século XXI,[7] ainda se encontravam lares obrigados a compartilhar a linha telefônica. Quando do colóquio anual de 2000 da Fundação Canadense de Diversificação Rural (Fondation canadienne de diversification rurale) realizado em Alfred, pequena aldeia franco-ontariana, os agentes de desenvolvimento da cidade vizinha de Hawkesbury, mencionada na Introdução, deixaram claras as dificuldades que as empresas locais encontravam para se desenvolver de maneira adequada. E o mesmo vale para numerosas regiões brasileiras. Sim, o desenvolvimento local em meio rural exige acesso à internet em alta velocidade. Para obtê-lo, a fibra ótica deve chegar às cidades, na forma de uma rede coerente e funcional. Espera-se que esse seja um problema a ser resolvido em curto prazo, e que o desenvolvimento local, cujos resultados são percebidos no longo prazo, encontre aí uma ferramenta preciosa.

"Parece que a temporada será longa", ouve-se freqüentemente dos comentaristas esportivos, no início das hostilidades, quando seu time preferido mostra muitas deficiências. Essa apreensão se aplica ao desenvolvimento local. As forças vivas da Gaspésie, dos bairros pobres de Montreal e de todas as outras regiões ameaçadas de empobrecimento no Quebec, assim como no Brasil, estão bem conscientes de estarem diante de um processo longo e exigente. Elas também devem estar conscientes de que as tentativas podem levar à beira do precipício. Os atores locais devem evitar fazer o que dizem as palavras de todo político pouco hábil: "Há alguns anos, estávamos à beira do abismo; desde então, demos um grande passo à frente[...]".

Esse passo à frente deve ser feito construindo-se uma ponte sobre o precipício, aproveitando as experiências vividas em outras partes, em circunstâncias semelhantes. Essa é a mensagem desta obra. Desenvolvimento local se resume em uma palavra: organização. Ignorá-la leva as populações das regiões em dificuldades a serem organizadas pelas forças implacáveis do mercado, como os europeus que migraram para o Canadá, no final do século XIX, foram obrigados a se exilar, às centenas de milhares, na Nova Inglaterra. Felizmente, como foi visto por vários exemplos do passado, é sem-

[7] "Globalização e espacialidade: o novo papel do local". *Op. cit.*, p. 14.

pre possível aprender bastante, principalmente das experiências dos últimos trinta anos, no que se refere ao desenvolvimento local, podendo-se prever que as populações das regiões atingidas deverão conhecer melhor sorte que aquela que seus ancestrais tiveram, como vem acontecendo ao longo do tempo, com a tendência evolutiva na sociedade como um todo.

Bibliografia

ABRAMOVAY, R. *A formação de capital social para o desenvolvimento local integrado e sustentável*. II Fórum Contag de Cooperação Técnica. São Luís, dez./1998.

_______. "Desenvolvimento e gestão compartilhada". *In*: *Desenvolvimento local:* dinâmicas e estratégias. Rio de Janeiro, Rede Dlis, 2001.

_______. *Funções e medidas da ruralidade no desenvolvimento contemporâneo*. Ministério do Planejamento, Orçamento e Gestão, Instituto de Pesquisa Econômica Aplicada (Ipea), texto para discussão n. 702, Rio de Janeiro, 2000(a).

_______. "O capital social dos territórios: repensando o desenvolvimento rural". *In*: *Economia Aplicada*, v. 4, n. 2, abr./jun./2000(b).

_______. "Obstáculos ao desenvolvimento territorial brasileiro". *In*: *Gazeta Mercantil*, 13/3/2002, p. A2.

ACKOFF, R. L. "On pairs and trios: the smallest social systems". *In*: *Systems Research*. Nova York/Londres, Plenum, 13, 4, 1996.

_______. & EMERY, F. E. *On purposeful systems.* Chicago, Aldine Atherton, 1972.

ALBAGLI, S. "Globalização e espacialidade: o novo papel do local". *In*: CASSIOLITO, J. E. & LASTRES, H. M. M. (eds.). *Globalização e inovação localizada:* experiências de sistemas locais no Mercosul e proposições de políticas de C&T. Brasília, IBICT/MCT, 1999, 15p.

ALBUQUERQUE, F. "Desenvolvimento e fomento produtivo local para superar a pobreza. *In*: *Desenvolvimento econômico local e distribuição do progresso técnico:* uma resposta às exigências do ajuste estrutural. Fortaleza, Banco do Nordeste, 1998.

ALI, A. & SWIERCZ, P. M. "Firm size and export behavior: lessons from midwest". *In*: CARRIER, C. "Treinamento e desenvolvimento necessários dos dirigentes-proprietários de pequenos negócios com potencial exportador". Trad. Fernando Brant da Silva Carvalho. *Journal of Small Business Management,* 1999.

AMARAL FILHO, J. "Desenvolvimento regional endógeno em um ambiente federalista". *In*: *Revista Planejamento e políticas públicas,* n. 14, dez./1996.

ANDREW, C. & JUILLET, L. "Développement durable et nouveau modèle de gouvernance locale". *In*: *Économie et solidarités,* v. 30, n. 2, 1999.

ARAUJO, B. de. *Nordeste, nordestes:* que Nordeste? Desigualdades regionais desenvolvimento-federalismo no Brasil. São Paulo, Fundap/Edusp, 1995.

ARNALTE, E. "La problématique rurale au sud de l'Europe: approches et debats". *In*: ABRAMOVAY, R. *Funções e Medidas da Ruralidade no Desenvolvimento Contemporâneo*. Ministério do Planejamento, Orçamento e Gestão, Instituto de Pesquisa Econômica Aplicada (Ipea), texto para discussão n. 702, Rio de Janeiro, 2000(a).

AXINN, C. N. "Export performance: do managerial perceptions make a difference". *In*: CARRIER, C. "Treinamento e desenvolvimento necessários dos dirigentes-proprietários de pequenos negócios com potencial exportador". Trad. Fernando Brant da Silva Carvalho. *Journal of Small Business Management,* 1999.

AYOUB, T. & MALO, M.-C. "Développement local et partenariat: Ville de Montréal-CDEC". *In: Organisations et territoires,* hiver, 2001.

BARTOLOMÉ, J. M. G. "Los procesos rurales en el ámbito de la Unión Europea". *In*: TERESA, A. P., RUIZ, C. C. *La sociedad rural mexicana frente al nuevo milenio.* México, Plaza y Valdés Editores,

1995. *In*: ABRAMOVAY, R. *Funções e medidas da ruralidade no desenvolvimento contemporâneo*. Ministério do Planejamento, Orçamento e Gestão, Instituto de Pesquisa Econômica Aplicada (Ipea), texto para discussão n. 702, Rio de Janeiro, 2000(a).

BEAUCIRE, F. "Quand trois lois de décentralisation conduisent en bonne logique au renforcement du rôle de l'État". *In: Territoire 2020*, n. 4, 2º semestre 2001.

BECCATINI, G. "Le district industriel: milieu créatif". *In*: *Espaces et Sociétés*, n. 66-7, 1991.

BENKO, G. "Développement durable et système productifs locaux". *In: Réseaux d'entreprises. Regards sur les systèmes productifs locaux*. Paris, Datar/La documentation française, 2001.

BERGAMINI, C. W. *Desenvolvimento de recursos humanos:* uma estratégia de desenvolvimento organizacional. São Paulo, Atlas, 1980.

BERMAN, D. R. & MARTIN, L. L. "The New Approach to Economic Development: An Analysis of Innovativeness in the States". *Apud* BORBA, R. A. V. *A cidade cognitiva*. São Paulo, 2000. Tese (Doutorado). Faculdade de Arquitetura e Urbanismo, Universidade de São Paulo.

BLAKELY, E. J. "Planning local economic development: theory and pratice". *Apud* BORBA, R. A. V. *A cidade cognitiva*. São Paulo, 2000. Tese (Doutorado). Faculdade de Arquitetura e Urbanismo, Universidade de São Paulo.

BOCAYUVA, P. C. C. "Incubadora tecnológica de cooperativas populares da Coppe/UFRJ". *In*: CAMAROTTI, I. & SPINK, P. (org.). *Redução da pobreza e dinâmicas locais*. Rio de Janeiro, Editora FGV, 2001.

________. "Desenvolvimento local e redes socioprodutivas". *In*: SILVEIRA, C. M. & REIS. *Desenvolvimento local:* dinâmicas e estratégias. Rio de Janeiro, Rits, 2001.

BOLLMAN, R. & BESHIRI, R. *Rural and small towns employment:* structure by industry. Ottawa, StatCan, working paper, 2000.

BORBA, R. A. V. *A cidade cognitiva*. São Paulo, 2000. Tese (Doutorado). Faculdade de Arquitetura e Urbanismo, Universidade de São Paulo.

BOUREILLE, B. & GUESNIER, B. (coord.). *Dynamiques des activités et évolution des territoires*. Adicueer/Université de Poitiers, 1994.

BROOKS, M. R. & ROSSON, P. J. "A study of export behavior of small and medium-sized manufacturing firms in three Canadian provinces". *Apud* CARRIER, C. "Treinamento e desenvolvimento necessários dos dirigentes-proprietários de pequenos negócios com potencial exportador". Trad. Fernando Brant da Silva Carvalho. *Journal of Small Business Management*, 1999.

BRUSCO, S. "The Emilina model: productive decentralisation and social integration". *In: Journal of economics*, v. 6, n. 2, 1982.

BRYANT, C. *Le développement communautaire durable, le partenariat et la préparation de propositions de projets réussis*. Hudson, Stratec Communications Inc., 1992.

BUROCRACIA é entrave para micro exportar. *Folha de S. Paulo*, São Paulo, 15/11/1999, p. 3-4.

CAMAROTTI, I. & SPINK, P. (org.). *Redução da pobreza e dinâmicas locais*. Rio de Janeiro, Editora FGV, 2001.

CARNEVALE, P. J. D. & PRUITT, D. G. "Negotiation and mediation". *Apud* LEWICKI, R. J.; HIAM, A. & OLANDER, K. W. *Think before you speak:* a complete guide to strategic negotiation. Nova York, Wiley, 1996.

CARRIER, C. "Treinamento e desenvolvimento necessários dos dirigentes-proprietários de pequenos negócios com potencial exportador". Trad. Fernando Brant da Silva Carvalho. *Journal of Small Business Management*, 1999.

CARRIER, M. & JEAN, B. "La reconstruction de la légitimité des collectivités rurales: entre gouvernement et gouvernance". *In*: *Gouvernance et territoires ruraux*. Côté, S., sous la dir. de, Sainte-Foy Presses de l'Université du Québec, 2000.

CASTELLS, M. *La galaxie Internet*. Paris, Fayard, 2002.

CAVUSGIL, S. T. & NAOR, V. "Firm management characteristics as discriminators of export marketing activity". *Apud* CARRIER, C. "Treinamento e desenvolvimento necessários dos dirigentes-proprietários de pequenos negócios com potencial exportador". Trad. Fernando Brant da Silva Carvalho. *Journal of Small Business Management*, 1999.

CENTRE local de développement de Montréal. *Rapport d'activités 1998/1999*, août/1999, ministères des Affaires municipales et de la Métropole.

CHENIER, J. A. & PRINCE, J. P. "Aid for small business exporting firms: the role of governments and information networks". *Apud* CARRIER, C. "Treinamento e desenvolvimento necessários dos dirigentes-proprietários de pequenos negócios com potencial exportador". Trad. Fernando Brant da Silva Carvalho. *Journal of Small Business Management*, 1999.

CLD de la Haute-Côte Nord. *Rapport annuel*, 2000.

CLD de Montreal. *Rapport d'activités*. 1998/1999, août 1999, ministères des Affaires municipales et de la Métropole.

COCCO, G. & GALVÃO, A. P. "Sobre a tropicalização do desenvolvimento local: algumas reflexões a respeito do modelo italiano". *In*: SILVEIRA & REIS. *Desenvolvimento local: dinâmicas e estratégias*. Rio de Janeiro, Rede Dlis, 2001.

COELHO, F. "Desenvolvimento local e construção social: o território como sujeito". *In*: SILVEIRA & REIS. *Desenvolvimento local:* dinâmicas e estratégias. Rio de Janeiro, Rede Dlis, 2001.

_______. "Desenvolvimento Local: reduzindo desigualdades sociais e reduzindo distâncias digitais. *In: Viva Rio* – Desenvolvimento comunitário, desenvolvimento local e economia solidária nas comunidades de baixa renda no Rio de Janeiro. Rio de Janeiro, 2002.

COELHO, F. D. & FONTES, A. (org.). " Desenvolvimento econômico local: temas e abordagens". *Apud* BORBA, R. A. V. *A cidade cognitiva*, 2000.

COMO E POR QUE ELES VENCERAM – o sucesso dos pequenos empresários que conseguiram superar as altas taxas de mortalidade dos novos negócios no Brasil. Revista *Veja*, n. 1.745, 3/2/2002.

COSTA, F. N. da. "A Revolução do Microcrédito". Disponível na URL: www.eco.unicamp.br/artigos/artigo159.htm e publicado pelo jornal *Folha de S. Paulo* em 15/1/2001(a).

_______. "Capacitar, creditar e propiciar". Disponível nas URLs: www.race.nuca.ie.ufrj.br/journal/c/costa5.doc, www.eco.unicamp.br/artigos/artigo223.htm e publicado pelo jornal *Folha de S. Paulo* em 8/11/2001(b), Jel: I.

COURLET, C. "Territoire et développement". *In*: *Revue d'économie régionale et urbaine*, n. 3, 1999.

_______. "Les systèmes productifs locaux: de la définition au modèle". *In: Réseaux d'entreprises et territoires:* regards sur les systèmes productifs locaux. Paris, Datar, La documentation française, 2001.

DANIELS, J. B. & GOYBURO, J. "The exporter-non exporter interface: a search for variables". *Apud* CARRIER, C. "Treinamento e desenvolvimento necessários dos dirigentes-proprietários de pequenos negócios com potencial exportador". Trad. Fernando Brant da Silva Carvalho. *Journal of Small Business Management*, 1999.

DAYAN, L. *Marché locaux et contenu qualitatif de l'emploi du développement durable, Quatre études de cas.* EPIC, Programme de recherche CEE n. 21, Paris, Ministère de l'Environnement, maio/2001.

DEL CASTILLO, J. *Manual de desarrollo local.* Departamento de economía y hacienda, gobierno vasco, Victoria-Gasteiz, 1994. *In*: ALBUQUERQUE, F. "Desenvolvimento e Fomento produtivo local para superar a pobreza". *Apud Desenvolvimento econômico local e distribuição do progresso técnico:* uma resposta às exigências do ajuste estrutural. Fortaleza, Banco do Nordeste, 1998.

DIAS, L. C. & RAUD, C. *Villes et régions au Brésil.* Paris, L'harmattant, 2000.

DICHTL, E.; KOEGLMAYER, H. G. & MUELLER, S. *International Orientation as a precondition for export success, Journal of International Business Studies. In*: CARRIER, C. "Treinamento e desenvolvimento necessários dos dirigentes-proprietários de pequenos negócios com potencial exportador". Trad. Fernando Brant da Silva Carvalho. *Journal of Small Business Management*, 1999.

DIRVEN, M. *El empleo agrícola em América Latina y el Caribe:* pasado reciente y perspectivas. Santiago, Cepal/Unidad de Desarrollo Agrícola, 1997. *In*: ABRAMOVAY, R. *Funções e Medidas da Ruralidade no Desenvolvimento Contemporâneo.* Rio de Janeiro, Ministério do Planejamento, Orçamento e Gestão, Instituto de Pesquisa Econômica Aplicada (Ipea), texto para discussão n. 702, 2000(a).

DOCUMENTO OFICIAL DO GOVERNO DO QUEBEC: *Le développement local et regional.* Quebec, Les Publications du Québec, 1997.

DOCUMENTO OFICIAL DO GOVERNO DO QUEBEC: *À l'heure de l'entreprise regional:* plan d'action en matière de développement regional. Quebec, OPDQ, 1988, 90p.

DOLABELA, F. *O segredo de Luísa.* São Paulo, Cultura, 1999.

DUHAIME, G. *Le test de Natashquan,*1 Le Devoir, 13 juin/2001.

DUPUY, J.-P.; GILLY, J. P., & PERRAT,, J. "Relation sociale d'emploi et gouvernance locale dans les dynamiques territoriales", *Toulouse Cahiers de recherche* 2000-5, Lereps, 2000.

FAIRBANKS, M. "Sem tecnologia o futuro é negro". *In: Rumos*, v. 25, n. 177, out./2000.

FERRARI, F. M.; MARTINELLI, D. P. & JOYAL, A. "Uso da informação e capacidade de inovação das PME brasileiras". *In*: *Simpósio de Gestão da Inovação Tecnológica*. São Paulo, 2000.

FISHER, R. & URY, W. *Como chegar ao sim:* a negociação de acordos sem concessões. Rio de Janeiro, Imago, 1985.

FONSECA NETTO, H. "Les axes de développement intégré: vers un nouveau découpage des régions-programmes pour l'espace brésilien". *In: Organisations et Territoires*, v. 10, n. 2, 2001.

FRANCO, A. (coord.) *et al. O que é Dlis em Poder-Especial:* um vetor de sustentabilidade econômica em processos de Dlis. Brasília, Sebrae, 1999.

FRANCO, A. de. "Por que precisamos de desenvolvimento local integrado e sustentável?". *In: Separata da Revista Século XXI*. n. 3. Millenium – Instituto de Política, Brasília, 2000.

FRANCO, A. "O conceito de capital social e a procura de um índice sistemático de desenvolvimento local integrado e sustentável". *In*: SILVEIRA & REIS. *Desenvolvimento local: dinâmicas e estratégias*. Rio de Janeiro, Rede Dlis, 2001.

FUNDAÇÃO DO EMPRESARIADO PARA O DESENVOLVIMENTO LOCAL (*Fondation de l'entrepreneurship sur le développement local*), vídeo n. 6.

GAGNÉ, A. "L'expérience québécoise de planification du développement regional". *In*: *Choix publics et prospectives territoriale*. Rimouski, GRIDEQ, 2001.

GALVÃO, A. C. F. "Desenvolvimento regional: uma nova política para novos tempos. Rumos do Desenvolvimento". *In*: GALVÃO, F. & VASCONCELOS, R. R. *Política regional à escala sub-regional:* uma tipologia territorial como base para um fundo de apoio ao desenvolvimento regional. Ministério da Fazenda, Instituto de Pesquisa Econômica Aplicada (Ipea), texto para discussão n. 665, Rio de Janeiro, 1999.

_________. *Política regional à escala sub-regional:* uma tipologia territorial como base para um fundo de apoio ao desenvolvimento regional. Ministério da Fazenda, Instituto de Pesquisa Econômica Aplicada (Ipea), texto para discussão n. 665, Rio de Janeiro, 1999.

GERSICK, Kelin E. *et al. De geração para geração:* ciclo de vida das empresas familiares. São Paulo, Negócio, 1997.

GHISI, F; MARTINELLI, D. P. & JOYAL, A. "Capacidade de exportação e caráter inovador das PME: uma pesquisa no estado de São Paulo". *In*: Semead (Seminários em Administração). São Paulo, 2001.

GOFFETTE-NAGOT, N. F. & SCHMITT, B. "Les proximités, la ville et le rural". *In:* HURIOT, J. M. (org.). *La ville ou la proximité organisée.* Paris, Anthropos (Collection Villes), 1998.

GONTCHOROFF, G. "Valeurs et limites du 'local'". *In: Économie et humanisme.* n. 350, 1999.

GOTTSCHALK, A. "Cedep teaching notes". *In*: ROJOT, J. *Negotiation:* from theory to practice. Hong Kong, Macmillan, 1991.

GREFFE, X. *Décentraliser pour l'emploi:* les initiatives locales de développement. Paris, Économica, 1988.

GRENIER, A. M.; PRÉVOST, P. & GARON, S. "Un processus de développement local". *In*: *Organizations & territoires,* v. 9, n. 1, hiver, 2000.

GUÉRARD, P. *Les recours aux ressources externes des PME manufacturières exportatrices et non exportatrices en milieu rural.* Trois Rivières, 2000. Dissertação (Mestrado). Université du Québec à Trois Rivières.

GUIMARÃES NETO, L. "Dinâmica regional no Brasil". *In*: GALVÃO, Antonio Carlos F. & VASCONCELOS, R. R. *Política regional à escala sub-regional:* uma tipologia territorial como base para um fundo de apoio ao desenvolvimento regional. Ministério da Fazenda, Instituto de Pesquisa Econômica Aplicada (Ipea), texto para discussão n. 665, Rio de Janeiro, 1999.

GWIAZDZINSKI, L. *Le pays, espace pertinent de synergie territoriales,* disponível no site horizon-local.

HAMEL, P., *Action collective et démocratie locale:* les mouvements urbains montréalais. Montréal, Presses de l'Université de Montréal, 1991.

HASSE, G. "Tecnologia impulsiona setor de móveis". *In*: *Gazeta Mercantil,* 28/11/2000.

HERVIEU, B., VIARD, J. *Au bonheur des campagnes (et des provinces).* Paris, L'Aube, 1996. *In:* ABRAMOVAY, R., Funções e Medidas da Ruralidade no Desenvolvimento Contemporâneo, Ministério do Planejamento, Orçamento e Gestão, Instituto de Pesquisa Econômica Aplicada (Ipea), texto para discussão n. 702, Rio de Janeiro, 2000(a).

HSAINI, A. "Le dépassement des économies d'agglomération comme seule sources explicatives de l'efficacité des SPL". *Revue d'économie régionale et urbaine*, n. 2, 2000.

IBGE. Contagem populacional, 1996.

ILLOUZ-WINIKI, C. & PAILLARD, D. "Création d'entreprise en zones rurales". *L'Oberservateur de l'OCDE*, n. 210, 1998.

IFDEC. *Le développement économique communautaire et les CDEC montréalaises*, colloque d'orientation, Montréal, 1992.

JANDT, F. E. *Win-Win negotiating:* turning conflict into agreement. Nova York, John Wiley & Sons, 1985.

JEAN, B. "Vers une première politique rurale au Québec: aménager l'avenir des campaignes au XXIè siècle". *In*: *Québec 2001*. Montreal, Fides, 2001.

JOYAL, A. *L'économie sociale:* un bilan québécois. Montréal, Île de la Tortue, 1999.

_______. "Que faire avec la Gaspésie?". *In*: GAGNÉ, A. "L'expérience québécoise de planification du développement regional". *In*: *Choix publics et prospectives territoriale*. Rimouski, GRIDEQ, 2001.

_______. *Le développement local:* comment stimuler l'économie des régions en difficulté. Quebec, Les Éditions de l'IQRC, les Presses de l'Université laval, 2002.

_______. & DESHAIES, L. "Développement local et entreprises innovantes: un lien à explorer". *In*: *Revue canadienne de sciences régionales*, v. XIX, n. 3, 1996.

_______. "Des PME québécoises en milieu rural: des exemples de succès". *In: Revue d'économie régionale et urbaine*, n. 4, 1998.

_______. "Réseaux d'information des PME en milieu non métropolitain". *In: Cahiers de géographie du Québec*, v. 44, n. 122, 2000.

_______ & MARTINELLI, D. P. *O acesso à informação pelas PME em meio não-metropolitando:* uma comparação Brasil-Quebec. Congresso da Associação Brasileira de Estudos Canadenses (Abecan), Porto Alegre, nov./2001, cap. 4.

KATHAWALA, Y.; JUDD, R.; MONIPALLIL, M. & WEINRICH, M. "Exporting practices and problems of Illinois firms". *Apud* CARRIER, C. "Treinamento e desenvolvimento necessários dos dirigentes-proprietários de pequenos negócios com potencial exportado". Trad. Fernando Brant da Silva Carvalho. *Journal of Small Business Management*, 1999.

KEDIA, B. & CHOKKAR, J. "Factors inhibiting export performance of firms: na empirical investigation". *Apud* CARRIER, C. "Treinamento e desenvolvimento necessários dos dirigentes-proprietários de pequenos negócios com potencial exportador" Trad. Fernando Brant da Silva Carvalho. *Journal of Small Business Management*, 1999.

KLEIN, J.-L. & GAGNON, C. "Le partenariat dans le développement local: tendances actuelles et perspectives de changement social". *In: Cahiers de géographie du Québec*, v. 35, n. 95, 1991.

KLEIN, J.-L.; FONTAN, J.-M; TREMBLAY, D.-G. & BORDELEAU, D. "La saga du technopole Angus: reconversion productive et reconversion sociale". *In*: SÉNÉCAL, G; DANS & SAINT-LAURENT, D. (dir.). *Les espaces dégradés:* contraintes et conquêtes. Sainte-Foy, Presses de L'Université du Québec, Sainte-Foy, 2000.

LAFONTAINE, D. "La Gaspésie: futurs anticipés". *In: Choix publics et prospective territoriale*, Rimouski, GRIDEQ, 2001.

LEWICKI, R. J.; HIAM, A. & OLANDER, K. W. *Think before you speak:* a complete guide to strategic negotiation. Nova York, Wiley, 1996.

LIPIETZ, A. "O local e o global: personalidade regional ou inter-regionalidade?". *Apud* BORBA, R. A. V. *A cidade cognitiva*, 2000.

LOBATO, M. de F. "A implementação do processo de DLIS em Manguinhos". *In*: SILVEIRA, C. M. (coord.). *Desenvolvimento local no contexto metropolitano*, documento-síntese, Rio de Janeiro, Finep/Caixa/Ibase, 2001.

MAILLAT, D & KÉBIR, L. "Learning region et systèmes territoriaux de production". *In*: *Revue d'économie régionale et urbaine*, n 3, 1999.

MANCE, E. A. *A revolução das redes* – a colaboração solidária como uma alternativa pós-capitalista à globalização atual. IFIL, 1998.

MARCOUX, G. "Le Ralliement Gaspésien et madelinot". *In: Choix publics et prospectives territoriale*. Rimouski, introduction, GRIDEQ, 2001.

MARSHALL, A. *Industry and trade*, traduction française, Paris, Éditions Marcel Girard, 1934.

MARTIN, F. *L'Actualité*. Universidade de Montreal, jun./2001.

MARTINELLI, D. P. *Negociação empresarial:* enfoque sistêmico e visão estratégica. Barueri, Manole, 2002.

_______. & ALMEIDA, A. P. *Negociação e solução de conflitos:* do impasse ao ganha-ganha através do melhor estilo. São Paulo, Atlas, 1998.

MARTINELLI, D. P.; CONSOLI, M. A. & JOYAL, A. "Comparação da realidade das PME brasileiras e canadenses: uma pesquisa em andamento". *In*: SIMPOI (Simpósio da Administração da Produção, Logística e Operações), São Paulo, 2000.

MARTINHO, C. "Algumas palavras sobre rede". *In*: SILVEIRA & REIS. *Desenvolvimento local:* dinâmicas e estratégias. Rio de Janeiro, Rits, 2001.

MENDRAS, H. "Lés sociétés paysannes – éléments pour une théorie de la paysannerie". *Apud* ABRAMOVAY, R. *Funções e medidas da ruralidade no desenvolvimento contemporâneo*, Ministério do Planejamento, Orçamento e Gestão, Instituto de Pesquisa Econômica Aplicada (Ipea), texto para discussão n. 702, Rio de Janeiro, 2000(a).

MILLER, F. "Economic change". *In*: *Canadian Rural Areas*, 1986 to 1996. Ottawa, Dept. of Economics, Wilfrid Laurier University, working paper, 2000.

MIRANDA, M. & MAGALHÃES, P. "Discutindo Dlis: reflexões a partir da metrópole". *In*: SILVEIRA & REIS. *Desenvolvimento local:* dinâmicas e estratégias. Rio de Janeiro, Rits, 2001.

NADVI, K. & SCHNITZ, H. "Les clusters dans les pays en voie de développement". *In: Réseaux d'entreprises et territoires*, 2001.

NELSON, C. A. "The relationship of export obstacles to the export trading company act of 1982". *Apud* CARRIER, C. "Treinamento e desenvolvimento necessários dos dirigentes-proprietários de pequenos negócios com potencial exportador". Trad.

Fernando Brant da Silva Carvalho. *Journal of Small Business Management*, 1999.

OBSTÁCULOS AO DESENVOLVIMENTO territorial brasileiro. *Gazeta Mercantil*, São Paulo, 13/3/2002, p. 2.

OCDE. *La création d'entreprise et d'emplois en milieu rural*, document ronéotypé, Paris, 1990.

OCDE, *Stratégie de promotion de l'entrepreneuriat:* le cas de la región de l'Atlantique, Paris, 1996, 72p.

OGRAM, E. W. "Exporters and Non-exporters: a profile os small manufacturing firms in Georgia". *In:* CZINKOTA, M.K.G. & TESAR, G. (eds.). *Export management:* an international context. Nova York: Praeger, 1982, 70-84. *Apud* CARRIER, C. "Treinamento e desenvolvimento necessários dos dirigentes-proprietários de pequenos negócios com potencial exportador". Trad. Fernando Brant da Silva Carvalho. *Journal of Small Business Management*, 1999.

ORTEGA, E. "La ruralidad y el futuro de los jóvenes rurales en Chile". *In*: *Cepal. Juventud rural* – modernidad y democracia en América Latina. Cepal, LC/L. 931, p. 241-7, 1996. *Apud* ABRAMOVAY, R. *Funções e medidas da ruralidade no desenvolvimento contemporâneo.* Ministério do Planejamento, Orçamento e Gestão, Instituto de Pesquisa Econômica Aplicada (Ipea), texto para discussão n. 702, Rio de Janeiro, 2000(a).

O'ROURKE, A. D. "Differences in exporting practices, attitudes and problems by size of firm". *Apud* CARRIER, C. "Treinamento e desenvolvimento necessários dos dirigentes-proprietários de pequenos negócios com potencial exportador". Trad. Fernando Brant da Silva Carvalho. *Journal of Small Business Management*, 1999.

PARENTE, S. & ZAPATA, T. *Parceria e articulação institucional para o desenvolvimento local integrado e sustentável.* Projeto Banco do Nordeste/PNUD, Série Cadernos Técnicos, n. 4, Recife, 1998.

PARROCHIA, D. *Philosophie des réseaux. Apud* RACINE, N. & VILLENEUVE, P. *Le splendide isolement.* Cahiers de recherche en aménagement du territoire de l'Université Laval, 2001.

PAULA, "Desenvolvimento & gestão compartilhada". *In*: SILVEIRA & REIS. *Desenvolvimento local:* dinâmicas e estratégias. Rio de Janeiro, Rits, 2001.

PERRIN, C. *et al.* "Le paradigme du milieu innovateur dans l'économie spatiale contemporaine". *In: Revue d'économie régionale et urbaine*, n. 3, 1999.

PHILIPPE, J. "Information et milieu economique: dês ressources a mobiliser". *In*: *La PME:* strategies internationales. *Apud* CARRIER, C. "Treinamento e desenvolvimento necessários dos dirigentes-proprietários de pequenos negócios com potencial exportador". Trad. Fernando Brant da Silva Carvalho. *Journal of Small Business Management*, 1999.

PIORE, M. & SABEL, C. *Les chemins de la prospérité. De la production de masse à la spécialisation souple*. Paris, Hachette, 1989.

PLASSARD, François. *Le projet de développement local dans la mutation économique et culturelle des sociétés industrialisées*. Paris, Epsilon/Aldea, 1988.

PRADO, R. F. de A. *Plano de negócios:* a materialização de um sonho. São Paulo, 2000. Trabalho de conclusão de curso, Epusp.

PROULX, J. *Le Québec rural*. v. 10, n. 2, mar./2001.

PROULX, M. U. "Le rôle des territoires dans la régulation de l'économie-monde". *In*: *Territoires et développement économique*, Proulx, M.-U., sous la dir. de, Paris, L'Harmattan, 1998.

PUTNAM, R. D. "Comunidade e Democracia: a experiência da Itália Moderna". *Apud* BORBA, R. A. V. *A cidade cognitiva*, 2000.

RAUD, C. (coord.). "Mondialisation et métropolisation au Brésil: impasse et enjeux". *In:* DIAS, L. C. & RAUD, C. *Villes et régions au Brésil*. Paris, L'harmattant, 2000.

REQUIER-DESJARDINS, D. *Dimensions territoriales du développement durable*, maio/1999.
Disponível em: http://www.globenet.org/horizon-local/

ROBINSON, C. *Effective negotiating*. Londres, Clays, 1996.

ROJOT, J. *Negotiation: from theory to practice*. Hong Kong, Macmillan, 1991.

SADC de la MRC de Maskinongé. *Rapport annuel*, 1999-2000, SADC, Louiseville.

SALAIS, R. & STORPER, M. *Les mondes de production. Enquête sur l'identité economique de la France*. Paris, Édition de l'EHESS, 1993.

SAMUEL, A. & MICHEL, P. (dir.). *Pays et développement local. Logique et ambiguïtés d'une politique des territoires. Norois*, n. 181, tome 46, Université de Poitiers, MSHS-ITEEM, 1999, 222p.

SANTOS, J. L. A.; AMADOR, L. X. A. & HERNÁNDEZ, J. L. S. *Política industrial y desarrollo regional*. *Apud* BORBA, R. A. V. *A cidade cognitiva*, 2000.

SARDENBERG, C. A. "Capitalismo à francesa". *Apud* BORBA, R. A. V. *A cidade cognitiva*, 2000.

SEBRAE. *Desempenho potencial exportador das PME paulistas*. Relatórios de Pesquisa, Sebrae SP, jun./1998.

_______. *Desenvolvimento local:* textos selecionados para o desenvolvimento local. Brasília, Rede Dlis, 2001, CD-ROM.

SHARKEY, T. W., LIRA, J. S. & KIM, K. I. *Export development and perceived export barriers:* an empirical analysis of small firms, management international review. *Apud* CARRIER, C. "Treinamento e desenvolvimento necessários dos dirigentes-proprietários de pequenos negócios com potencial exportador". Trad. Fernando Brant da Silva Carvalho. *Journal of Small Business Management*, 1999.

SILVEIRA, C. M. (coord.). *Desenvolvimento local no contexto metropolitano*. Documento-síntese do Ciclo de Debates, Finep (Financiadora de Estudos e Projetos), coord., 1999.

_______. "Sistema Ceape: Programa de Apoio a Pequenos Empreendedores". *In*: CAMAROTTI, I. & SPINK, P. (org.). *Redução da pobreza e dinâmicas locais*. Rio de Janeiro, Editora FGV, 2001.

_______. *Iniciativas de promoção de desenvolvimento local no município do Rio de Janeiro* – características e dilemas. NAPP: Núcleo de Assessoria Planejamento e Pesquisa, maio/2001.

_______. "Miradas, métodos, redes: o desenvolvimento local em curso". *In*: SILVEIRA & REIS. *Desenvolvimento local:* dinâmicas e estratégias. Rio de Janeiro, Rits, 2001.

_______. & REIS, COSTA. "Discutindo Dlis: reflexões a partir da metrópole". *In*: *Desenvolvimento local:* dinâmicas e estratégias. Rio de Janeiro, Rits, 2001.

SOMMERS, P. "Rural networks in the United States: lessons from three experiments". *In*: *Economic Development Quarterly*, v. 12, n. 1, 1998.

SPARKS, D. B. *A dinâmica da negociação efetiva:* como ser bem-sucedido através de uma abordagem ganha-ganha. Nobel, 1992.

SPECK, S. *Le chemin le moins freqüente*, 1987.

SZARKA, J. "Networking and Small Firms". *In*: *International Small Business Journal*, v. 8, n. 2,1990.

TREMBLAY, D.-G. & FONTAN, J.-M. *Le développement économique local*. Sainte-Foy, Presses de l'Université du Québec, Télé-Université, 1994.

VIVA RIO: Desenvolvimento local e economia solidária nas comunidades de baixa renda no Rio de Janeiro.

WILLIANSON, O. *The economic institution of capitalism*. Nova York, The Free Press, 1985.

WHITAKER, F. "Rede: uma estrutura alternativa de organização". *In*: *Revista Mutações Sociais*, ano 2, n. 3. Rio de Janeiro, Cedac, ano 2, n. 3, mar./abr./maio/1993.

ZAPATA, T. "Metodologia de capacitação em apoio ao desenvolvimento local". *In*: SILVEIRA, C. M. *Desenvolvimento local no contexto urbano*. Rio de Janeiro, Finep/Caixa/Ibase, 1999.

_______. *et al.* "Desenvolvimento local: estratégias e fundamentos metodológicos". *In*: SILVEIRA & REIS. *Desenvolvimento local:* dinâmicas e estratégias, 2001.

ZILBER, M. A. & BARROS, L. A. M. de. "La comercialización de nuevas tecnologías impone estrategias organizacionales más complejas". *In*: *Boletín da Altec* (Asociación Latino-iberoamericana de Gestión Tecnológica), jan./fev./mar./2002.

URL:

http://nre.concordia.ca
http://www.acao21.sinos.net/
http://www.acldq.qc.ca/
http://www.carrefourqdl.qc.ca
http://www.crd-mauricie.qc.ca/
http://www.desenvolvimentolocal.ucdb.br/RevistaInteracoes/index.htm
http://www.developpement-local.com/
http://www.econ.fea.usp.br/zeeli/
http://www.etd.asso.fr/
http:// www.fea.usp.br/professores/zeeli
http://www.globenet.org/horizon_local/
http://www.globenet.org/horizon_local/
http://www.mreg.gouv.qc.ca/fr/default.asp
http://www.reseau-sadc.qc.ca
http://www.rural-europe.alide.be/
http://www.sdr.gouv.qc.ca/guide5.htm
http://www.solidarite-rurale.qc.ca/
http://www.solideq.qc.ca/solideq.nsf/?Open
http://www.statcan.ca/
http://www.uqar.qc.ca/ururale/bsl/index.htm